L'AUTO-DÉVELOPPEMENT ?

Un défi posé aux ONG

COLLECTION UCI : VOL. 3

Depuis 1978, une Université Coopérative Internationale (UCI) teste et atteste ses opérations d'université hors les murs, nomade et saisonnière, libre et ouverte.

La première décennie -en gros 1980/1990- aura été la décennie d'un déploiement pour cette université "en compagnonnage"; celle qui s'amorce -1990/2000- devrait être celle d'un redéploiement. Ce redéploiement relève, pour sa dimension géographique, de quatre aires culturelles : Afrique (sahélienne surtout, et interlacustre); Amérique Latine (hispanophone essentiellement); Canada (francophone, sans se limiter à la Province de Québec); Europe (sur une base "communautaire", avant de s'ouvrir aux pays circonvoisins).

Dans son Réseau Nord-Sud, l'UCI regroupe, en antennes ou en réseaux régionaux, plus d'un milliers de partenaires, selon un régime de recherche permanente apparenté à celui d'une éducation permanente "à la vie longue". Cette recherche permanente relève elle-même d'une recherche-action dont les productions personnelles et collectives sont basées sur des créativités solitaires ou solidaires. Des expériences cherchent et trouvent leurs expressions pour constituer une banque de données en circulation dans le réseau.

C'est sur cette banque de données que la collection L'HARMATTAN-UCI prélève ouvrages et opuscules afin de les diffuser plus largement. Des *acteurs* de développement s'y font *auteurs* de recherches. Celles-ci visent à se ré-investir en programmes et prospectives d'actions innovatrices ou renouvelées, cap sur des développements -éducatifs, gestionnaires, entrepreneuriaux, technologiques ou culturels- qui soient des développements économiquement et écologiquement intégrés.

La collection est une caravelle -ou une galère- qui, pour affronter navigation se réclame d'un axiome, celui de Gaston Bachelard : "pour affronter la navigation, il faut des intérêts puissants. Or les véritables intérêts puissants sont les intérêts chimériques. Ce sont les intérêts qu'on rêve, ce ne sont pas ceux qu'on calcule. Ce sont les intérêts fabuleux."

UCI-FRANCE
39, Bd St-Germain
75005 PARIS

Texte original en anglais, publié par CEBEMO/Royal Tropical Institute
Rotterdam, Pays-Bas, 1987 - ISBN 90 6832 019 X
Traduction UCI

5-7, rue de l'Ecole Polytechnique
75005 - Paris

ISBN 2-7384-0913-X.
SISO 354.7 CDU [339.96:631/632](81+594+593) NUGI 659

L'AUTO-DÉVELOPPEMENT ?

Un défi posé aux ONG

Eléments comparatifs
(Brésil - Indonésie - Thaïlande)
Pour des ONG en Recherche-action

Dr Koenraad VERHAGEN

Éditions de l'Harmattan
5-7 rue de l'École Polytechnique
75005 Paris

Le texte ici publié est celui, après d'autres, d'un rapport final sur l'appui aux activités productrices en zones rurales, étude coordonnée par CEBEMO et conduite par trois organisations non-gouvernementales au Brésil, Indonésie et Thaïlande. L'auteur est seul responsable des opinions exprimées; leur publication n'implique pas nécessairement que les co-éditeurs (CEBEMO, Royal Tropical Institute -pour la version originale en anglais) ni aucun des partenaires de CEBEMO engagés dans l'étude, y souscrivent.

Ont participé au travail de recherche-action à la base :

Mauro da Costa Souza
João Cicero de Souza Aloes
José Carlos de Santana Souza
Panut Wiyarto
Dr Kanjara Kaewtlep
Ildes de Oliveira
Heinz Bongartz
Methodius Kusumahadi
Tu Sornchai
Dr Kanoksak Kaewtlep

Ont participé au travail de lancement et d'organisation de la recherche :

Pieter Damen
Tony Fernandes
Ben Krommendijk
Vincent Brenninkmeijer
Theo Janssen
Guido Hilhorst

CEBEMO est une ONG pour la coopération au développement issue de la communauté catholique néerlandaise. Elle gère, au nom de cette communauté, un programme gouvernemental conjoint de financement d'actions de développement à la base. Le Royal Tropical Institute a pour activité principale la collecte et la diffusion des connaissances relatives aux pays tropicaux dans le cadre de trois programmes majeurs : le développement rural, la santé en milieu tropical, les transferts de connaissances.

Dans sa version originale en langue anglaise, cet ouvrage, intitulé ***Self help promotion, a challenge to the NGO Community***, est le premier titre d'une nouvelle série de publications du Royal Tropical Institute "Studies in rural development" (Etudes de Développement rural).

Pour la traduction et la diffusion, la version française est publiée sous le contrôle de l'Université Coopérative Internationale, grâce à un financement du Ministère suisse pour la Coopération (DDA)

Table des matières p.

Tables des Figures

p.

S'entraider autrement

Préface par le Professeur Henri Desroche

Le "message" de Koenraad Verhagen s'inscrit dans une conjoncture internationale triplement bousculée et donc trois fois mutante : dans une "premier" monde à l'Ouest; dans un "deuxième" monde à l'Est; dans le "Tiers Monde" au Sud.

Dans le premier, dit (péjorativement) "capitaliste" et (familièrement) "entrepreneurial", voici que, sous le signe d'un *Good bye Mr Taylor*, ses entreprises, pour se vouloir "de qualité", "d'excellence", de "troisième type" ou de "cinquième pouvoir" se conçoivent, se profilent et s'architecturent comme décidément "*participatives*", cette participation allant des "co-déterminations" (Mitbestimmung en allemand) à des performances conjointes (joint venture anglo-saxonne) en passant par des motivations de plus en plus mobilisantes et synergiques .

Dans le deuxième, dit (prétendument) "socialiste", celui qui, depuis trois-quarts de siècle -et en piétinant allègrement l'humanisme de ses inspirateurs- se régulait selon des socialismes autoritaires, des planifications bureaucratiques, des idéologies monopolistes, c'est le déferlement de la Perestroïka, de sa contre-offensive de plus en plus généralisée dans les pays de l'Est. Si à l'Ouest l'entreprise se doit d'être de plus en plus participative, à l'Est -en postulant économie de marché, Etat de droit et multipartisme-, ce sont les anciennes manières de prendre parti et même de prendre parti unique, qui demandent à être relayées dans des partenariats -à parties librement et même libéralement prenantes...

Dans le Tiers-Monde enfin, tout se passe comme si on s'en allait vers un rendez-vous avec les deux mutations précédentes, celle d'un "Bonsoir Monsieur Taylor"; celle d'un "Bonjour Madame Glasnost". Rendez-vous du donner et du recevoir, comme on dit en Afrique et comme si, du Nord au Sud, chacun devait couvrir au moins la moitié du chemin pour s'ajuster au rendez-vous. En fait, on peut se demander si les répercussions du Nord n'accuseraient pas plutôt quelque retard, tant est routinisé, endurci, sclérosé, le double biais de ses transferts, les technologiques au vent d'Ouest et les idéologiques au vent d'Est. Par contre, des créativités au Sud n'en seraient-elles pas à prendre de l'avance?

C'est la question à laquelle Koenraad Verhagen, à partir de ses inductions sur quatre cas de figure, voudrait répondre : "oui"... sous certaines conditions, "oui"... toutes choses égales d'ailleurs, "oui"... toutes circonspections dûment nuancées, et "oui"... toutes précautions sourcilleusement stipulées...

Cette réponse en elle-même, c'est sa spécificité et c'est son mérite, contraste avec des décennies antérieures, tour à tour sceptiques (un tiers-monde mal parti) ou soupçonneuses (peut-il partir ?) Scepticismes ou/et soupçons qui, hélas, ont de quoi trop souvent encore entretenir et maintenir des pessimismes, avec ou sans bouc émissaire. Mais dans la décennie récente, se sont succédés diagnostics et pronostics en sens inverse. Les Nations-Unies ont aperçu ou laissent apercevoir ce qu'elles ont nommé une "zone grise", qui n'était plus, du moins, la "zone noire" de situations dangereusement faméliques, sans emplois, et culturellement exclues. Au monolithisme d'un "sous-développement" s'objectaient des pays -en particulier asiatiques- devenant ou même devenus performants, y compris pour un marché mondial, pays coïncidant plus ou moins avec ceux dans lesquels une enquête BIT est allée dénicher l'innovation des CBM (= coopératives à buts multiples)...

D'aucuns ont parlé de "développer autrement" (Rouillé d'Orfeuil); d'autres évoquent une issue de crise pour une "Afrique en crise" (Lloyd Timberlake); le Club de Rome a cautionné une "révolution aux pieds nus" (B. Schneider); après avoir circulé de long en large, P. Pradervant vient de saluer une "Afrique du courage" alias "Afrique en marche". Un autre a passé et repassé au peigne fin tenants et aboutissants de "l'Aide par Projet" (B. Lecomte). Et surtout, à ces réinterprétations théoriques, ont correspondu, correspondent et correspondront, semble-t-il, de mieux en mieux, un formidable raz de marée d'ONG en activités de développement : celles du Nord, de moins en moins caritatives et de plus en plus entrepreneuriales; celles du Sud de plus en plus autodéveloppantes et de moins en moins satellisées par un développement exogène; celles du Nord-Sud, y compris en Nord-Nord versus Sud-Sud, en peine, en train et en voie de s'aider et de s'entraider autrement.

C'est dans cette conjoncture et cette mutation du Tiers Monde -souterrainement communiquantes avec les mutations concommitantes dans le Nord- que se déploie la modélisation façonnée par le présent essai : quelque chose comme une partie carrée entre Nord versus Sud, plus OG[1] versus ONG, et de palier plus exogène à palier plus endogène, ce qui nous vaut plusieurs sigles, ici, portés sur les fonts baptismaux (OAD, IAAD..). Raffinements terminologiques (et conceptuels) mis à part et dûment salués, c'est un modèle sur lequel une recension érudite ne manquera pas d'épingler, sinon des mots et des choses, soit parallèles, soit antérieurs; mais ce seront plutôt des tests de validation "ex post facto"...

Sur cette lancée d'antécédences, générales ou spécifiques, Koenraad Verhagen assume la tâche -ingrate et prestigieuse- d'être et d'avoir été l'écrivain public tréfilant le susdit modèle, ciselant ses organigrammes, rédigeant ou plutôt "rédactionnant" son commentaire sous la dictée de parties prenantes en expériences contrastées, retenues comme champ opératoire et source d'inductions. Ayant souvent, moi-même, -trop souvent- joué ce rôle de l'écrivain public pour formaliser un matériau préalablement collecté... je puis témoigner que ses relectures et sa récriture postulent des endurances, dont certes le jeu vaut la chandelle mais dont la chandelle se brûle par les deux bouts. C'est une première raison -latente- à mon empathie !

Autre titre -et cette fois manifeste- à mon contentement. J'ai mainte fois allégué que le développement coopératif et intercoopératif en pays du Tiers-

[1] OG = Organisation Gouvernementale; ONG = Organisation Non Gouvernementale.

Monde -mon hobby depuis trois décennies- allait passer la main, avait passé la main aux hypothèses, postulats et problématiques des développements communautaires et métacommunautaires, sous l'une ou l'autre de leurs trois manifestations :

- celle d'une économie coopérative élargie en économies sociales, d'ailleurs instituantes plutôt qu'instituées ;

- celle d'ONG, de leurs proliférations au Nord, de leurs champignognages au Sud, de leurs jumelages ou contrats de solidarités des axes Nord-Sud ;

- celle d'associations encore informelles, en ce sens de "nébuleuses primitives", prégnantes de persistances coutumières et d'innovations modernisantes, associations intergénérationnelles d'originaires ou de ressortissants, de femmes et de classes d'âge, de prévoyances et crédits tontiniers, villageoises ou suburbaines, etc... Quelque chose comme des coopératives "alternatives", contrastées avec des coopératives "conventionnelles" qu'elles réitèrent ou réactivent, relaient ou relèvent.

C'est même parce que, dans un ouvrage antérieur[2], j'avais admiré ses tabulations contrastées, que j'avais souhaité une version française au présent ouvrage; et enfin la voici. Au surplus, le scénario de cette coopérative contrastée s'y campe dans le décor de l'intraduisible tryptique : *self-helf, mutual aid, self-reliance*, à tenir et à retenir comme l'ABC rétrospectif et prospectif d'une stratégie, d'une déontologie et même d'une éthique coopératives... y compris dans le cas -et c'est le cas ici- d'une coopération Nord-Sud.

J'avais, autrefois, cherché des équivalences : self-help = créativité ; mutual aid = solidarité ; self-reliance = subsidiarité. Mais, comme l'avait déjà déploré Gaston Bachelard, le jeu des équivalences n'est pas facile à jouer, surtout s'il se joue entre une langue "à genres" et un texte "condamné à rêver dans une langue sans genres" (cf. G.B. *La Poétique des rêves*, p. 34). Du moins, ici, le jeu aura-t-il été refait sur une nouvelle donne puisque l'auteur -masculin- aura bénéficié d'une traductrice -féminine- même si celle-ci demeure, comme à l'accoutumée, discrète sur les acrobaties de sa remise en jeu. Saluons l'exemplarité du tandem et de son concours qui, pour s'avérer européen, n'en demeure pas moins un tandem citoyen du monde.

Si, après avoir secondé les scripteurs, j'avais à en seconder les lecteurs, je conseillerais volontiers à ceux-ci :

- d'abord et peut-être, de croiser une double lecture de cet opus, l'une à l'endroit, l'autre à l'envers, et même, -pourquoi pas ?- en commençant par la seconde qui, dès lors, irriguerait et irradierait la première ;

- ensuite, de ne pas occulter le fait que, derrière cette raffinerie, il y a des gisements sur lesquels des praticiens-chercheurs ou chercheurs-praticiens ont accompli l'exhaure avant d'en retransmettre les extrants aux intrants des rédactions finales. Ce qui crédite cette recherche-action d'avoir été une écriture collective... et réciproquement ;

[2] K. VERHAGEN Cooperation for Survival, Amsterdam 1984, p. 158.

- enfin, de bien vouloir saluer le présent essai comme une inconsciente postérité de Marcel Mauss, et, en tout cas, de son axiome anthropologique "Délivrez-nous des mots en ismes"... (Capitalisme, libéralisme, socialisme... ou même coopératisme) et de leurs abstractions dogmatiques donc préjudiciables. Il n'y a pas ici le moindre atome d'une échauffourée entre des mots en "ismes".

Ce qui n'empêche pas d'envelopper un grand dessein ou/et même plusieurs. Celui d'une *créativité*, c'est-à-dire, malgré tout, de faire quelque chose avec du presque rien. Celui d'une *solidarité*, c'est-à-dire servir sans desservir ni asservir, alias, selon la devise des Groupements Naam, "Développer sans abîmer" au Burkina Faso. Celui d'une *subsidiarité*, c'est-à-dire, pour l'OG ou le Nord, ne pas se substituer à l'ONG du Sud et, pour l'ONG-Sud, ne recourir ni au Nord ni à l'OG, sauf en dernière instance...

Self-help, mutual aid, self-reliance... Si cela ne se dit pas ou se dit mal, cela se pense et se vit dans toutes les langues du monde, avec ou sans genres, anciennes ou modernes... Cela se disait même dans la langue de Saint-Augustin: "Tu donnes du pain à qui a faim, mais mieux vaudrait que nul n'ait faim". Ni faim de moyens de vivre. Ni faim de raisons de vivre. Ce qui, moyens contre raisons, raisons contre moyens, Nord-Nord contre Sud-Sud ou inversement, devrait nous induire et nous convier à nous "entraider autrement".

Après Koenraad Verhagen et son élucidation sur cette mutation au Sud - mutation consonante et corrélée avec de grandes mutations au Nord-, penser et agir autrement devient incontournable, sous peine de fossilisation.

En nous conviant à nous entraider autrement, cet ouvrage nous invite précisément à penser et agir autrement. Il suffira de l'avoir lu pour s'en expliquer.

Henri Desroche
21 janvier 1990

Avant propos de l'auteur

Depuis que l'homme existe, les moyens qu'il a imaginés pour parvenir à se prendre lui-même en charge[3] ont été innombrables. Aujourd'hui encore, c'est ce qui caractérise essentiellement la démarche à laquelle en zones rurales les pauvres recourent pour mener leurs activités productrices. Appliquées dans le passé aux problèmes de développement, les politiques d'inspiration technico-scientifiques ont le plus souvent ignoré ce potentiel. Au lieu de stimuler la capacité des populations rurales pauvres à s'assumer et à s'autodéterminer, elles l'ont stérilisée en introduisant autoritairement de nouveaux systèmes d'organisation et de production.

Tandis que la modernisation de l'économie ouvrait à une minorité de privilégiés, dans certaines régions du Brésil, de la Thaïlande et de l'Indonésie (où cette recherche fut conduite) toute une gamme de nouvelles chances, cette même modernisation a eu pour effet de restreindre encore la base économique de la "majorité pauvre". Des constats semblables ont été avancés sur la situation des populations rurales pauvres dans d'autres pays en voie de développement. Au cours des dernières décennies, cette population a vu son statut réduit à celui de "bénéficiaire" de projets de développement, "attributaire" de nouvelles technologies, "consommateur" de services de santé publique mal coordonnés. Beaucoup de paysans, après avoir perdu leurs terres sont devenus travailleurs agricoles journaliers, dans les plantations, ouvriers sur des chantiers, etc.. Ils se retrouvent dans des situations de dépendance telle que leur sort se décide selon le bon vouloir, les initiatives, les capacités et les ressources d'autres qu'eux-mêmes.

Observer que la croissance économique nationale à elle seule ne peut enrayer la progression d'une pauvreté populaire est devenu un lieu commun. En fait, en surestimant les réalisations économiques adoptées par les décideurs politiques nationaux, on a déclanché, et c'est un processus inquiétant, une polarisation socio-économique et aggravé les clivages sociaux, aussi bien en ville qu'en zone rurale (cf El Ghonemy, 1985; et Rahman Kahn et Lee, 1984, pour information factuelle et analyse). Dès lors que les ruraux pauvres sont devenus trop nombreux pour que l'aide extérieure suffise à la demande, la solution illustrée par la formule "aide-toi toi-même" (self-help) émerge comme le nouveau paradigme pour lutter contre la pauvreté.

Aussi l'appui à "l'auto-développement" apparaît-il comme la principale stratégie qui s'impose aux ONG locales dans les pays en développement. Les expériences prometteuses de certaines d'entre elles ont conduit des Agences

[3] L'expression anglaise "self help" n'a pas d'équivalent exact en français. Elle revient fréquemment dans cet ouvrage et, chaque fois, nous devrons recourir à une périphrase adaptée au contexte pour en traduire approximativement la portée.

allemandes d'aide à se saisir du concept d'auto-développement (self-help) pour en faire le thème majeur de leurs recherches documentaires et de leurs discussions (cf Osner et al., 1984; DSE, 1985).

Sur le plan politique, l'engagement des ONG dans la promotion de l'auto-développement et dans des activités productrices est actuellement un problème sensible, et la nature de leurs relations par rapport aux initiatives gouvernementales est devenu un sujet de discussion fondamental sur les scènes nationales et internationales (OCDE, 1986; van Dijk, 1986; Tongsawate et Tips, 1985; Hendrata Lukas, 1983). Les cas observés dans l'étude que nous présentons ici illustrent la complexité du problème.

Telle qu'elle se pose aujourd'hui la question-clef est celle de savoir si des micro-initiatives, recevant l'appui des ONG, peuvent constituer un contrepoids efficace face aux effets économiques négatifs des macro-programmes en cours.

Notre étude n'apporte pas de réponse définitive : elle ne peut proposer qu'une perspective d'espérance à l'image de celle qu'offrent aux populations rurales pauvres les activités productrices dans lesquelles elles s'engagent.

La démarche analysée ici se rapporte au travail d'ONG de développement s'étant fixé pour objectif de diversifier les perspectives d'action autonome dans et par des populations rurales pauvres afin de promouvoir leur capacité d'infléchir le changement économique dans une direction compatible avec leurs priorités propres et leurs intérêts à long terme.

Deux clefs ouvrent l'accès à cette démarche, soit :

- bâtir à partir de ce que ces gens possèdent et non plus sur ce qui leur manque;
- stimuler et développer leur capacité d'organisation.

CEBEMO a pris l'initiative de cette étude. Si des ONG locales, dans ces trois pays, ont accepté d'en partager tous les risques, c'est que -et elles en avaient conscience- leurs conditions de travail ne leur donnaient guère le temps de réfléchir plus méthodiquement sur leur expérience, souvent grande en matière d'appui à l'auto-développement. Elles ont accueilli cette offre de collaboration comme une chance d'analyser plus profondément certaines questions jugées vitales pour la poursuite de leurs objectifs.

Ces ONG, établies dans chaque pays, étaient, pour le Brésil, le MOC (Movimento de Organização Comunitaria, à Feira de Santana) soutenu par le CERIS, à Rio de Janeiro; pour l'Indonésie, la Bina Swadaya (à Jakarta); et pour la Thaïlande, deux CDAS (Centres Diocésains d'Action Sociale) appuyés par leur organisation faîtière, le CCDT à Bangkok.

Ce rapport comporte deux parties.

La première (chapitres 1 à 4) traite des hypothèses, des concepts et de la méthodologie de l'étude. Définis en termes généraux au commencement de la recherche, ces objectifs ont été affinés, redéployés et ajustés au fil de l'étude pour prendre en compte un dialogue permanent instauré à cette occasion entre les ONG participantes des trois pays ainsi que les apports des membres du Comité de Coordination créé au sein de CEBEMO.

Nous avons délibérément rédigé cette première partie de façon distincte : toute organisation envisageant de se lancer dans une recherche de même nature et visant un objectif similaire, pourra l'utiliser séparément soit comme document de travail, soit comme base de discussion. Elle s'achève sur l'exposé des problèmes rencontrés par les ONG participantes, au cours de leur analyse. Cette section est particulièrement riche d'enseignements (chapitre 4).

La seconde partie de l'ouvrage (chapitres 5 à 10), porte sur les "résultats de la recherche et ses conclusions". Il s'agit d'une synthèse et d'une refonte des études menées dans les trois pays. Pour faciliter la présentation, les activités des ONG locales y sont dénommées, Institutions d'Appui à l'Auto-Développement (IAAD); elles sont passées en revue et mises en perspective selon leur interaction avec les "OAD" Organisations d'Auto-Développement (self-help). Les résultats obtenus par ces dernières y sont analysés en tant que produit final (output) du système global de l'appui à l'auto-développement.

Les agences de financement étrangères, considérées comme faisant partie du système du fait de leur fonction d'assistance financière, jouent un rôle significatif dans ce processus. Aussi le chapitre 9 analyse-t-il dans sa deuxième section changements et ajustements souhaitables selon les modes d'intervention de ces agences.

La complexité et la diversité des actions observables au Brésil justifient un plus grand nombre de pages consacrées à l'analyse des OAD brésiliennes[4]. Par ailleurs, nous avons complété l'exposé sur la Thaïlande par une section consacrée à la démarche "globalisante" (holistic), en raison de son originalité (1ère partie du chap. 9).

Dans chaque pays, les études de terrain se sont déroulées sur une période de six mois environ. En sont issus trois rapports puis un rapport de synthèse provisoire. Enfin, une session de "mise en commun" s'est tenue aux Pays-Bas. Pour les équipes de chercheurs et pour les représentants des ONG locales concernées, cette session a été l'occasion de scruter et comparer les résultats de leurs recherches respectives ainsi que les programmes de suivi déjà envisagés.

Leurs perspectives et leurs stratégies de développement ont fait l'objet d'un débat en profondeur avec le personnel de CEBEMO. Des documents distincts (CEBEMO 1986a et 1986b) ont consigné et cette "session de mise en commun" et les programmes de suivi (présentés par les ONG impliquées).

[4] Cette remarque s'applique à la version originale anglaise car, pour cette section consacrée au Brésil, à la demande de l'Auteur, la traduction française ne reproduit pas le texte original dans son intégralité.

Cartes représentant les zones de recherche

Localisation de la zone enquêtée, District de Gunung Kidul, dans la Province (Territoire Spécial) de Yogyakarta, Java

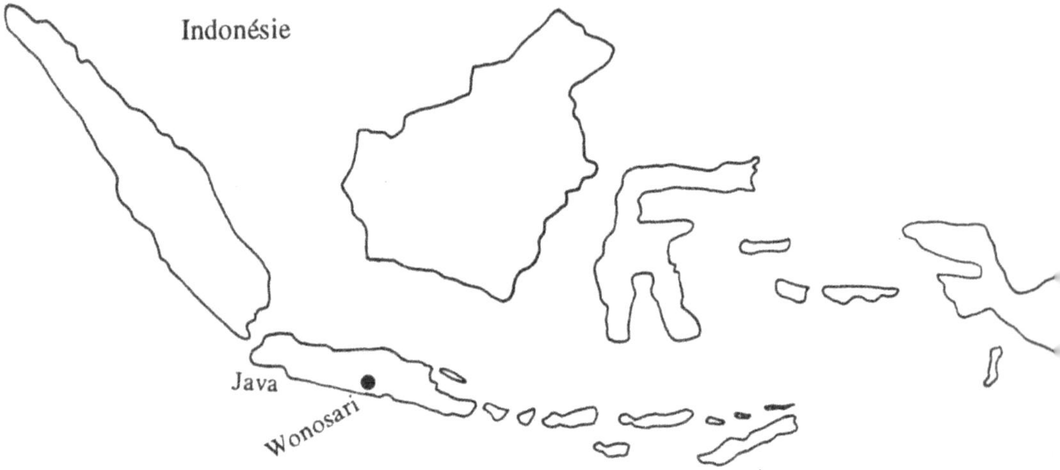

Localisation des zones enquêtées,
Province de Sisaket au nord-est et dans le District de Chomthong
près de la ville de Chiengmai au nord de la Thaïlande

Localisation de la zone enquêtée, « Municipio » (district) de Serrinha
dans l'État de Bahia, au nord-est du Brésil.

Première partie

Hypothèses

objectifs

cadre conceptuel

1 Fondements théoriques pour une politique "d'appui à l'auto-développement et aux créativités solidaires"[5]

De quelques concepts erronnés en pratiques de développement

Par nature, nous sommes portés à privilégier idées et a priori susceptibles de légitimer notre travail, et protéger la pérennité de nos institutions. Mais lorsqu'il s'agit d'aider les populations rurales pauvres à se prendre en charge elles-mêmes, ces idées et ces a priori peuvent obstruer une stratégie cohérente. C'est en effet dans nos attitudes mentales et au sein même de nos institutions que plongent les racines d'un certain nombre des problèmes qui nous sont des défis.

Par conséquent, c'est à ces niveaux qu'il faut prioritairement intervenir si nous voulons conférer quelque efficacité à notre politique de soutien pour améliorer la situation économique des pauvres dans les zones rurales.

Et pour commencer, l'appui à l'auto-développement se doit d'examiner critiquement les hypothèses sur lesquelles, dans le passé, se sont fondés les programmes d'appui dont la plupart sévissent encore. Des propos banalisés circulent, tels que : "les agences de développement ont accompli leur mission dès lors qu'elles ont atteint les populations pauvres", "la création de nouveaux emplois est une bonne chose en soi", "les pauvres sont des inactifs puisqu'ils sont sans emploi", " un pauvre n'a pas les moyens d'épargner", "il nous faut toujours plus d'argent pour financer toujours plus de projets",... toutes banalités relevant d'une inspiration essentiellement technocratique.

Elles sont le produit d'un système de pensée et de raisonnement caractéristique de l'observateur extérieur, conforme à sa vision de l'évolution et à la propension de son comportement face aux défis du développement.

Ces propos tendent insidieusement à capturer notre attention au profit d'interventions venant d'en-haut et à la détourner de prendre en compte les aspirations des populations elles-mêmes et de leur capacité à se prendre en charge.

Certes, toutes les institutions d'aide au développement et tous leurs agents n'adhèrent pas à un système de pensée et de raisonnement monolithique. Nous nous trouvons plutôt confrontés à une forme de sagesse conventionnelle qui, à y regarder de plus près, apparaîtrait sans doute plus conventionnelle que sage.

Elle ne favorise pas -et peut même entraver- les efforts moyennant lesquels les populations pauvres parviendraient à se prendre en charge. Ce qui suit -cinq prises de position et brefs commentaires- s'inscrit en faux contre cette prétendue sagesse et plaide en faveur d'une réflexion plus approfondie.

[5] en anglais "self-help promotion"

- Le vrai défi n'est pas : "comment atteindre les populations pauvres ?"

On ne renforce pas la situation économique des pauvres en parlant de "*les atteindre*". Parce qu'ils sont "atteints", les ruraux pauvres deviennent dépendants du "biberon" offert par les agences de développement, encarcanés comme ils le sont dans un processus de développement qui leur est totalement étranger. Dans leur rôle imposé de "bénéficiaires", les pauvres courent le danger de devenir totalement dépendants de leurs "bienfaiteurs" : pour l'acquisition des intrants agricoles, l'accès au crédit, la vente de leurs produits ou pour bénéficier d'autres services. Ils se retrouvent, en fin de compte, dans une situation singulièrement vulnérable. Il ne s'agit pas de dénier aux agences de développement une fonction distributrice dans les rôles qu'elles assument. Mais il s'agit pour elles de respecter leur subsidiarité plutôt que d'imposer leur "directivité".

C'est en s'organisant volontairement qu'une population rurale développe des capacités telles qu'elle accède à des services d'agences avec lesquelles elle décidera de travailler parce qu'elles pourront lui apporter des ressources productives complémentaires des siennes. Pour cette population, ces organisations de base sont porteuses d'un pouvoir de négociation accru, et celui-ci, à terme, interdira aux dites agences d'imposer unilatéralement leurs conditions et leurs règles de conduites à ces paysans pauvres à ne plus traiter en bénéficiaires passifs.

Inversement, dans une perspective d'auto-développement, termes et conditions de collaboration entre ces agences et les populations rurales pourront générer et être générées par un processus de négociation où les deux parties respecteront leurs priorités réciproques et leurs intérêts spécifiques.

L'étude thaïlandaise illustre particulièrement bien l'aptitude des groupes d'auto-développement à se hisser à un niveau qui leur permet d'accepter l'aide gouvernementale, sans avoir à se soumettre à des conditions incompatibles avec leur situation. Mais, dans le même temps, ces populations demeurent dans la nécessité d'un appui de personnes-ressources extérieures, afin de susciter et sustenter ce processus de prise en charge. Ces personnes-ressources assumeront une fonction de coordination et d'incitation jusqu'à ce que le groupement soit suffisamment organisé pour prétendre exercer tous ses droits économiques, sociaux et politiques. Ces fonctions temporaires seront, au mieux, assurées par les personnels attachés au type de structure locale qui est au coeur de notre étude, c'est à dire à une institution d'appui à l'auto-développement (IAAD).

- Créer de nouvelles "opportunités d'emploi" n'a, en soi, aucune valeur.

Chacun devrait, bien sûr, se réjouir à cette perspective : nouvelles opportunités d'emplois. Mais une initiative porteuse d'une telle ambition ne saurait être considérée comme une solution aux problèmes de la pauvreté aussi longtemps qu'elle ne laisserait aux salariés d'autre choix que d'accepter un revenu de misère en échange de leur travail, c'est à dire juste assez pour survivre mais vraiment "trop pour mourir". Dans les pays en développement on observe une pléthore de main d'oeuvre à bon-marché, mais aussi on constate une stagnation du taux de croissance économique, et une incapacité de générer suffisamment d'activités à main d'oeuvre intensive pour absorber la masse sans cesse croissante des ruraux demandeurs d'emploi. Dans de telles conditions, la création de nouveaux emplois se révèle inapte à relever les niveaux de vie. Cette situation perdurera aussi longtemps que les populations pauvres ne pourront exercer le moindre contrôle sur les conditions de leur travail et la répartition des excédents.

Le postulat aux termes duquel la meilleure façon d'aider les pauvres consisterait à accroître les capacités de production des entrepreneurs les plus puissants localement et nationalement, dans l'espoir que des miettes plus grosses et plus grasses tomberaient pour eux de la table des riches, ne va pas sans être méprisant et même dégradant.

La thèse de l'auto-développement ne peut admettre un tel cynisme. Elle entend plutôt faire prévaloir au sein du système économique la voix de la majorité pauvre, en instaurant un dispositif en harmonie avec son aptitude à le gérer elle-même et davantage orientée par les besoins que cette majorité a choisi de satisfaire.

- Beaucoup de ruraux pauvres sont chômeurs -pourtant ils sont sur-occupés.

Les études sur les budgets des ménages pauvres, y compris celles qui ont été conduites dans le présent contexte, révèlent que les membres de la famille contribuent au revenu familial en espèces ou en nature à partir d'une très grande variété d'occupations : travaux de la ferme, pêche, petit commerce, labeur de journalier, artisanat, petite transformation, collecte du bois de chauffe, transport d'eau, etc... Certaines de ces activités se situant parfois à la limite de la légalité.

Qu'ils soient employés ou travaillent à leur compte, les pauvres ont des journées de travail interminables et doivent faire appel à toute leur énergie, leur ingéniosité et leur esprit d'initiative, afin d'accéder à un niveau de bien-être matériel qui autorise leur survie. Les termes "inactifs" ou "sous-employés" sont de bien étranges étiquettes pour qualifier des gens surchargés et sur-occupés[6].

Leurs occupations ont en commun, toutefois, le niveau très bas de revenus nets, en nature ou en espèces, qu'elles génèrent, en comparaison de l'investissement en travail, énergie, temps passé[7] qu'elles représentent.

L'appui à l'auto-développement vise à donc à miser sur l'aptitude réelle des populations pauvres à se prendre en charge, soit pour les soutenir dans leurs fonctions de producteurs soit pour les seconder dans la recherche d'activités et d'emplois générateurs d'un revenu net supérieur au travail ou au capital investi.

De plus, en tant que consommateurs, ces paysans pourront obtenir meilleure qualité à prix égal, s'ils peuvent effectuer leurs achats dans un magasin coopératif.

[6] Comme l'ont souligné certains critiques de notre étude, l'état de sur-occupation peut ne pas s'observer dans toutes les circonstances, et souvent cette situation s'accentue ou s'atténue selon les saisons. Ajoutons que les femmes se retrouvent plus fréquemment dans cette situation que les hommes.

[7] Les revenus de la main d'oeuvre agricole sont déjà très bas, on le sait, mais les études prouvent que les revenus sur les activités non-agricoles sont encore plus faibles (cf Etude sur l'Indonésie, p. 3)

- Les pauvres disposent de ressources productives.

En concevant la pauvreté comme la situation de ceux qui "n'ont rien" ou "ne sont capables de rien", nous avons tendance à oublier que les pauvres détiennent des biens et qu'ils sont capables d'agir. Dramatiser leur situation d'indigence, détourne notre attention du fait qu'ils ne sont pas totalement démunis.

D'un point de vue purement économique, ils disposent de "peu". De nombreuses études, démontrent qu'ils disposent en particulier d'un potentiel d'épargne auquel il est possible de faire appel pour constituer un capital (BIT, 1983; Osner et al., 1984); ils ont une connaissance précise de leur environnement immédiat et des contraintes du développement; souvent ils cultivent un lopin de terre; la plupart d'entre eux jouissent d'une constitution physique suffisamment saine pour offrir une capacité de travail substantielle; ils ont aussi des savoir-faire techniques, une capacité d'initiative, la faculté de s'organiser entre eux. Sans cela ils seraient totalement inaptes à survivre dans un environnement caractérisé par l'opportunisme capitaliste. De plus, les pauvres ont leur propre richesse culturelle et sociale. Dans notre étude, les responsables de la recherche-action n'ont pas manqué de souligner ce fait pour en avoir souvent bénéficié eux-mêmes.

Ce qui manque aux pauvres, ce sont des occasions d'élargir et de diversifier la base de leurs ressources. En s'auto-organisant pour se prendre en charge, ils pourront se frayer un accès vers des ressources immatérielles complémentaires (connaissances, savoir-faire) autant que matérielles (crédit, matières premières, terre, eau, etc..).

- Les procédures actuelles de financement des projets font obstacle à la participation populaire

La récente étude d'évaluation de la CEE (voir : Crombrugge, Howes & Nieuwkerk, 1985) prône l'adoption d'une "attitude ouverte" (open-ended) , où l'aide ne serait plus liée au projet, et pourtant les agences d'aide, qu'elles interviennent comme "ONG donatrices" ou "ONG receveuses", éprouvent des difficultés à s'y résoudre. Après avoir analysé les résultats plutôt décevants de 25 petits projets financés par la CEE, l'équipe responsable de cette évaluation plaide pour des systèmes de financement beaucoup plus souples et pour la dévolution du pouvoir de décision aux échelons administratifs les plus bas. Ces systèmes conduiraient même, dans certaines circonstances, à l'adoption de "procédures ouvertes (open-ended) ne fixant au départ aucune limite à la gamme des options envisageables" (p.45).

La recommandation n'est pas nouvelle en soi, mais elle est significative, si l'on tient compte de l'importante composante ONG dans les projets analysés.

Elle est révélatrice des difficultés que rencontrent les organismes privés eux-mêmes à faire passer dans les faits une philosophie tendant à favoriser un type de développement plus endogène.

En principe, les ONG se déclarent en faveur de la "participation populaire" et de l'auto-développement; mais en pratique, elles n'échappent pas aux contraintes administratives et organisationnelles, contraintes réfractaires à la prise en charge, par la base, de ses propres affaires. L'aide par projets est l'une de ces contraintes, car il est difficile de la concilier avec un processus de croissance organique, c'est à dire avec le processus naturel d'expansion et de croissance du plus petit vers le plus grand. Ce processus puise essentiellement son inspiration et ses orientations dans les aspirations et les besoins des populations rurales pauvres, au fur et à mesure qu'ils se font jour.

L'absence de souplesse, qui caractérise l'aide traditionnelle "par projets" a été stigmatisée par un membre de l'équipe de recherche-action brésilienne : "une fois en possession de l'argent des financeurs, on devient prisonnier de sa propre programmation".

S'affranchir de la procédure de l'aide par projets attire des difficultés multiples observées à tous les niveaux. Première raison : l'incompatibilité avec la pratique administrative traditionnelle, le processus de développement n'y étant pris en compte que sous l'angle purement technique.

La raison sous-jacente est que, si les projets ont été correctement élaborés et mis en oeuvre, ils produiront nécessairement des résultats prévisibles en rapport avec l'investissement consenti.

Les organisations d'auto-développement, par contre, ont leur rythme propre. L'orientation qu'elles prendront ne peut être pronostiquée par un observateur extérieur.

Un investissement doit produire un résultat, mais ce ne sera pas obligatoirement celui que techniciens, administrateurs ou bienfaiteurs estiment prioritaire.

Une seconde raison tient au fait qu'en s'engageant dans un programme de financement souple, l'agence donatrice et l'ONG distributrice qui lui sert d'intermédiaire se placent dans une situation d'insécurité par rapport aux demandes d'appui financier ou technique auxquelles elle devront ultérieurement répondre, face aux organisations de base, car ces demandes ne sont plus prévisibles.

L'incertitude règne : de quelle manière les fonds seront-ils dépensés, quel sera le rythme des débours et des remboursements et quelle sera la durée de l'aide ?

Enfin, pour les organisations qui couvrent leurs frais de gestion sur la base d'un taux, fixe ou négocié, prélevé sur les fonds d'aide qu'elles gèrent, l'auto-développement des populations rurales pauvres n'offre pas le moindre intérêt financier.

Par définition, l'auto-développement n'a qu'une faible capacité d'absorber une aide extérieure, surtout au stade initial où se forment des groupements de base ou des actions coopératives. Bien que cela ne soit pas dans ses objectifs, notre étude a confirmé une hypothèse : celle selon laquelle procédures et critères administratifs prévus pour réguler le fonctionnement du système d'aide international entravent l'auto-développement au lieu de l'encourager.

En tout cas, ce thème a émergé comme l'un de ceux qui, suite à notre étude, devraient faire l'objet d'un approfondissement ultérieur. Le chapitre 9 propose des conclusions provisoires à ce sujet, faisant suite à une analyse plus détaillée des stratégies d'auto-développement des ONG participantes, exposées dans les chapitres antérieurs.

La majorité pauvre

Quelles sont les populations pauvres ici concernées ? La pauvreté est un concept relatif et, par définition, hautement corrélatif au milieu[8]. Les pauvres ne sont pas un bloc homogène dans la société; ils se répartissent en différentes catégories et ils se distinguent selon la cause, et le degré de leur pauvreté, ou encore selon ses manifestations extérieures (habitudes alimentaires ou insalubrité de l'habitat), voire selon le sexe, l'âge, ou toutes autres caractéristiques liées à l'environnement.

Notre étude aura mis l'accent sur les *foyers* pauvres plutôt que sur les *individus* et elle aura emprunté sa définition de la pauvreté aux critères les plus évidents du milieu où celle-ci s'intégrait. Dans tous les cas de figure, le fait d'avoir accès à la terre ou d'en détenir la propriété a joué un rôle déterminant car ce facteur génère d'autres risques ou/et une inégalité des chances.

Au *Brésil*, le principal critère aura été celui utilisé par *l'Organisation pour les petits paysans et travailleurs agricoles* (APAEB), celle-ci s'étant trouvée au coeur de l'étude brésilienne. Les paysans employeurs réguliers d'une main d'oeuvre agricole ont été radiés de cette organisation. Inversement, les paysans, hommes ou femmes, ne pouvant recourir à cette main d'oeuvre (s'ils sont sans terre ou sur une terre à l'étroit) ont été classés dans la catégorie des pauvres.

Parmi ces pauvres, les mieux lotis disposent de ce que, conventionnellement, on nomme une "exploitation familiale" (fournissant du travail à deux adultes et deux enfants). La majeure partie de leurs terres (environ 10 hectares) est habituellement affectée au patûrage. Les *responsables* de l'APAEB sont pour la plupart issus de cette classe de pauvres moins défavorisée.

Quant aux familles paysannes constituant la majorité des adhérents à l'APAEB, elles se situent bien en deçà de ce niveau et arrachent leur maigre subsistance à un lopin de terre beaucoup plus restreint (3 hectares en moyenne), ou bien, étant dépourvus de terre, ils sont totalement dépendants d'un simple revenu salarié.

Définis sur la base de ces critères, les pauvres représentaient 96% des ménages ruraux (dans le district de Serrinha).

En *Indonésie*, les membres de l'OAD[9] qui vivant dans les quartiers relativement aisés du premier secteur villageois sélectionné, Baleharjo, y jouissent d'un revenu annuel de 2.000 à 4.000 $ par ménage, presque exclusivement à partir d'activités non-agricoles (enseignants, commerçants); ils ne pouvaient donc pas être considérés comme entrant dans la catégorie des ruraux pauvres.

Inversement, estima-t-on qu'appartenaient à cette catégorie les ménages (de six à sept membres) disposant d'un revenu annuel inférieur à 1.000 $ -ce qui était le cas de presque tous les ménages composant le second secteur villageois à Pacing.

[8] Cf G. Poitevin, Vers une sociologie de la pauvreté. In ASSCOD 48 - 1979, p. 21.

[9] Organisation d'Auto-développement

Dans cette partie de Java, il est rare de ne pas détenir une terre quelconque, mais les parcelles sont menues, voire minuscules (moins d'un demi hectare, le plus souvent en fermage). Tout comme au Brésil et en Thaïlande, le niveau de participation aux activités des OAD régresse avec l'accentuation de la pauvreté.

Dans la zone enquêtée en *Thaïlande du nord*, la dimension des terres est également limitée (entre 0,3 et 1,3 hectare); elles sont fréquemment détenues en fermage et peuvent produire deux récoltes annuelles. Toutefois, fréquentes sont les situations où la population (parfois plus de 50%) demeure sans aucun accès à la terre. Toute la population villageoise de la zone enquêtée relevait de deux catégories: petits paysans ou paysans sans terre; cette population fut donc considérée comme appartenant à la catégorie des pauvres.

Dans la seconde région enquêtée, *en Thaïlande du Nord-est*, la moyenne des terres exploitées se situait autour de 4,8 hectares (à récolte unique), ce qui est relativement important, même pour cette zone. Pourtant, en raison de la piètre qualité du terrain, rares sont les exploitants qui génèrent un surplus.
Compte tenu des perspectives de notre étude, nous n'avons inclus dans la classe pauvre de la population rurale ni les exploitants capables de générer des surplus, ni ceux qui employaient régulièrement une main d'oeuvre agricole. En cela, nous avons suivi les critères des villageois eux-mêmes. D'ailleurs, les familles de ces catégories d'exloitants avaient elles-mêmes choisi de ne pas participer aux activités d'auto-développement (cf chapitre 7).

Bien que le critère de la terre ait joué un rôle déterminant dans notre classification, force est de reconnaître que l'essentiel des revenus de cette population rurale pauvre provient de la main d'oeuvre salariée et d'activités annexes, étrangères à l'exploitation rurale.

(Pour plus de détails sur les conditions de vie et de travail des populations pauvres et sur leur environnement, voir, en seconde partie, le chapitre 5 "Villages et zones enquêtés" et le chapitre 8 "Identification des populations-cibles et des groupements d'auto-développement").

L'économie associative en perspective

Les trois secteurs de l'économie

Les organisations d'auto-développement (OAD) sont des associations de personnes gérées et contrôlées par leurs adhérents dont elles sont sensées servir les intérêts. Ces associations ont pour objectif de contrecarrer l'influence, dominante sur l'économie, du secteur privé en quête de profits et du secteur public sous contrôle de l'Etat.

Lorsqu'elles fonctionnent en accord avec leurs principes, elles offrent aux populations pauvres une possibilité de réorienter, pour partie et dans une direction plus compatible avec leurs intérêts, le système économique qui gouverne leur vie quotidienne.

Ces associations constituent ensemble le secteur associatif de l'économie, ou, plus simplement, l'économie associative. Le concept de système à trois secteurs peut s'illustrer comme représenté ci-dessous[10].

Pour la clarté du concept, il importe de distinguer le secteur informel du secteur associatif. On trouve en effet les formes de petites entreprises informelles et non-déclarées aussi bien dans le secteur profit que dans le secteur associatif de l'économie. Le petit vendeur des rues indépendant, le chineur, ou le petit tailleur qui ouvre un atelier sur la rue, appartiennent au premier secteur. Les petits groupements informels d'auto-développement, non-déclarés, relèvent du troisième : le secteur associatif. Ces secteurs ne s'excluent pas mutuellement mais sont complémentaires. Ils font partie d'un tout : le système économique.

Figure 1 : *les trois secteurs du système économique*

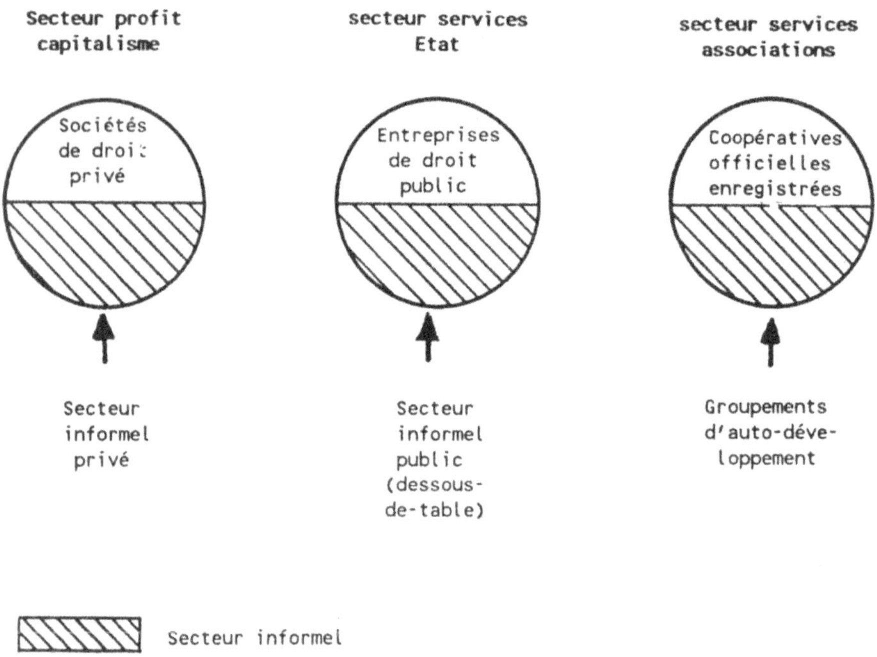

[10] Schéma repris du rapport thaïlandais, p. 13

Le secteur associatif, avec les entreprises économiques qui le composent, peut être considéré comme la matérialisation d'une "économie alternative" (MOC, Plan de développement 1986). Dans ce contexte, le MOC se réfère spécicifiquement à des unités gérées coopérativement pour stocker, transformer, et vendre en commun les produits de consommation etc.. qui servent directement les besoins des groupes les plus défavorisés de la société et qui sont leur propriété. Le MOC se réfère également, dans ce cas, aux échanges de biens et de services entre ces unités.

Il s'agit là d'un scénario évolutif plutôt que révolutionnaire, même si des changements politiques plus radicaux sont visés à long terme (la réforme agraire dans le cas du Brésil).

La preuve expérimentale existe maintenant, suffisante et bien documentée, que dans maintes circonstances, en s'efforçant de se prendre en charge, les pauvres sont capables de faire progresser leurs conditions de vie et même d'obtenir une progression substantielle. La littérature du développement a largement fait écho aux "cas de réussite" par des organisations d'auto-développement ou assimilées et aux conditions de cette réussite (voir : par ex. Osner et al., 1985; Rouillé d'Orfeuil, 1984 ; Esman & Uphoff, 1984).

Toutes ces études décrivent et analysent des cas qui, depuis plusieurs années, développent des manifestations différentes mais une substance identique. Leur succès peut être attribué à leur aptitude à contrecarrer les conséquences du "centralisme autoritaire et du capitalisme exploiteur" (Cendhrra, 1982, p. 9). Nous n'en reprendrons pas ici l'exposé.

Soulignons le encore, lorsqu'un sociétariat d'une OAD (coopérative de base ou autre) correspond à des niveaux de revenus moyens ou élevés, le développement d'un secteur associatif ne saurait, en soi, résoudre les problèmes de la pauvreté en milieu rural, ni améliorer la situation des catégories à faibles revenus (Verhagen, 1984, pp. 6-8 et 117-30).

En fait, coopératives et organisations similaires peuvent même exacerber les disparités en milieu rural, chaque fois qu'elles apportent aux nantis des atouts nouveaux, tout en négligeant les intérêts ou réduisant les chances des plus démunis.

Pourtant, pour des raisons politiques, pratiques ou économiques, il arrive que des pauvres fassent cause commune avec des fractions plus aisées de la population si celles-ci comprennent bien leur cause et ne profitent pas de leur position pour décider unilatéralement des règles du jeu. Lorsque de tels cas se produisent, il arrive cependant que l'on observe simultanément l'émergence de formes associatives au sein des populations rurales pauvres.

L'un des objectifs de l'auto-développement est la croissance économique, cela va de soi. Mais il ne s'agit pas ici de cette croissance typiquement exorbitante, celle qui exploite ou marginalise de larges sections de la population, qui met ou remet en cause la sécurité de leur survie et leur impose une perte d'identité culturelle ou de dignité humaine.

Grâce aux structures d'auto-développement, des familles modestes commencent à modifier leurs conditions de production et de consommation au niveau micro-économique. Le mode de changement est davantage à l'échelle humaine et il manifeste, naturellement, toutes les limitations de cette échelle.

Dans une optique d'auto-développement, l'action associative peut ne pas viser nécessairement un objectif commercial. Au contraire les participants à cette action décident de consacrer une part plus importante de leurs activités productrices à l'auto-consommation familiale, ou à contribuer à l'auto-suffisance alimentaire du groupement ou du village : par exemple en développant les productions vivrières (cf chapitre 9, Le mode de développement "globalisant" (holistic) en Thaïlande).

Une telle orientation peut provoquer l'apparition de nouvelles coopératives, pour des activités locales soit de petite transformation soit de stockage pour les productions alimentaires. Ces activités pourront alors demeurer au village, au lieu d'être transportées hors la communauté villageoise pour subir les mêmes transformations avant d'être rachetées beaucoup plus cher.

Le cas brésilien, exposé au chapitre 7, illustre bien cette orientation qui privilégie la sécurité alimentaire, en lui donnant priorité sur des gains monétaires aléatoires.

Ainsi, du fait qu'il tend à une transformation des structures économiques l'auto-développement ne se lance pas obligatoirement dans une attaque directe contre ce qui subsiste des pouvoirs économiques et politiques en place. Il ne prend pas le "taureau par les cornes": la fragilité de la situation des pauvres leur interdit une politique aussi risquée.

Cependant, en les faisant progresser vers l'autonomie économique cette stratégie d'auto-développement les place en position de se faire entendre, et leur permet parfois de s'exprimer pour obtenir des réformes de caractère politique (réforme agraire, ou accès aux lieux de pêche, etc..).

En tout état de cause, au Brésil, les groupements d'auto-développement qui ont participé à cette étude, plaçaient effectivement leurs activités productrices dans cette perspective politique.

En termes politiques, l'auto-développement peut également se définir comme une tentative délibérée pour démocratiser l'économie. Les organisations qui se mettent en place, grâce à ce processus, relèvent de la devise "au peuple, par le peuple, pour le peuple" et leur influence grandissante sur l'économie locale transforme progressivement la structure économique et sociale du milieu. Elles prennent naissance dans une autre logique : de partenariat, plutôt que de concurrence.

Un tel scénario pour changer la société peut ad libitum être interprété comme topique ou utopique. Topique, car il réalise. Utopique, car il ne saurait prétendre qu'à une réalisation partielle, et seulement selon la capacité des OAD à vaincre leurs faiblesses internes et à faire face aux influences négatives de leur environnement immédiat.

Car les OAD pâtissent de nombreux handicaps : rivalités internes; existence de factions en leur sein; poids des intérêts personnels; parfois aussi gestion ou direction corrompue; manque de solidarité entre les adhérents; vision à trop court terme; gestion inefficace, etc. -toutes situations que les IAAD concernées par notre étude doivent prendre en main pour tenter de les faire évoluer dans un sens positif.

L'économie associative : une définition

Le secteur associatif est un complexe d'organisations d'auto-développement, avec leurs organes fédérateurs ou de coordinateurs qui constituent, ensemble, un secteur distinct de l'économie : il ne s'apparente ni au secteur privé conventionnel en quête de profit, ni au secteur public contrôlé par le gouvernement.

Les entreprises et les organisations du secteur associatif, de même que leur sociétariat, entretiennent des relations commerciales avec les entreprises et les organisations des deux autres secteurs. Elles font, de ce fait, partie intégrante du système économique.

Les pseudo-coopératives : un inter-secteur hybride stérile

Pour bien circonscrire notre cible, il faut enfin marquer une différence, et elle sera fondamentale, entre l'organisation d'auto-développement -dans laquelle s'identifie clairement une "prise en charge par la population elle-même" d'une part, et d'autre part un phénomène, largement répandu dans le Tiers-Monde, que l'on pourrait qualifier de "pseudo-coopérative".

La pseudo-coopérative présente les caractéristiques *formelles* d'une coopérative, telles que l'inscription légale, l'adoption de statuts, etc., mais elle ne garantit pas, ou très peu, la réalisation de ces caractéristiques, c'est-à-dire autonomie organisationnelle et participation des sociétaires aux prises de décision.

En droit, elle appartient bien au secteur associatif, mais elle fonctionne, *en fait*, plutôt comme une entreprise publique sous contrôle gouvernemental, et elle s'intègre au système global de services que les autorités en place proposent à leurs populations rurales.

L'existence de telles coopératives ne résulte aucunement d'une conscientisation populaire, ni de volontariats en quête d'une réponse appropriée à des réalités économiques. Groupées en secteurs prétendument coopératifs, ces organisations expriment la formidable ambition de gouvernements soucieux d'intégrer les masses rurales dans un développement économique général qu'ils ont conçu pour le pays dont ils ont pris la charge.

Certains avocats de la formule coopérative ont toujours préconisé l'évolution de ces services officiels vers une forme coopérative authentique -processus qualifié de "désofficialisation" dans les milieux internationaux. Mais ce scénario est-il réaliste, réalisable ou même seulement souhaitable ? C'est une toute autre affaire, hors du champ de notre étude. Celle-ci n'en induira pas, pour autant, que toutes les coopératives, légalement reconnues, soient de fausses coopératives sous la tutelle des gouvernements. Le secteur coopératif officiel est riche de succès excipés par maintes coopératives, si l'on s'en réfère aux récentes publications du COPAC, mettant en évidence l'importance du rôle joué par l'appui gouvernemental (COPAC, 1984).

Tout bien considéré cependant, dans tous les cas où les services officiels ont eu la haute main -voire le monopole- pour promouvoir un développement coopératif, on peut l'affirmer sans risque d'erreur, la pseudo-coopérative est la règle et la coopérative d'auto-développement (self-reliance) demeure une exception.

Cette situation a conduit des structures à caractère authentiquement coopératif, en quête d'un statut légal, à opter, dans de nombreux cas, pour un "type de statut différent".

Ce fut l'option prise par les OAD évaluées dans le contexte de notre étude. Au Brésil, l'APAEB est déclarée comme "association", les UB indonésiennes fonctionnent comme pré-coopératives et les OAD thaïlandaises comme de simples "groupements". Le cas brésilien diffère, en ce sens que, là où la dés-officialisation est devenue effective, les coopératives sont fréquemment passées sous le contrôle d'une petite élite de gros exploitants, situation comparable à celle que l'on observe dans certains états de l'Inde.

Le secteur coopératif officiel n'est pas le seul à violer des principes qu'il prétend mettre en oeuvre et protéger. A une époque où presque tous les programmes et projets de développement rural *se déclarent en faveur de la "participation populaire", nous devons procéder à un incontestable constat : le concept se rétrécit au point de devenir parfois un simple moyen de manipuler cette participation populaire au profit de projets conçus dans d'autres instances.*

Les ONG : institutions d'appui à l'auto-développement

Les populations rurales pauvres, piégées dans le cercle vicieux d'une pauvreté qui se perpétue et s'aggrave elle-même, requièrent un appui extérieur susceptible de rompre ce cercle vicieux en les aidant par des opérations ad hoc: à mettre en commun leurs ressources, identifier des activités productrices viables, rentables et réalistes, élaborer des systèmes d'administration et de gestion fiables, gérer des fonds, tenir une comptabilité des dépenses et des recettes, etc..

Les petits entrepreneurs individuels souvent "plus débrouillards" peuvent éventuellement se passer d'un appui technique et financier ou d'une assistance morale, ou ils les requièrent à un degré moindre; les populations rurales pauvres ne peuvent s'en passer[11] pour susciter et gérer des OAD à la structure plus complexe.

La littérature du sujet déborde d'arguments avantageant les ONG (par contraste avec les agences gouvernementales) pour faire éclore la participation populaire et conforter les initiatives de la base. On a même parfois tendance à sous-estimer la qualité des ressources-humaines et le niveau de compétences indispensables pour assurer un appui efficace et qualifié à l'auto-développement.

Car les ONG manquent souvent de personnel et d'agents de terrain formés et qualifiés.

[11] Etude conduite par Kilby & D'Zmura (1985) pour l'AID. Il concluent que "pour la petite entreprise le problème de développement majeur est le manque de capitaux (particulièrement les crédits de fonctionnement). Par contraste, l'assistance technique (transmission de savoir-faire technique et de méthodes de gestion, etc..) s'est révélée très peu probante dans la promotion de la petite entreprise du secteur traditionnel (informel)". (Cités par Osner, 1986b).

Tôt ou tard, parce qu'ils offrent de meilleures perspectives de carrières, les autres secteurs de l'économie ou les services gouvernementaux draînent à leur profit les meilleures compétences.

Les ONG ne sont pas non plus indemnes de certaines faiblesses généralement attribuées aux fonctionnaires. Quelques évaluations récentes, portant sur les activités d'ONG locales, montrent que ces dernières n'ont pas toujours su répondre aux attentes, spécialement dans le domaine des activités génératrices de revenus (Guéneau, 1985 ; pour un survol des récentes études sur la portée du rôle des ONG de développement cf H.v.d. Heijden, OCDE, 1985).

Il ne s'agit pas de dénier aux ONG leur potentiel spécifique dans l'appui à l'auto-développement, mais plutôt, en reconnaissant ce potentiel pour ce qu'il est, de mesurer et ses avantages et ses faiblesses, dans la perspective de son amélioration.

Notre étude a entrepris de l'évaluer, mais selon des modalités non-conventionnelles, puisque les ONG locales elles-mêmes auront été les maîtres d'oeuvre et du processus et des producteurs de l'évaluation.

Définition de quelques concepts-clefs de l'appui à l'auto-développement

La clarification des concepts *théoriques* nous semble essentielle pour positionner un échange portant sur des réalisations relevant, elles, de la pratique. D'où un effort particulier pour définir ici un contenu précis aux concepts qui sont au coeur du débat sur l'auto-développement et sur le rôle que celui-ci pourrait jouer dans la restructuration des relations économiques.

Toute action volontaire (= initiative + activité), entreprise par un individu ou un groupe, visant à satisfaire les aspirations ou les besoins individuels ou collectifs, relève de *l'auto-développement.*

Le différentiel de cet auto-développement (*self-help*) réside dans l'apport substantiel consenti par l'individu ou le groupement, en termes de ressources endogènes, de travail, capital, terre, ou maîtrise d'un métier.

L'auto-développement peut concerner diverses activités d'ordre politique, culturel, économique ou social. Notre étude portera essentiellement sur des activités à caractère économique. Elle mettra également l'accent sur l'auto-développement à partir des groupements de base. Ce n'est pas, pour autant, minimiser individus, foyers ni exploitations agricoles, dans leur aptitude à se prendre eux-mêmes en charge; car cette aptitude est irremplaçable.

Mais le fait est là : pour réaliser des économies d'échelle, les populations dont les ressources propres sont faibles, n'ont pour alternative que de les mettre en pool et travailler ensemble à leur bien commun. En outre, conjuguer leurs efforts reste le seul moyen à la disposition de ceux qui ne jouissent d'aucun droit : pour se doter d'un pouvoir de négociation suffisant sur le marché; faire pression sur les prix; s'adresser aux autorités en charge du développement, influencer les décisions administratives.

Dans l'étude de cas thaïlandaise le concept de "groupement" s'étendra à l'ensemble de la communauté villageoise dans le cas de certaines activités à décider, et par exemple une stratégie villageoise pour, en restructurant son économie, renforcer ses capacités d'auto-suffisance (self-sufficiency) en productions alimentaires.

Au-delà du village, le concept d'auto-développement trouve son expression dans des interactions villageoises conduisant à l'émergence d'un "mouvement". Dans le cadre de notre étude, ce paramètre sera traité comme l'un des huit instruments d'appui à l'auto-développement.

Un esprit occidental concevra sans doute difficilement que l'expression "soi-même" (self) puisse ne pas se rapporter nécessairement à "moi", en tant qu'individu, mais également s'étendre à "nous" en tant que groupe, "pour autant que le groupe soit fondé sur une base égalitaire" (Schrijvers, 1985).

Le concept de "self help" peut être difficile à traduire dans d'autres langues[12]. Parmi les problèmes conceptuels qui se sont manifestés au cours de l'étude c'est celui qui s'est révélé le plus critique (voir, au chapitre 4, les problèmes rencontrés).

Activités productrices

Le concept d'activité productrice embrasse toutes activités entreprises individuellement ou en groupe qui touchent à produire biens matériels ou services porteurs d'une valeur marchande. Par définition, de tels biens et services sont rares, correspondent à un prix sur le marché, ou peuvent être utilisés pour satisfaire directement les besoins de consommation de ceux qui les produisent (revenus en nature).

Organisations d'auto-développement (OAD)

L'organisation d'auto-développement est celle que constituent entre eux des individus ou des ménages après s'être mis d'accord pour travailler ensemble et durablement à la poursuite d'un ou plusieurs objectifs.

L'organisation d'auto-développement est une association de personnes, ses charges, ses risques et ses profits sont donc équitablement répartis entre les membres qui y adhèrent; ses dirigeants et responsables sont comptables de leurs actes devant les adhérents.

L'appui à l'auto-développement

Tout effort délibéré visant à favoriser l'émergence et à faciliter le fonctionnement d'une OAD est un appui à l'auto-développement : dans le contexte de notre recherche, ces OAD sont des organisations de base dont les membres sont issus de la majorité pauvre de la population rurale et qui assument diverses activités à caractère économique. *L'appui à l'auto-développement* a des implications plus larges et, en matière de développement, connote des options plus globales que la simple aide par projets.

[12] Le terme "auto-développement", le plus généralement utilisé dans cette traduction pour l'expression employée dans le texte original "self-help" ne rend pas la notion de "créativités solidaires" dont la formule anglaise est chargée. NDTR

L'aide par projets tend à fragmenter l'aide au développement en éléments sans cohérence les uns avec les autres. L'appui à l'auto-développement vise à enchâsser identification, programmation et réalisation des activités productrices, dans une stratégie à volets multiples, stratégie déployée à travers toute une série de mesures et initiatives cohérentes entre elles, celles que nous avons nommées "instruments d'appui à l'auto-développement".

Ainsi conçu, l'appui à l'auto-développement peut à son tour s'inventorier en une vaste panoplie d'instruments ou de services promotionnels dont les corrélations sont et seront spécifiquement destinées aux groupements de base et à leurs adhérents.

Les instruments d'appui à l'auto-développement

Notre étude a identifié huit instruments d'appui à l'auto-développement, en voici l'énoncé :

- identification de la population-cible et des groupes-cibles;
- identification des activités productrices par une recherche-participative, puis programmation de ces activités;
- éducation et formation mutuelles;
- mobilisation des ressources internes (épargne comprise) et quête des ressources externes (crédit inclus);
- conseils en gestion;
- maillage des réseaux de relations avec les tiers;
- expansion du processus et structuration d'un mouvement;
- contrôle continu (monitoring) et auto-évaluation permanente (CCAEP).

Une participation sans cesse accrue des OAD et de leurs organes fédérateurs à la gestion de ces instruments apparaît fondamentale pour éviter le risque de manipulation des OAD et de leurs membres par les institutions d'appui à l'auto-développement (IAAD) ou par toute autre agence d'aide. On trouvera plus loin (au chapitre 3) une description et une analyse plus détaillée de ces huit instruments.

Institutions d'appui à l'auto-développement (IAAD)

Dans les pays en voie de développement, une institution d'appui à l'auto-développement est une organisation s'étant donné pour tâche, ou ayant reçu mission, d'aider les groupements à se prendre en charge. Pour parvenir à cet objectif, les IAAD disposent d'une batterie d'instruments.

L'objectif est atteint lorsque la fonction d'appui passe sous la responsabilité des organes fédérateurs des OAD ou sous celle des groupements de base eux-mêmes. Aucune des IAAD impliquées dans notre étude n'est arrivée à ce stade.

Dans le cas brésilien, toutefois, certaines fonctions promotionnelles ne sont plus conduites par le MOC, qui est l'ONG locale, mais par l'APAEB, une association rurale de petits agriculteurs qui, elle, reçoit l'appui du MOC.

Se suffire à soi-même (self-reliance)

L'auto-développement vise à se suffire à soi-même. C'est l'état d'une personne ou d'un groupe de personnes parvenues à ne plus dépendre du bon vouloir ou de l'assistance de tiers pour défendre leurs propres intérêts.

Inférence : un groupement se suffit à lui-même lorsque ses membres ont acquis connaissances et savoir-faire nécessaires et suffisants pour : analyser leur situation, organiser leurs productions; définir et mettre en oeuvre une stratégie; améliorer leurs conditions de vie ; sauvegarder leur autonomie.

Cette *autonomie* ne doit pas être confondue avec *l'autarcie*. Dans le monde actuel, aucun groupe humain, aucune communauté ne peut survivre en se repliant sur soi-même. Des interactions avec d'autres groupes sont indispensables et inévitables. Se suffire à soi-même engendre cependant un style d'interaction où la relation avec les tiers s'établit en termes d'égalité (pour une analyse plus élaborée de ce concept, voir Verhagen, 1984, pp. 21-25).

Personne ne parvient jamais à "se prendre en charge" (self-help) ni à "se suffire à soi-même" (self-reliance) intégralement et "sans faille". Les OAD individuelles et les collectifs d'OAD structurés en un mouvement évoluent vers des stades plus avancés de "self-reliance" à mesure qu'ils parviennent à mieux maîtriser les instruments *d'appui*.

Ces derniers tendent alors à devenir des "instruments *d'auto-développement*". Une dynamique interne anime progressivement la spirale des relations jouant entre les institutions d'appui à l'auto-développement, les huit instruments de l'auto-développement et les organisations d'auto-développement. Cette dynamique est illustrée par le graphique ci-joint (fig. 2).

Figure 2: *L'appui à l'auto-développement : segment d'un processus continu*

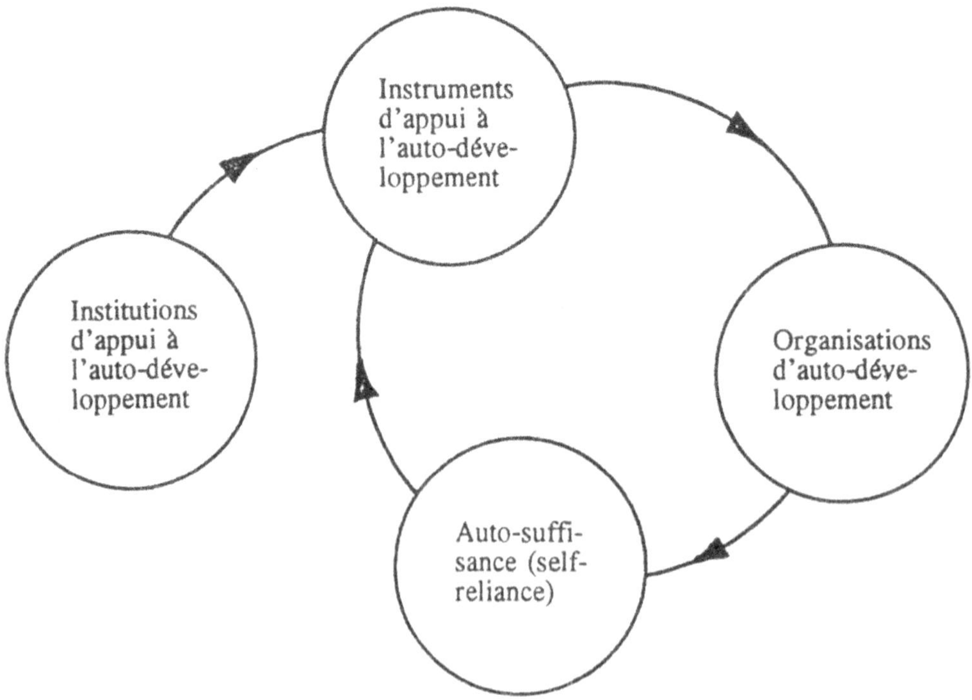

Les objectifs de l'étude

Cette étude s'appuie sur une enquête participative. Les objectifs de celle-ci peuvent être déduits logiquement des objectifs de développement et des objectifs institutionnels des ONG concernées par cette étude : soit au plan international (CEBEMO) soit au plan local (IAAD).

Objectifs de développement

Ces organisations ont comme objectif de promouvoir le déploiement d'une économie associative, la première par son soutien financier, les ONG locales par leurs interventions sur le terrain. Pour une population rurale en majorité pauvre, cette économie associative est considérée comme un moyen éminent pour réaliser sa capacité d'auto-développement.

Cet objectif majeur de développement est commun à toutes ces ONG.

Objectifs institutionnels

Individuellement, ces ONG ont comme objectif institutionnel d'accroître leur efficacité dans ce domaine : CEBEMO en agissant comme ONG "donatrice"; les ONG locales en agissant comme "Institutions d'appui à l'auto-développement" (IAAD).

Moyens

Pour accroître cette efficacité, et par le biais de cette étude, simultanément *auto et mutuellement* évaluative, les organisations participantes ont voulu mieux connaître et leurs propres mérites et leurs carences, en passant par une analyse approfondie de leurs stratégies et méthodes de travail, l'efficacité de cette stratégie et de ses méthodes étant l'objet principal de l'étude.

S'agissant des ONG locales, elles ont également voulu répondre aux questions majeures posées par des facteurs externes affectant leur fonctionnement et celui des groupements de bases (OAD). Ces facteurs externes sont de nature *économique, politique et culturelle.*

Economiquement, les initiatives productrices des groupements de bases (OAD) ne peuvent être viables et durables en ignorant l'économie marchande et ses lois d'airain;

Politiquement, créativités solidaires et activités promotrices des ONG locales (IAAD) ne vont pas sans éveiller les suspicions des autorités publiques;

Culturellement, ces ONG locales s'appliquent, de plus en plus, à appuyer des populations cherchant elles-mêmes à défendre légitimement leurs identités culturelles et donc certaines valeurs traditionnelles et religieuses, souterrainement affaiblies et minées, certes, par le système économique dominant, mais pourtant plus faciles à intégrer dans une économie individualisante.

2 Méthodologie

Cadre conceptuel de l'appui à l'auto-développement

Le cadre et sa logique

Nous disposions déjà d'un corpus de connaissances bien architecturé où puiser un cadre conceptuel pour schématiser les aspects essentiels de l'appui à l'auto-développement[13]. Chercheurs et praticiens utilisent généralement un cadre de ce type pour orienter, systématiser, analyser et comparer conduites et expériences de la pratique promotionnelle.

Ce cadre peut revêtir diverses configurations. Celle que nous présentons (voir fig. 3) fut conçue pour s'ajuster aux besoins spécifiques de l'étude de CEBEMO. Elle donne donc une place prépondérante aux ONG locales, pour leur rôle d'appui à l'auto-développement à la base. Ses composantes appartiennent aux catégories suivantes :

1- Institutions d'appui à l'auto-développement (IAAD);
2- Organisations d'auto-développement (OAD);
3- Fédérations ou organes représentatifs de ces OAD;
4- ménages (petits paysans ou paysans sans terre);
5- autres "institutions de soutien".

Il y aura fusion entre la troisième composante, les Fédérations d'OAD, et la première, les IAAD, chaque fois que les groupements de base (OAD) se seront constituées en un mouvement structuré, animé d'une dynamique propre; en d'autres termes, dès que la fédération sera en mesure de remplir les fonctions d'une IAAD. Huit têtes de chapitre, regroupées sous la rubrique "instruments", décrivent les interactions entre les unités ainsi répertoriées. Le jeu de ces interactions permet de franchir les étapes et d'atteindre les cibles du développement.

La principale et ultime cible a été définie comme l'émergence d'une économie associative "améliorant la situation économique de la majorité pauvre"; concept assez flou, en vérité, qui devra s'apprécier en référence au milieu dans lequel IAAD et OAD interviennent.

[13] Nous pouvons citer, parmi les nombreux textes publiés au cours des années quatre-vingt sur les conduites participatives et les institutions rurales à caractère d'auto-développement, le travail de synthèse de la Consultation FAO (1982), Galjart & Buijs (1982), Röling & de Zeeuw (1983), Verhagen (1984), Esman & Uphoff (1984), DSE (1985).

Figure 3 : *Bases d'une démarche systémique favorisant émergence et appui aux activités des organisations d'auto-développement*

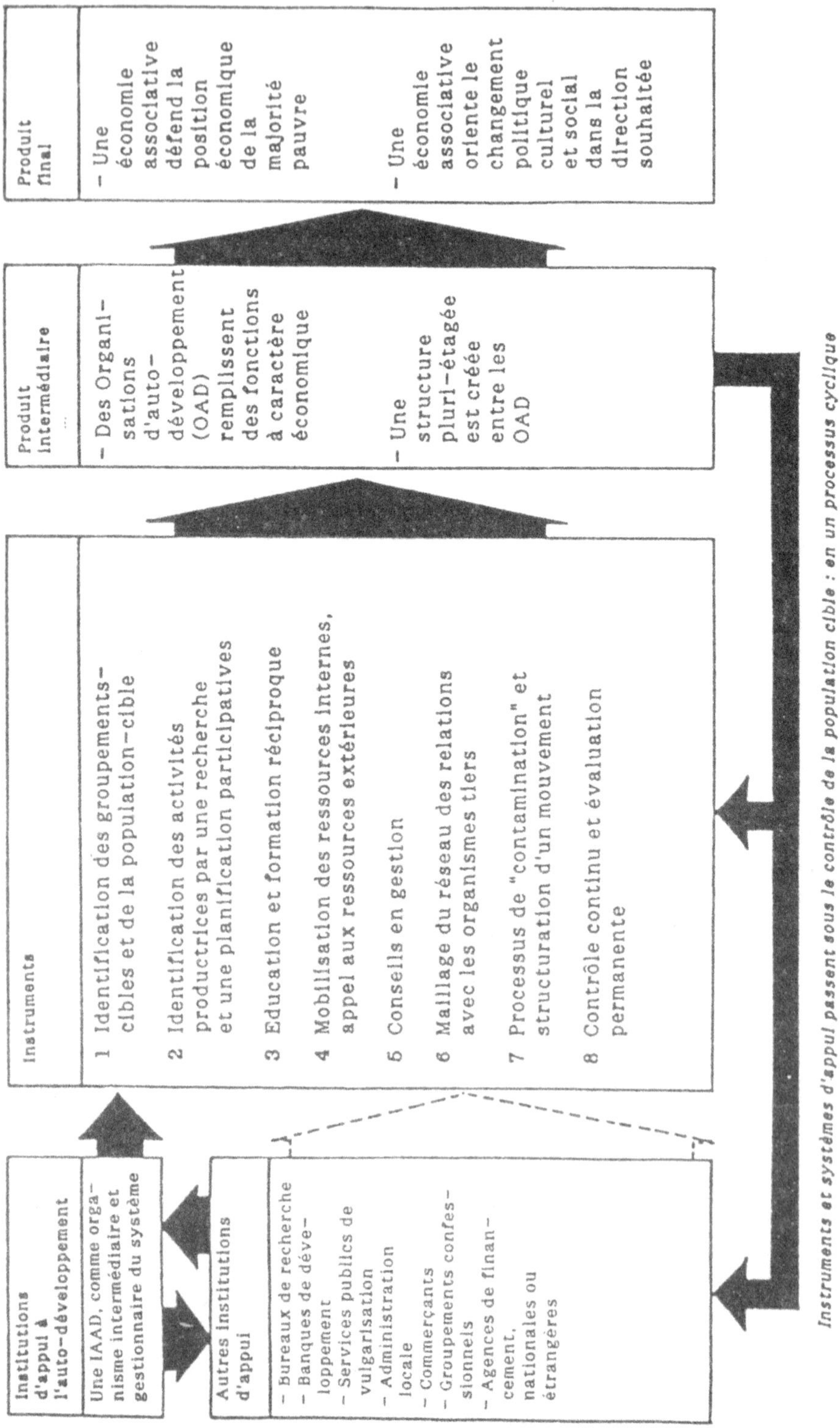

Les huit instruments (portés en colonne 2 de la figure 3) constituent ensemble une combinaison homogène des activités de promotion. Ils peuvent être mis en oeuvre par les quatre catégories d'institutions, mais sont habituellement coordonnées par une IAAD jouant le rôle de gérant du système.

Rappelons que, pour adopter cette attitude systémique, il faut avoir préalablement reconnu l'existence de corrélations et de rapports d'interdépendance entre les unités ici identifiées. C'est donc admettre que les "projets productifs" s'insèrent dans un système plus vaste, et c'est comprendre, par conséquent, que "casser" l'analyse de situation à la limite affectée à un "projet de développement" est incompatible avec la nécessité d'acquérir une bonne perception et une réelle intelligence des raisons pour lesquelles les choses évoluent comme elles le font.

Quelques commentaires additionnels sur les fonctions spécifiques d'appui assumées par les IAAD, faciliteront la compréhension du cadre conceptuel et des interactions qu'il voudrait illustrer.

L'Institution d'appui à l'auto-développement (IAAD)

Une IAAD est une organisation qui s'enracine dans le pays en voie de développement lui-même. Dans le cas de cette étude CEBEMO, il s'agit d'une ONG endogène, de portée régionale, et dont le rayon d'action peut couvrir une ou plusieurs provinces.

Le scénario idéal de l'auto-développement voudrait que l'ONG jouant ce rôle d'IAAD s'attache à faire évoluer son statut actuel d'organisation autonome et indépendante, vers celui d'organe représentatif des OAD. Ces dernières en seraient alors devenues les propriétaires et en détiendraient le contrôle.

Pour l'IAAD, l'alternative consisterait à se rendre inutile par le transfert progressif de ses fonctions promotionnelles à des institutions du deuxième ou du troisième degré, émanations autonomes constitutives des OAD[14].

Dans le cas analysé au Brésil, par exemple, l'IAAD locale, le MOC, a aidé l'Association régionale des petits agriculteurs (APAEB) à se mettre en place; c'est cette dernière qui, de facto, remplit les fonctions d'organe du deuxième degré et en propose les services.

L'APAEB ne se contente pas de remplir d'importantes fonctions économiques, telles que les achats en gros de biens de consommation, elle exerce aussi diverses fonctions promotionnelles : éducation, conseils en gestion, vulgarisation des techniques et extension des activités à d'autres zones.

Cette dimension met en évidence un autre caractère distinctif du système d'appui à l'auto-développement : cette fonction ne peut pas se limiter uniquement à la promotion des groupements de base; progressivement, les OAD

[14] Les membres des institutions du "deuxième degré" ne sont pas des individus, mais des organisations du "premier degré", tels que groupements d'auto-développement ou coopératives. Lorsque des institutions du deuxième degré souhaitent, à leur tour, se fédérer, elles créent entre elles une institution du "troisième degré".

devront devenir capables de prendre en main leur propre promotion, grâce aux structures du deuxième et troisième degré qu'elles auront réussi à constituer entre elles.

Cette constatation nous place directement au point le plus critique de cette action : aussi longtemps qu'elles demeurent pauvres, les populations pauvres n'ont pas les moyens de payer le prix de leur dynamisation interne. Ce coût viendrait s'ajouter, pour elles, aux charges qu'entraîne déjà le fonctionnement normal de leur OAD.

Il s'ensuit qu'une IAAD, désireuse de consacrer tout son temps et son énergie à la promotion des populations rurales pauvres, devra disposer de ressources financières spécifiques, *endogènes ou exogènes*, pour assurer les fonctions promotionnelles qui lui sont imparties. S'agissant des IAAD, par conséquent, la notion d'auto-suffisance financière (self-reliance) apparaît incompatible avec la nécessité où elles sont de conduire une démarche cohérente de type "groupement-cible".

Dans notre étude, ce dilemme -vrai ou faux ?- trouve sa meilleure illustration dans le cas indonésien, présenté au chapitre 6, qui est consacré à une "comparaison des IAAD dans les trois pays".

Les organismes de soutien

Dans le rectangle inférieur de la colonne de gauche, la figure 3 fait apparaître à titre d'exemples une série d'"organismes de soutien" dont les interventions ne sont placées sous le contrôle ni des IAAD ni des OAD. Elles sont cependant considérées comme faisant partie intégrante du système d'appui. Au même titre que les IAAD, elles sont incluses dans la structure d'appui inter-organisationnelle dont dépend assez largement le succès ou l'échec des activités productrices des OAD.

Leur poids, au sein du système, dépend des ressources qu'elles gèrent ou des services qu'elles proposent, de leur nature : fourniture des intrants, transmission de savoir-faire, facilités de transport, financements, formations, etc..; comme de leur accessibilité.

La coordination des activités entre l'ONG locale/IAAD et les autres institutions qui interviennent en milieu rural en quête, parfois, des mêmes groupements-cibles demeure la perpétuelle pierre d'achoppement de la fonction d'appui à l'auto-développement.

En dépit de leur potentiel de "soutien", la plupart de ces institutions manifestent plutôt de l'indifférence à l'égard de la l'auto-développement, si même elles ne lui font pas obstacle. Les services gouvernementaux, par exemple, se montrent souvent soupçonneux à l'égard des ONG et de leurs interventions; les institutions bancaires de la place observent avec inquiétude la formation de groupements autonomes d'épargne et de crédit; d'autres ONG actives dans la même zone géographique développent leurs propres stratégies et pratiques, or celles-ci peuvent aller à l'encontre d'un appui à l'auto-développement et de ses principes.

Par exemple, attribuer aux paysans de prêts individuels libres d'intérêts, faire gérer directement des activités productrices par le personnel de l'ONG plutôt que par les membres du groupement ou leurs représentants, sont des comportements qui agissent à l'encontre des méthodes d'auto-développement.

Tous les organismes de soutien ne se soucient pas d'avoir un accès direct à la population-cible. La plupart des agences de financement étrangères s'en abstiennent délibérément et limitent leur intervention à une aide financière à l'ONG locale/IAAD; d'autres institutions de soutien, à caractère national ou régional, peuvent avoir la même attitude et ne recourir à l'ONG locale/IAAD qu'en tant qu'intermédiaire pour faire transiter les fonds et distribuer les intrants agricoles (semences, engrais, etc..).

Le réseau des institutions de soutien est généralement assez complexe et fluctuant : avec le temps, les supporters d'un camp peuvent passer dans le camp adverse et vice versa. Dans ce va-et-vient de renversements d'alliances entre les organismes, les sympathies ou rivalités personnelles ainsi que les intérêts institutionnels jouent des rôles prépondérants, même si, officiellement, chacun clame bien haut son souci prioritaire pour la protection des intérêts de la population-cible.

Il est essentiel d'expliciter très clairement certaines des hypothèses qui donnent au cadre conceptuel sa base logique et constituent le fondement de sa structure. Jamais une institution d'appui à l'auto-développement (IAAD), ni aucune autre institution à caractère local ne pourra, à elle seule, porter la pleine responsabilité de l'appui à l'auto-développement et couvrir en totalité la gamme des services que requièrent, pour émerger, toutes les organisations d'auto-développement (OAD). D'où la nécessité évidente d'une collaboration inter-institutionnelle entre les IAAD, d'une part, et les autres organisations locales gouvernementales ou non-gouvernementales, ou/et les institutions privées à caractère commercial.

Les instruments

Cette vaste gamme de services qu'attendent les OAD et leurs adhérents peut se subdiviser pour prendre la forme d'une panoplie d'"instruments" d'auto-développement. Ces instruments apparaissent dans la colonne centrale de notre tableau. Ce sont : identification de la population-cible et des groupements-cibles, recherche et programmation participatives, formation, collecte des ressources, etc..

La flèche inversée, à la base du tableau, illustre le contrôle croissant qu'exercent les responsables et les membres des OAD sur ces instruments et sur le système d'appui. On trouvera plus loin dans ce chapitre une description détaillée des instruments.

Les organisations d'auto-développement (OAD)

Les niveaux d'auto-développement figurant dans la colonne suivante correspondent au produit, logiquement attendu, des activités d'appui. Les OAD sont des structures primaires, au niveau du terrain. Elles ne peuvent, par elles-mêmes, exercer qu'une faible influence sur l'ensemble économique et politique plus vaste au sein duquel elles se situent.

D'où la nécessité de mailler un réseau d'interactions et de le structurer. La mise en place de réseaux informels entre les OAD constitue un premier pas important vers l'édification progressive d'une structure étagée, en paliers successifs, de relations horizontales et verticales, porteuses de nouvelles possibilités économiques ainsi mises à la portée des OAD et de leurs membres.

Les OAD ne sont rien de plus que le "produit intermédiaire" du système. L'important n'est pas le produit institutionnel, mais son "produit" final, (colonne à l'extrême droite) à savoir l'étiage auquel les fonctions de développement et les résultats atteints par les OAD exerceront une répercussion directe sur les niveaux de production et les conditions de consommation au bénéfice des ménages ou du groupement. Par la suite, et dans la mesure où elle saura répondre aux aspirations des populations rurales pauvres, cette économie associative naissante pourra, à son tour, contribuer à faire évoluer les modèles politiques, sociaux et culturels dans la direction recherchée.

Analyse du processus

On peut photographier un système promotionnel à un moment donné, mais on ne peut analyser le jeu de ses mécanismes qu'en le replaçant dans sa perspective historique. Analyser ce processus, c'est à dire observer comment évoluent les éléments en interaction dans le système, c'est là un jalon fondamental dans toute opération de recherche visant à comprendre en profondeur la raison pour laquelle les choses sont ce qu'elles sont.

L'appui à l'auto-développement, tel qu'illustré par la figure 3, est donc conçu comme un cycle. Avec le temps, la population-cible acquiert un contrôle accru des instruments, ce qui renforce la dynamique interne propre au système.

Facteurs externes

Le mode de fonctionnement et l'évolution du système promotionnel ne dépendent pas seulement de sa dynamique interne, mais également de facteurs extérieurs, et ceux-ci excipent d'une grande diversité. Ces contingences externes, particulières à l'environnement, peuvent affecter la capacité du système à fonctionner pour atteindre ses objectifs, et cela pour soit l'entraver soit, au contraire, l'améliorer. Les contingences peuvent être d'ordre économique, politique, administratif, socio-culturel, historique, technologique et physico-climatique. Lorsqu'elles font obstruction au développement recherché, elles sont généralement qualifiées de "contraintes".

Deux études récentes suggèrent toutefois que les contraintes liées à l'environnement ne joueraient pas, dans le succès ou l'échec des OAD, un rôle aussi crucial qu'on le laisse habituellement entendre dans les ouvrages traitant du développement (cf Esman & Uphoff, 1984; DSE, 1985).

La pratique de l'appui à l'auto-développement démontre que les OAD prennent naissance dans les contextes les plus variés : économiques, politiques et physiques. Mais la manière dont les personnes, intervenant dans un environnement donné, agissent sur cet environnement semble infiniment plus importante. Voilà une observation encourageante : ce n'est pas tant le milieu qui serait déterminant que sa capacité d'auto-détermination, c'est-à-dire "ce que les gens vivant dans ces milieux décident de faire pour les changer" (Esman & Uphoff, 1984, p. 126).

Par exemple, la discrimination sexuelle, facteur culturel, qui peut être perçue comme un obstacle majeur à la participation des femmes à certaines activités d'auto-développement, mais elle peut également agir sur elles comme une incitation à constituer des organisations d'auto-développement qui leur soient réservées. C'est que ces femmes prennent alors conscience que personne ne s'occupera d'elles si elles-mêmes ne se prennent pas en charge.

La prise en charge, par soi-même, de ses propres affaires est une *attitude* généralement provoquée par un défi à relever. Entendu comme stratégie de développement, l'auto-développement, implique qu'en sus de cette forme d'incitation, les populations rurales pauvres ont besoin d'un appui, à la fois externe et rapproché, dans un processus à long terme d'apprentissage des *aptitudes* appropriées aux défis relevés.

Pour analyser l'influence des contingences externes sur leurs opérations, les ONG locales ont accepté d'adopter la méthode inductive, préconisée par CEBEMO dès l'initiative de l'étude, . Elles devaient donc fonder cette analyse exclusivement sur leurs expériences concrètes accumulées dans les rôles d'IAAD, ou acquises par les OAD dans leur progression vers des objectifs économiques, sociaux et politiques.

Du point de vue du couple IAAD/OAD (c'est-à-dire les OAD prises avec leurs alliées les IAAD) se laissent distinguer, dans leur environnement, trois aires concentriques déterminées selon le degré d'influence et de contrôle que ces organisations peuvent y exercer.

La figure 4 propose une visualisation de ces aires[15]. A savoir :

- Le milieu interne spécifique au couple IAAD/OAD. Il est représenté par le cercle situé au centre du schéma. Le couple IAAD/OAD se comporte, en fait, en sous-système au sein du système global de soutien à l'auto-développement. Le système global se compose de tous les "organismes de soutien".

  Les IAAD et OAD règnent en maîtres à l'intérieur de leur sous-système, elles modèlent et modulent leurs relations et interactions réciproques ; elles décident aussi comment et au mieux réagir aux impulsions auxquelles l'environnement les soumet. Mais c'est un autre problème que de savoir qui sont les véritables maîtres au sein du sous-système IAAD/OAD.

- Le deuxième niveau correspond au système de soutien à l'auto-développement tel que ci-avant exposé. Nous l'avons dit, ce sont les organismes de soutien qui en font partie. Le personnel des IAAD et les responsables des OAD, s'étant eux-même fixé leurs objectifs, s'efforcent de peser sur les politiques et les pratiques de ces organismes avec le souci de les rendre plus aptes à atteindre les objectifs ainsi fixés.

  Mais, en retour, IAAD et OAD subissent l'influence des politiques et des pratiques de ces institutions. Chaque fois que les relations tendent à prendre un caractère plus coopératif que concurrentiel, les organismes de soutien sont considérés comme s'étant intégrés au système. Cette zone de l'environnement IAAD/OAD est qualifiée de "perfectible". Les flèches placées entre le cercle interne (le sous-système IAAD/OAD) et le cercle externe (le système d'auto-développement) sont donc à double-sens.

- Le troisième niveau se situe au delà des frontières du système de soutien à l'auto-développement. Il s'agit du macro-environnement que l'action individuelle ou conjuguée des IAAD ou OAD ne saurait affecter.

[15] D'après un schéma de la Banque Mondiale (1980), pp 11-12

Figure 4 : *Les relations du couple IAAD/OAD avec son environnement*

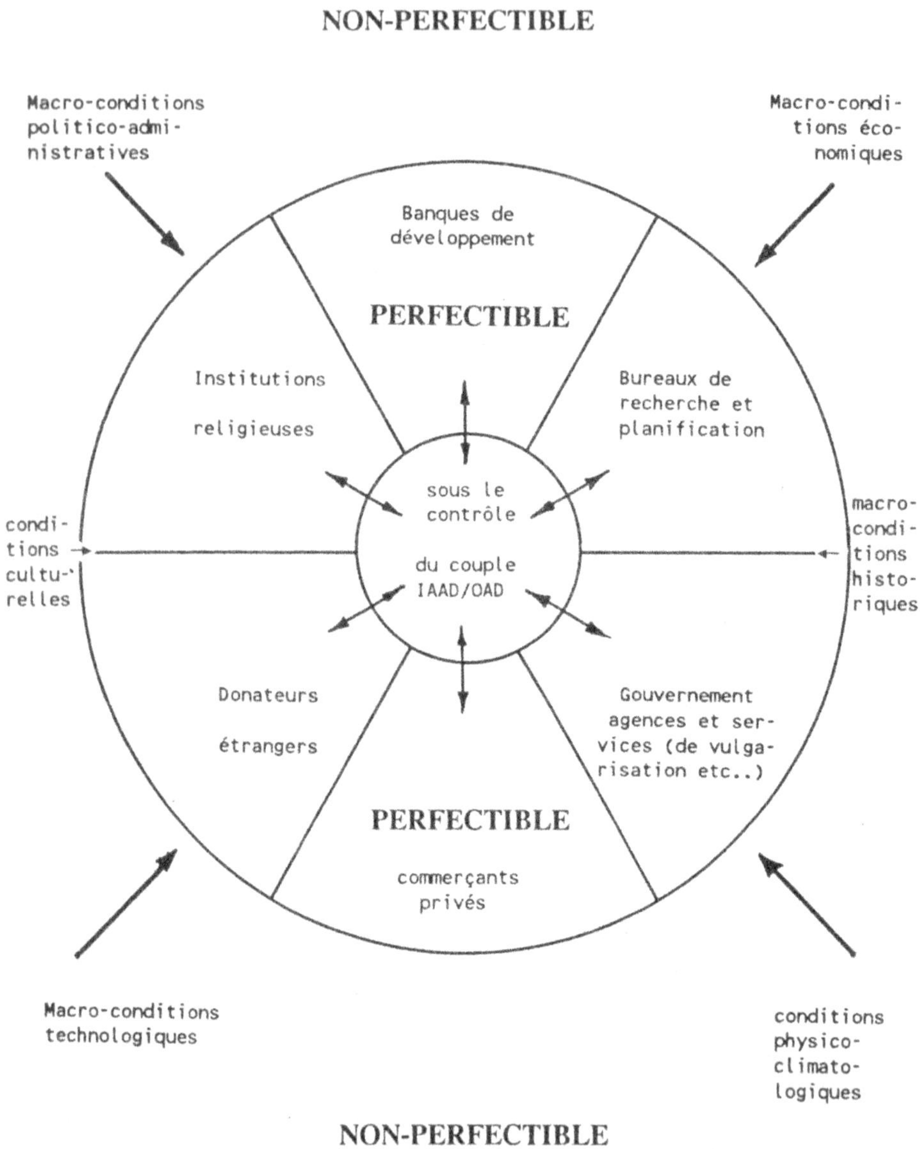

Les frontières de contrôle et d'influence ne sont pas fixées une fois pour toutes, mais peuvent croître avec le temps

Système politique, taux d'inflation, schémas de répartition des revenus, discrimination sexuelle, taux de croissance de la population, convictions religieuses, etc.., sont les "données" qui, dans un pays, forment la matrice dans lequel le système de soutien à l'auto-développement doit se configurer.

Les flèches qui caractérisent cette zone extérieure exercent leur pression dans une direction unique, illustrant le poids qu'elles font peser sur l'ensemble du système de soutien à l'auto-développement. Elles appellent des réponses adéquates.

A prendre en compte, enfin : le caractère toujours fluctuant des zones-frontières où jouent ces influences. Chaque fois qu'un mouvement d'auto-développement gagne en puissance économique, son pouvoir de pression s'accroît proportionnellement. Lorsque, grâce à l'appui efficace d'une IAAD, une population-cible s'organise, des décisions naguère prises unilatéralement se révèlent négociables et perfectibles. Et lorsque des OAD se fédèrent en unités plus puissantes, il leur devient possible d'entreprendre des activités productrices nouvelles et plus complexes, telles qu'acheter en gros ou transformer les produits du sol, etc.. Dès lors, leur pouvoir de négociation avec les tiers, y compris le gouvernement, s'affermit. C'est en repoussant les limites de son propre champ opératoire qu'un mouvement d'auto-développement peut aussi faire éclater le carcan de sa situation économique et politique. Il en devient capable non seulement d'accroître ses chances de survie, mais aussi de se muer en une force susceptible de modifier des processus macro-économiques et politiques.

Organisations d'auto-développement et conceptualisation de leurs résultats

Le Chapitre 7 présente l'évaluation des résultats atteints par les OAD soutenues par les IAAD dans les trois pays considérés.

S'agissant des réalisations des OAD, il convient de différencier : réalisations à caractère structurel versus réalisations en termes de développement.

Les réalisations à caractère *structurel* sont celles qui concrétisent l'auto-développement auquel les OAD sont parvenues, et balisent l'avancement de leur progression vers la non-dépendance (self-reliance) sur trois axes :

- *autonomie administrative*, définie comme capacité des responsables et sociétaires à se déterminer et à fixer eux-mêmes les objectifs à court et long termes de leurs organisations, ainsi que les voies à suivre pour les atteindre;
- *autonomie de gestion*, définie comme capacité acquise de conduire eux-mêmes les opérations quotidiennes ;
- *autonomie financière* : capacité des OAD à se tenir debout financièrement et à s'affranchir de l'assistance de tiers pour assurer la pérennité des activités.

Sous l'angle de ces trois axes caractérisant l'autonomie, on observera combien de sociétaires des OAD prennent part : au processus de prise de décision (contribution à l'autonomie administrative) ; à la gestion des affaires et à la mise en oeuvre des activités (contribution à l'autonomie gestionnaire); à la mobilisation des ressources financières (contribution à l'autonomie financière); et comment ils y prennent part.

S'agissant des réalisations *en termes de développement* on établira une distinction entre les conséquences de type : économique, social, politique, et culturel, de ces réalisations.

Au cours de l'étude, la notion de "conséquences" ou d'"effet" (impact) a été scrutée davantage que ne l'avait initialement prévu CEBEMO. Dans les trois pays, la recherche-action a effectivement susciter la conviction que cette étude pourrait également permettre aux enquêteurs de percevoir plus profondément la dynamique de l'économie des pauvres, leurs sensibilités, leurs aspirations, et la relation qui existe entre ces phénomènes et les activités productrices permanentes conduites par les OAD avec l'appui des IAAD.

Nous le verrons plus loin, cet objectif de recherche était trop ambitieux et il n'a pu être réalisé que partiellement. Néanmoins, il s'est révélé essentiel et payant comme objectif complémentaire aux autres visées de la recherche. Au niveau du personnel des IAAD, les entretiens, en particulier avec les ménages, ont révélé, de sérieuses lacunes dans leurs connaissances s'agissant d'une économie de la pauvreté.

Chez les enquêteurs, ces entretiens ont fait naître une prise de conscience des corrélations qui, dans des interventions d'appui, se tissent entre les dimensions économiques et les dimensions socio-culturelles.

Les aspects ci-après sont inclus dans l'analyse des effets (impact):

1- l'aspect économique : il traite de la répercussion des micro-projets sur la production, la répartition et la consommation des biens et des services;

2- l'aspect social : il porte sur des préoccupations d'ordre social, justice sociale, comportement responsable;

3- l'aspect politique : dans le contexte particulier de cette étude, il concerne la répartition des pouvoirs tant au niveau du groupement qu'à celui du village, et il s'intéresse à la capacité de peser sur les décisions prises à un niveau hiérarchique supérieur (extra-villageois), acquise par les villageois du fait de la création du groupement;

4- l'aspect culturel : dans le contexte de notre étude il envisage essentiellement les modifications intervenues dans le système de valeurs et leur transcription au niveau des comportements économique, social et politique.

Pour ces quatre aspects, l'analyse des modifications a distingué les niveaux que voici :

- l'individu ou le ménage (l'effet produit peut varier selon qu'il s'agit de l'homme ou de la femme);
- le groupement (ou OAD);
- le village;
- au-delà du village, dans les cas où il y a collaboration entre OAD de villages différents.

Pour chaque micro-projet bénéficiaire d'un appui direct ou indirect de l'IAAD, il fallait ensuite élucider les questions suivantes :

- Les activités productrices conduites par l'OAD ont-elles fait évoluer de manière significative les conditions économiques, sociales ou politiques de la population-cible, et le système de valeurs qui s'y rapporte ?
- Si oui, dans quel sens ?
- Dans quelle mesure ?
- Quelle fut l'incidence des activités promotionnelles de l'IAAD sur le choix des activités entreprises par l'OAD et sur les résultats observés.

En nous documentant sur les aspects théoriques et pratiques dans l'évaluation des résultats, nous avons abouti à un constat : à ce jour il n'existe que très peu d'exemples où cette démarche aurait fait intervenir ce qu'on est convenu d'appeler les "bénéficiaires" pour définir les indices négatifs ou positifs destinés à permettre l'évaluation des effets produits.

A plus forte raison ne pouvait-il être question de trouver la moindre référence à l'intégration de ces indices dans les systèmes de contrôle continu et d'évaluation permanente!

Les attitudes conventionnelles, en matière d'évaluation ou de "mesure" des effets, n'ont qu'un intérêt limité pour l'appui à l'auto-développement ; car elles sont définies en fonction de critères de réussite calibrés par des administrations nationales ou internationales en charge du développement, et celles-ci dénient implicitement aux acteurs du développement (à savoir aux populations-cibles elles-mêmes), la moindre capacité de jugement et la moindre liberté dans le choix de leurs priorités[16].

La tentative d'évaluer des réalisations à finalité de développement, peut s'apparenter à ce qui serait la synthèse entre les trois principales sources d'information et processus de réflexion que voici :

- une réappréciation du bilan factuel résultant des activités conduites par les IAAD et les OAD;

- une discussion entre les responsables d'OAD et les adhérents sur, ce qu'ils considèrent comme les conséquences et les effets les plus directs des activités de l'OAD sur leur condition de vie;

- Dans les cas du Brésil et de l'Indonésie, l'information sur les revenus et les charges fut collectée, directement auprès d'un petit nombre de ménages dans les villages enquêtés.

Dans le contexte de cette étude, nous n'avons pas pu réaliser davantage qu'une simple approximation sur les conséquences et les effets directs. Une mesure plus précise, en admettant qu'elle fût réalisable, n'entrait pas dans nos objectifs.

[16] La publication de la FAO "Principes directeurs pour une participation populaire dans les projets", 1983, par Gerrit Huizer fait exception à cette règle générale.

Huit instruments d'appui à l'auto-développement

Dans la perspective initiale de notre étude, nous avions pris pour hypothèse huit catégories de variables pouvant exercer une influence décisive sur émergence, fonctionnement et résultats des OAD. Nous les avons dénommés instruments car ils correspondent à des fonctions opérationelles aisément identifiables sur le terrain, et les acteurs du système en assument assez largement le contrôle. On pourrait aussi les considérer comme les "facteurs internes" du système, par comparaison avec les facteurs externes exposés plus haut dans ce chapitre. Dans la littérature du développement, ces facteurs internes sont parfois qualifiés de "conditions de réussite", comme dans l'étude d'évaluation de la CEE déjà mentionnée (Crombrugge et al.,1985).

Notre étude ne cherchait pas tant à confirmer cette partie de la théorie du développement qu'à comprendre comment se transcrivent concrètement, dans la pratique, sur le terrain, des concepts aussi constamment interférents que la planification participative, la mobilisation des ressources, l'accès à la prise de responsabilités, etc. Elle visait aussi à vérifier causes et effets dans le double cas où un instrument particulier s'avérait soit non-utilisé, soit utilisé sans être compatible avec l'appui à l'auto-développement.

Nous avons limité l'emploi du terme "conditions" aux seules conditions extérieures. Quant aux facteurs internes, c'est à dire aux mécanismes concourant à la gestion et qui jouent au niveau programme/projet, nous avons estimé que l'appellation "instruments" leur convenait mieux que le terme "conditions".

Notre hypothèse était donc que l'appui à l'auto-développement postule une combinaison soigneusement orchestrée entre instruments qui simultanément entrent en jeu, une fois que le processus est lancé (étant entendu que le dosage instrumental est lui-même fonction du niveau de développement et des conditions locales).

L'adhésion au concept de système s'identifie au fait que le tout ne se résume pas à la simple addition des parties qui le constituent. En d'autres termes : ni la planification participative seule, ni l'épargne et le crédit à eux seuls, ni la formation à elle seule, ne peuvent faire l'affaire; ils sont inaptes à faire naître, par eux-mêmes et selon un processus auto-porteur, une action d'auto-développement et d'organisation des populations rurales pauvres.

Avec la figure 3, nous avons illustré le caractère cyclique de l'appui à l'auto-développement. En acquérant un contrôle croissant sur les instruments, la population-cible conforte la dynamique interne propre au système.

En traitant individuellement, pour des raisons de commodité analytique, chacun des instruments comme distincts les uns des autres, notre étude n'entendait pas minimiser les corrélations qui les rendent synergiques.

Nous savons, par exemple, qu'une bonne session d'"évaluation" de projet, dans un village, peut apporter un nouvel éclairage sur l'économie de la pauvreté ("analyse participative"), se révéler porteuse d'une haute valeur éducative intrinsèque ("éducation"), et servir l'objectif "extension du processus", dans le cas où les villages environnants ont été invités à y assister.

Il faut bien le savoir, en fait, l'appui à l'auto-développement, ou les activités promotionnelles spécifiques qui en découlent : identification de groupes-cibles, planification, formation, mobilisation de l'épargne etc.., sont appelées à dépasser les frontières catégorielles, lorsqu'elles sont mises en oeuvre avec un haut degré de cohérence réciproque.

Néanmoins, en raison de l'importance que revêt chacune d'elles, il convient de les analyser une à une comme élément constitutif d'une démarche de développement homogène.

Les quelques brèves définitions et descriptions qui suivent pourront se révéler utiles.

Instrument 1 : identification des populations-cibles et des groupements-cibles

C'est le processus par lequel les ruraux pauvres, individuellement ou en groupe, sont identifiés ou incités à s'identifier eux-mêmes, comme partenaires potentiels du développement.

Cette identification se fonde sur des critères spécifiques à la zone ou au lieu, critères appréciés du point de vue de la population rurale elle-même. Ils peuvent prendre en compte la possession d'actifs, tels que terrain ou bétail, ou l'accès à des activités génératrices de revenus, ou encore les conditions de vie, comme l'habitat.

Lorsque les populations rurales pauvres sont déjà organisées en groupements, le processus d'identification peut se rapporter aux groupements plutôt qu'aux individus.

Identifier la population-cible ou le groupement peut se faire à l'initiative de l'IAAD, en dialogue avec des informateurs privilégiés parmi lesquels il faut inclure les ruraux pauvres eux-mêmes.

Le processus d'identification peut aussi se développer en sens inverse; c'est le cas chaque fois que les groupements locaux prennent sur eux de contacter l'IAAD existante. Les études de cas démontreront que la démarche d'"identification" est habituellement à double entrée et que l'IAAD y tient un rôle, plus ou moins actif, plus ou moins passif, selon les circonstances. Du point de vue de l'auto-développement, il serait plus approprié de parler *"d'identification réciproque des acteurs du développement et de leurs promoteurs"*.

Instrument 2 : recherche et planification participatives

Par recherche participative, on entend, ici, la participation active, de la population-cible ou des groupements-cibles, à la réflexion visant à poser un diagnostic et proposer des pronostics face aux impératifs du développement et en rapport avec la situation socio-économique du moment. Elle a pour objet d'identifier les activités économiques grâce auxquelles ces populations ou ces groupements réussiront à surmonter de telles contingences, et, par voie de conséquence, à faire progresser leur situation.

La planification participative est la prolongation logique de la recherche participative. Elle engage la participation de la population-cible dans l'étude de factibilité de l'action proposée et dans la programmation des activités. L'étude de factibilité revêt plusieurs dimensions : économique, sociale, politique, technique, opérationnelle.

Instrument 3 : Education et formation réciproques

Par éducation et formation on entend habituellement une transmission à sens unique, du plus éduqué vers le moins éduqué et du plus qualifié vers le moins qualifié, modulaire et standardisée de connaissances ou de savoir faire.

Par opposition à cette attitude, en action d'appui à l'auto-développement, l'éducation et la formation tendent à faire la synthèse des connaissances en provenance de l'extérieur (exogène) et de l'expérience endogène accumulée par les ruraux pauvres. De cette procédure résulte un nouveau savoir, parfaitement ajusté à la situation locale. Prises dans ce sens, éducation et formation consistent à créer délibérément un vaste espace où s'opère le va-et-vient permanent de la communication des idées et du transfert des savoir-faire.

En raison de la connotation verticale et descendante attachée à leur mode usuel de transmission des connaissances, les termes "éducation et formation" ne sont sans doute pas les plus appropriés pour illustrer ce processus; on pourrait avantageusement leur substituer la formule "partage des connaissances et créations de savoirs".

Instrument 4 : Mobilisation des ressources internes (endogènes) et quête de ressources externes (exogènes)

Par mobilisation des ressources internes, nous faisons référence au processus par lequel mettre en commun et investir des ressources productives que possèdent ou détiennent les membres (potentiels) des OAD. Il peut s'agir de ressources naturelles (terre, eau), financières (argent), matérielles (semences, céréales, compost), ou immatérielles (savoir-faire, esprit d'initiative, aptitude à défendre une cause ou à négocier).

En réunissant ces ressources, les pauvres réalisent ensemble des économies d'échelle et atteignent des niveaux de connaissance ou d'influence hors d'atteinte si chacun d'eux agissait isolément.

La quête de ressources externes consiste à s'assurer le concours de ressources matérielles ou financières complémentaires auprès de sources extérieures (crédits, intrants productifs).

En auto-développement, les ressources externes ne devraient être que complémentaires de celles réunies par les adhérents des OAD eux-mêmes. Toutefois, reste encore à résoudre le problème : jusqu'où convient-il (et est-il possible) d'aller dans la quête des ressources externes, pour permettre aux pauvres de rompre le cercle vicieux d'une pauvreté qui s'auto-génère, sans pour autant prendre le risque de ruiner ou miner leur potentiel à se prendre en charge. On rencontre fréquemment cette dernière situation dans les cas d'assistance extérieure.

Instrument 5 : Conseil en gestion

Par conseils en gestion, nous entendons l'assistance apportée sous forme de conseils destinés à garantir que l'OAD utilisera les ressources à bon escient, qu'elle adoptera une structure optimale et un mode de gestion compatible avec les objectifs qu'elle s'est fixés.

De tels conseils peuvent concerner divers aspects de la gestion à considérer comme vitaux tant pour des résultats immédiats que pour la pérennité de l'OAD, soit, entre autres :

- gestion des ressources financières, gestion financière;
- gestion des ressources humaines (personnel), des actifs productifs (équipements, bâtiments) et des ressources naturelles (terre, eau); toutes tâches que l'on peut qualifier comme relevant ensemble d'une gestion organisationnelle;
- gestion des conflits : dans toute organisation, il est inévitable que des conflits se manifestent entre groupes ou entre personnes qui doivent travailler ensemble et qui se sont fixé des objectifs personnels ou organisationnels différents; on peut les qualifier de conflits administratifs;
- gestion technique, directement liée à la technologie adoptée par l'OAD.

Le conseil en gestion prend tout son sens, comme instrument d'appui à l'auto-développement, si l'on admet que -aussi soigneusement qu'elles aient été préparées et programmées- les actions ne sont pas pour autant, au cours de leur développement, immunisées contre des problèmes nouveaux et imprévus, économiques, financiers, opérationnels et techniques. Le cas échéant, l'OAD éprouvera le besoin de faire appel à l'aide ou à des conseils extérieurs.

On peut considérer le conseil en gestion comme une forme particulière de ressource immatérielle, et, en tant que telle, elle n'est pas sans encourir le risque potentiel que le conseiller n'impose ses idées à l'OAD.

Il provoquerait alors un sentiment d'incohérence parmi les responsables et les membres de cette OAD.

Malgré tout, on admet généralement que le conseil en gestion est un besoin normal dans tout organisme de production, et il faut savoir y répondre, tout en évitant de détourner les responsabilités de décision et de gestion au profit des conseillers et au détriment des responsables et du personnel.

Instrument 6 : Maillage d'un réseau de relations avec les tiers

En le considérant sous l'angle du concept, nous pouvons établir, à propos de cet instrument une distinctions entre :

- le tissage du réseau au sein du sous-système restreint que forme le couple IAAD/OAD, ou mouvement d'auto-développement; nous en parlerons au paragraphe qui suit : instrument 7.
- le maillage d'un réseau à l'intérieur du système global d'appui à l'auto-développement, c'est à dire les relations à établir avec les tiers, que sont les services gouvernementaux, les banques privées, les commerçants, etc..

L'élaboration d'un réseau de relations avec les tiers implique la mise en place de réseaux de relations entre, d'une part le sous-système IAAD/OAD, et, d'autre part, les diverses unités administratives ou à caractère économique dont l'aide, les services, la collaboration ou la bienveillante neutralité sont nécessaires au bon fonctionnement de l'OAD.

Au cours des dernières années, la question des rapports entre les organisations gouvernementales et non-gouvernementales a soulevé un grand intérêt.

Cette relation est généralement caractérisée par la méfiance mutuelle et une certaine tension, mais on la juge susceptible d'amélioration. Les rapports sont également complexes et diversifiés entre le couple IAAD/OAD et les tiers appartenant aux autres sphères d'activités : industrie privée, commerçants, banques, institutions religieuses.

Elaborer des relations avec les tiers relève de la dialectique et, à ce titre, son évolution implique aussi rupture ou distanciation de relations existantes, là où elles sont considérées comme contre-productives, ou lorsqu'elles deviennent obsolescentes.

Instrument 7 : Processus de "contamination" et structuration d'un mouvement

Le "Processus de contamination" : disons équivalamment extension de l'auto-développement, de son champ d'activités et de ses structures à tout un secteur géographique élargi, dans le contexte d'un processus destiné à englober progressivement une plus vaste section des couches défavorisées de la société.

La *"structuration d'un mouvement"* fait référence au processus de mise en place d'une structure de type pyramidal[2] et pluri-étagée, régissant les relations, tant verticales qu'horizontales, entre les OAD et l'IAAD, et surtout les relations des OAD entre elles.

L'appui à l'auto-développement comporte une action délibérée visant à favoriser et accélérer ces deux processus.

Le problème majeur du processus de "contamination", est celui de savoir comment une action qui s'est révélée fructueuse dans certaines localités, dans des villages par exemple, peut être étendue à d'autres, sans entraîner un accroissement proportionnel des charges promotionnelles du projet; c'est à dire: effectifs du personnel, frais de transport, etc..

L'une des stratégies retenues pour maintenir au plus bas les charges du processus d'extension, tout en le rendant plus performant, consiste à faire appel aux leaders traditionnels qui jouissent, localement, de plus grands pouvoirs de persuasion et d'incitation que le personnel technique envoyé sur le terrain.

Quant à la structuration du mouvement, elle requiert des OAD qu'elles édifient, avec leurs organisations du niveau supérieur, un réseau de relations horizontales et verticales.

Par ailleurs, si elle ne parviennent pas déjà à travailler ensemble au sein d'une structure du second degré, il est évident que les OAD ne réussiront jamais à se lancer dans des opérations commerciales à caractère complexe, qui exigent de gérer à une certaine économie d'échelle.

Toutefois, l'expérience prouve que les avantages liés à l'organisation de type vertical ne vont pas de soi.

L'étude de cas brésilienne est révélatrice : en gagnant en complexité la structure peut facilement conduire à une situation où les organisations-membres à la base seront dominées par les organisations du niveau supérieur, situation induisant un désengagement ainsi qu'une perte de fidélité sociétariale (voir chapitre 8).

Chercheurs et praticiens partagent le point de vue selon lequel sont nécessaires entre les organisations de niveau primaire ("réseautage") des relations sans lesquelles celles-ci ne pourraient atteindre qu'une influence relativement faible sur leur environnement économique et social plus large.

Des discussions sévissent : quelle est la forme la plus appropriée pour le réseautage, plus ou moins horizontal ? plus ou moins vertical ?

Quelle est la meilleure répartition des fonctions administratives et commerciales entre les différents échelons.

Ces discussions sont au coeur d'un débat permanent entre les organisations qui appartiennent à une structure pluri-étagée.

Instrument 8 : Contrôle continu (monitoring) et auto-évaluation permanente (= CCAEP)

Le contrôle continu peut se définir comme l'analyse périodique des activités en cours à tous les échelons du système, analyse induite par les acteurs et les promoteurs du développement eux-mêmes.

Deux objectifs : d'une part vérifier que la conduite de ces activités correspond bien à la programmation établie; d'autre part reconnaître dans quelle mesure ces activités atteignent effectivement les buts spécifiques assignés.

Par l'auto-évaluation permanente acteurs et promoteurs du développement apprécient systématiquement bien-fondé, efficacité et résultats des activités entreprises aux différents niveaux de l'auto-développement et de son système d'appui, à la lumière de ses objectifs à long terme. Elle doit être "envisagée sous la forme d'un dialogue permanent et non comme un cliché instantané figeant l'image d'un instant donné" (Porter & Clark, 1985).

La différence entre "contrôle continu" et "auto-évaluation permanente", s'explique par référence à l'axe "temps" dans la perspective duquel l'exercice se situe. La première composante, le contrôle continu, est étroitement liée aux activités concrètes *en cours*; la seconde, l'auto-évaluation permanente, exige une réflexion *plus panoramique* sur le bien-fondé du développement, sur la portée des activités d'auto-développement et sur les pratiques promotionnelles qui s'y rapportent.

Le contrôle (monitoring), comme l'évaluation, sont généralement tenus pour des composantes efficaces pour aménager les programmes et préparer les projets. Cependant, la pratique courante veut qu'elles soient mises en oeuvre en tant qu'activités distinctes, confiées à des personnels spécialisés ou extérieurs dont l'objectivité et l'indépendance de jugement ne pourront être mises en doute dans leur appréciation des progrès et des résultats.

Dans la démarche participative, les activités de contrôle continu et d'évaluation permanente sont intégrées aux tâches confiées aux agents de terrain, aux responsables des OAD, ou autres agents de développement. Des dispositions particulières sont mises en place pour que la population-cible (les acteurs du développement) s'implique elle-même dans cette procédure. Ainsi met-on l'accent sur l'auto-évaluation.

L'expérience prouve que le personnel opérationnel des IAAD et OAD est généralement trop absorbé par ses tâches courantes pour procéder régulièrement à une évaluation systématique de sa stratégie, de ses méthodes de travail et des résultats obtenus. Ces opérations ne sont réellement conduites que lorsqu'elles sont présentées comme un processus délimité et que leur utilité instrumentale est reconnue. C'est d'ailleurs en partie parce que l'absence d'un tel mécanisme au sein des ONG locales était connue que la décision d'entreprendre cette étude a été prise; le recours à une méthode d'auto-évaluation conduite sous la seule responsabilité des partenaires de CEBEMO fut donc un choix délibéré.

Sont à préciser trois niveaux qui, selon nous, réclament des efforts spécifiques pour aménager un contrôle continu (monitoring) et une auto-évaluation permanente :

- A la base, c'est à dire sur le terrain où opèrent les organismes du premier degré (= organisations de base des OAD) : à ce niveau, ce sont les adhérents et leurs responsables, qui sont les mieux placés pour juger l'efficacité des instruments dont ils disposent en gérant leurs propres structures.
- Au niveau des IAAD, et singulièrement parmi les personnels des IAAD.
- Au niveau du système de soutien à l'auto-développement, ce qui sous-entend la participation de représentants des autres "organismes de soutien".

Le degré de participation de la population-cible dans les activités de CCAEP variera beaucoup et selon les modalités de la mise en oeuvre, et selon le lieu où se tiendront les rencontres d'évaluation (villages ou bureaux administratifs en ville).

Nature et portée de l'étude

Dans chacun des trois pays, l'étude aura été à la fois :

- fondée sur l'action,
- participative,
- préparatoire à une programmation,
- menée à plusieurs niveaux.

"Fondée sur l'action", cette recherche a pris en compte les expériences concrètes, et souvent encore en cours de "projets productifs" au coeur desquels l'auto-développement était l'objectif primordial; pour la plupart, ces expériences devaient leur existence à l'obtention d'un financement extérieur.

"Participative" : les personnels des IAAD (ONG locales) et les membres et responsables des OAD (organisations de base) ont pris une part active au processus d'analyse.

Les contraintes, imposées aux activités de terrain par les impératifs du développement, ont été considérées comme habilitant les membres et responsables des OAD à émettre une opinion et à faire valoir leur perception propre sur la signification et les résultats des activités productrices permanentes.

Nous avons estimé que ces perceptions et opinions avaient une valeur scientifique du point de vue de notre étude et qu'elles méritaient de figurer dans le processus de recherche.

"Préparatoire à une programmation" cette recherche devait aider à la formuler et adopter un programme de développement à moyen terme que les IAAD et OAD concernées auraient à mettre en oeuvre par la suite.

Presque tous les membres des équipes de la recherche-action étaient eux-mêmes des praticiens, ce fait a facilité un "voltar a pratica" (cf Rapport brésilien, p. 9), une "orientation vers le concret" de tout ce que l'étude a collecté en terme d'acquisition de la connaissance des meilleurs stratégies d'appui à l'auto-développement.

La _"pluralité des niveaux"_ trouve son illustration avec la figure 5, qui attribue au développement quatre niveaux d'intervention : le ménage, le village, la région, l'international.

L'échelon national n'apparaît pas sur cette figure : en effet, les IAAD qui ont pris part à notre recherche opéraient seulement au niveau régional.

Figure 5 : *Pluralité des niveaux d'intervention*[17]

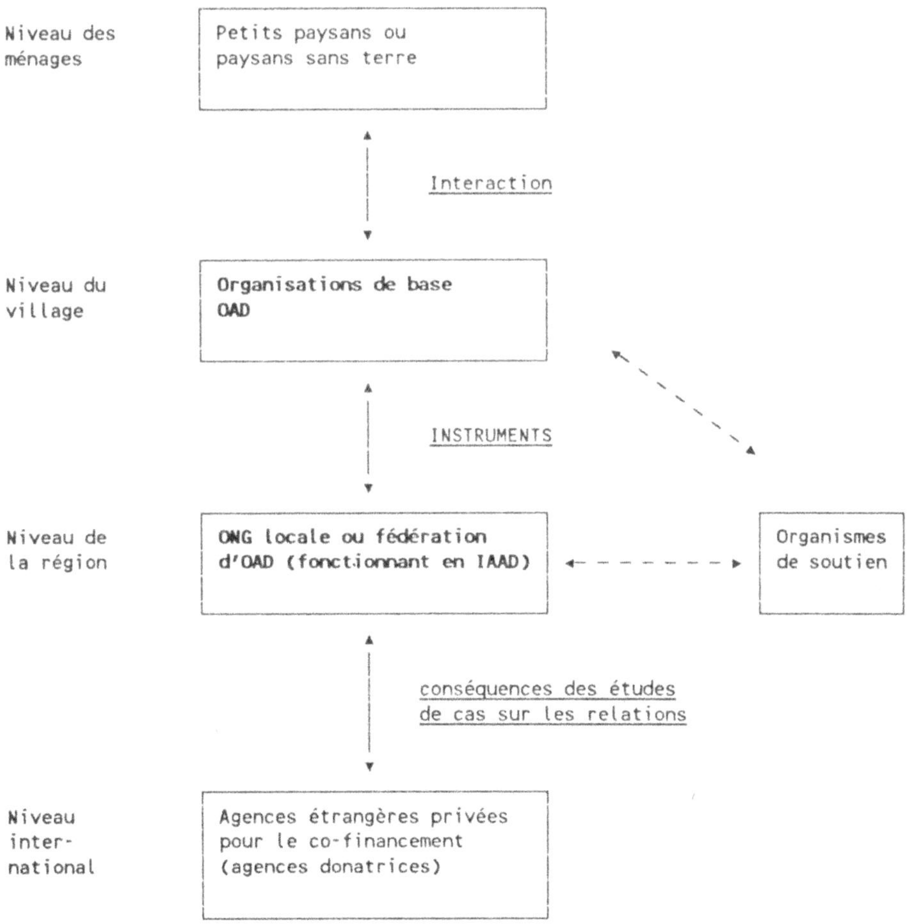

[17] Les focalisations de la recherche apparaissent en lettres majuscules ou grasses.

Sur cette figure 5, les focalisations de notre étude ressortent en lettres capitales grasses. Il s'agit des "OAD", des "INSTRUMENTS" (= l'interface entre les OAD et les IAAD), puis, au delà, des "ONG locales" ou "Fédérations d'OAD jouant le rôle d'IAAD".

Les enquêtes en profondeur n'ayant pu toucher qu'un nombre très limité d'entre eux, les "ménages" sont portés en lettres minuscules. Leur "interaction" avec les organisations/groupements d'auto-développement n'a pas pu être analysée aussi à fond qu'initialement prévu.

Il en fut de même pour les interventions des "organismes de soutien" et pour leurs interconnections. Le point de vue des ONG locales participantes a prévalu dans l'analyse de leurs rapports avec les agences étrangères de financement privées.

Champ de l'étude

L'envergure du champ de cette recherche, est illustrée par le large éventail des corrélations et des variables retenues; nous avons donc jugé préférable de conduire l'étude en profondeur, mais dans un nombre restreint de localisations, et pour un nombre limité d'OAD et de ménages -choisis dans le rayon d'action de chaque IAAD. Une recherche extensive aurait porté sur un grand nombre d'OAD et de ménages, nous l'avons écartée.

Ce faisant, nous en avions bien conscience, c'était diminuer d'autant la "validité externe" des résultats recueillis, mais c'était là obtempérer à la nature participative de notre étude et à ses exigences.

La figure 6, représente schématiquement le champ d'intervention des unités organisationnelles dont le fonctionnement, les unes par rapport aux autres, a été étudié; les organismes de soutien en sont exclus.

Sur ce schéma nous observons :

- la couverture *intégrale* des ONG locales jouant le rôle d'IAAD et participant à notre étude; en Thaïlande, elles étaient deux (les deux CDAS); en Indonésie : une seule (la Bina Swadaya), de même qu'au Brésil (le MOC);
- la couverture, par enquête directe, d'un *échantillonnage* d'OAD suivies par l'IAAD. Toutes, vingt au total, sont intégrées à des villages situés dans les zones sélectionnées : en Thaïlande, onze OAD dans deux villages; en Indonésie sept OAD réparties dans deux collectifs de villages (village clusters) ; et au Brésil deux OAD sises dans le village enquêté, l'une appartenant à la catégorie d'organisation fédérale régionale (APAEB) et, pour la dimension économique de l'analyse, deux autres structures primaires (succursales) affiliées à l'APAEB;
- Une couverture, par les enquêtes de ménages, *très réduite* sur la masse totale des foyers existants : enquêtes et dialogues furent limités à cinq ou six foyers par village ou collectif de villages sous enquête.

Cette recherche apparaît donc comme la combinaison d'enquêtes qualitatives et quantitatives, avec accentuation sur les aspects qualitatifs.

Ce volet *qualitatif* de l'étude insiste, avant tout, sur : méthodes de travail des IAAD, problèmes de responsabilisation des dirigeants; participation des adhérents; paramètres culturels, politiques et sociaux de l'appui à l'auto-développement.

Figure 6 : *Représentation schématisée de la couverture des unités étudiées*

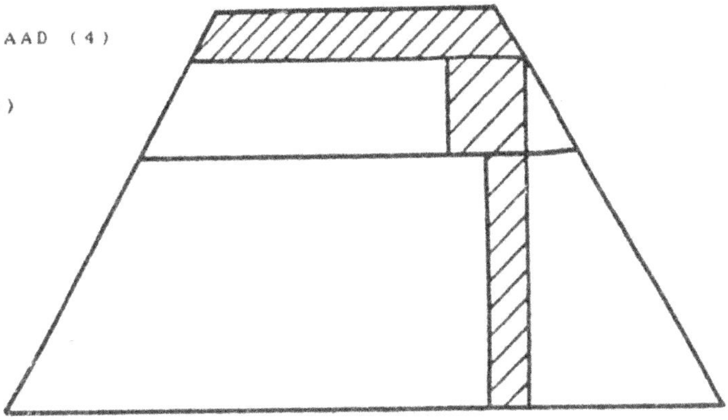

Sur le plan *quantitatif*, on s'est efforcé de réunir des données "pointues" sur: fonctionnement économique et résultats financiers des OAD; revenus et dépenses des ménages ruraux; répercussions, sur le niveau de vie des ménages, des activités productrices induites ou conduites par les OAD.

Les ONG/IAAD locales ont été étudiées, ou plutôt elles *se sont* analysées elles-mêmes, sous tous leurs aspects, structurels et fonctionnels. Dans le cas où l'IAAD prenait la forme d'une organisation de type fédéral (Brésil), ses résultats financiers ont fait l'objet d'une analyse particulière. L'échantillonnage trop restreint d'OAD et de ménages touchés par nos enquêtes a postulé une triple vérification concernant : représentativité, validité et bien-fondé des résultats auxquels ces enquêtes aboutissaient.

Ce contrôle, s'est déroulé lors de discussions de groupes au niveau villageois, au cours d'ateliers accueillant aussi des responsables OAD de villages environnants.

Il y eut également des sessions de travail à caractère régional ou national, réunissant les agents d'intervention sur le terrain. Des représentants d'autres ONG, travaillant dans la même branche professionnelle ou sur la même zone géographique, y furent invités.

S'agissant des résultats et des effets (impact) obtenus par le travail des OAD, et sur les rapports OAD/IAAD, les conclusions de l'analyse se fondent donc, principalement, sur des processus observés dans un nombre limité de lieux, désignés comme "villages enquêtés" ou "collectifs de villages enquêtés".

Cependant, au cours des ateliers, ou à l'occasion des discussions avec agents de terrain et responsables d'autres secteurs géographiques ou professionnels, les participants ont très clairement exprimé l'avis que, dans les limites de leur information, les situations rencontrées dans les autres régions ne différaient pas fondamentalement de celles observées dans les villages et zones sélectionnées pour notre étude.

Quelle relation directe s'établit-elle entre la méthodologie mise en oeuvre pour notre étude, et le plaidoyer, développé au chapitre 1, justifiant notre distanciation vis-à-vis d'une démarche conventionnelle, inspirée par une philosophie du développement à tendance technocratique ? C'est une question sur laquelle il n'est pas inopportun de revenir.

Lorsqu'une politique de développement "participatif" est mise en oeuvre, elle puise sa dynamique dans une conviction : les gens doivent être *les acteurs* et non *les objets* du développement. Dès lors, l'esprit de cette démarche imprime naturellement des marques profondes sur les méthodes et les techniques de recherche adoptées.

On en trouvera la trace dans les orientations que voici, immanentes à notre étude :

- Des non-spécialistes de la recherche que sont les membres d'OAD, leurs responsables et les agents de terrain manifestent pour l'analyse des situations, des aptitudes naturelles, il faut en faire bénéficier l'étude;
- Des idées émanent de personnes intervenant à des niveaux très différents et portent un jugement à partir d'horizons différents, il faut agir avec la conviction que leur mise en commun débouchera nécessairement sur des résultats plus probants et plus réalistes que ne l'aurait permis une analyse conventionnelle;
- Avoir conscience que la recherche-action n'est pas sans conséquences. Les chercheurs qui s'y consacrent contractent, de ce fait, une responsabilité solidaire élargie. Pour être conséquente, cette recherche implique un engagement moral : des actions de suivi appropriées devront en résulter et les recherches devront y tendre, tant durant la période d'analyse qu'après son achèvement.

Liste des questions et éléments d'information subsidiaires

Les pages subséquentes (nommément chapitre 5 et 7) observeront que, dans le cadre général maintenant esquissé, chacun des trois pays a choisi de valoriser diversement ses propres options par rapport à l'amplitude et à l'approfondissement de l'étude. Ce faisant, ils ont rehaussé leur capacité d'ajuster la recherche aux spécificités des OAD et IAAD locales concernées.

Inversement, la comparabilité des conclusions, d'un pays à un autre, s'en trouve amoindrie. Nonobstant ces différences d'accentuation, concepts et cadre conceptuel, tels qu'exposés plus haut, ont généralement été respectés dans les trois zones enquêtées.

Des questions complémentaires relevant de ce même bâti, méritaient une analyse plus fouillée. Après une première formulation, et un travail d'adaptation, elle ont fait l'objet d'une reformulation pour mieux coller aux conditions locales. Questions et chronologies d'actions se rapportaient aux éléments ci-après :

- Histoire, buts, structure et rôle des IAAD;
- Eléments d'information sur les zones et les villages sélectionnés;
- Histoire, buts, structure, rôle, réalisations des OAD en termes structurels et en termes de développement et mesure de leurs effets (impact);
- Eléments d'information pour l'enquête socio-économique auprès des ménages;
- Instruments d'appui à l'auto-développement et incidence des facteurs externes sur leur mise en oeuvre;
- Le fonctionnement du système global de soutien à l'auto-développement.

Cette liste a servi -très souplement- de fil conducteur. Chaque "chercheur-action" était libre d'y ajouter ou d'en retrancher telles questions ou tels éléments d'information selon qu'ils les estimaient utiles, ou sans objet.

Sources d'information

Les sources d'information ont été multiples et diverses, comme par exemple:

- Observation participante des chercheurs au cours de cérémonies ou festivités villageoises;
- Interviews de groupes au niveau de l'OAD dans le village enquêté;
- Ecoute attentive à l'occasion des réunions régulières des groupements, et des entretiens informels avec des villageois ;
- Enquête approfondie auprès d'un petit échantillon de ménages adhérant ou non à l'OAD; les animateurs de la recherche-action disposaient d'un canevas de thèmes à couvrir, mais hommes et femmes interviewés étaient également incités à mettre en avant leurs propres interrogations;
- Sources documentaires disponibles au niveau de l'IAAD ou de l'OAD (données statistiques, comptes annuels) et archives villageoises ou régionales mises à dispositions par les services officiels;
- Entretiens semi-directifs, et questions ouvertes adressées aux informateurs privilégiés dans le village, aux personnels de l'IAAD et aux agents de terrain attachés à d'autres organismes de soutien.

Ni pour les interviews ni pour les discussions de groupes on n'a utilisé de questionnaires fermés ou à entrées multiples.

Les questions neuves soulevées par les villageois étaient parfois beaucoup mieux ajustées que celles préparées par les animateurs de la recherche-action (Rapport brésilien, p. 9).

On ne dispose pas encore, ou guère aujourd'hui, d'une théorie étayée sur les corrélations dûment établies entre les éléments du système, ce complexe d'institutions et d'instruments qui forment ensemble le système de soutien à l'auto-développement. Du coup, notre étude a revêtu un caractère exploratoire sous bien des aspects.

L'émancipation socio-économique des pauvres, l'auto-développement et l'appui à l'auto-développement sont les éléments d'un cycle à interaction réciproque.

Les rapports à nouer entre ces trois phénomènes, et la manière dont ils se corroborent sont intimement dépendants de l'environnement.

La validité des conclusions reposait donc essentiellement sur ceux qui, ayant été impliqués dans l'étude, ont manifesté leur aptitude à en assumer l'analyse et à en assurer la synthèse.

Il n'existe pas de critères standards pour établir validité et justesse des résultats d'un processus où les participants peuvent, aux différents échelons, influencer et le contenu et les orientations de la pensée les uns des autres et, qui plus est, où les sujets et les objets de l'étude tendent à fusionner en une même entité: c'est du moins une estimation personnelle avancée par l'auteur du susdit rapport.

Composition des équipes de recherche-action

La composition des trois équipes de recherche-action fait apparaître une combinaison entre des chercheurs à temps-plein et des chercheurs à temps-partiel. Certains membres des équipes faisaient partie du personnel permanent de l'ONG locale participante; d'autres, sous la responsabilité de cette ONG, furent engagés pour les besoins de l'étude.

La participation du personnel attaché à l'ONG a semblé essentielle pour garantir le réalisme et la cohérence des conclusions, ainsi que pour maintenir leur intérêt pour des actions à suivre.

La participation de chercheurs externes était à la fois souhaitable et nécessaire, d'abord pour renforcer la capacité des IAAD dans cette recherche, ensuite pour redresser éventuellement tout manque d'objectivité ou tout biaisage dans l'interprétation des conclusions de l'étude.

L'équipe du MOC, *au Brésil* se composait de quatre membres : quatre hommes qui s'y sont consacrés à temps partiel. Ils représentaient une gamme assez éclectique de disciplines : géologie, sociologie, et théologie.

La nécessité, pour eux, de recevoir une assistance pour la conduite de l'analyse économique est apparue avec évidence lors de la rédaction des premiers rapports préliminaires.

Par la suite, cette assistance leur fut assurée, sur leur demande, par un économiste attaché au CERIS, à Rio de Janeiro. Ce dernier assuma la responsabilité complémentaire de gérer la progression des travaux tout au long de la période de recherche.

D'autres agents de terrain du MOC ont occasionnellement pris part pour collecter les données dans les villages et identifier les ménages à interviewer.

En *Thaïlande*, sur les six membres de l'équipe de recherche-action un noyau dur fut constitué par deux universitaires, un homme et une femme, l'un et l'autre spécialistes des sciences sociales.

Dans leur rapport, ces chercheurs universitaires ont bien souligné l'importance -elle s'était révélée indispensable- de la participation du personnel IAAD dans le processus de recherche.

Ce fut en particulier le cas des agents de terrain et des administrateurs attachés aux deux centres régionaux, à savoir les CDAS de Chiengmai et Ubon, intervenant de facto comme des IAAD, chacun dans son rayon d'action. L'organisme qui les chapeautait, le CCTD basé à Bangkok, assurait les arrières sur les plans organisationnel et moral, en jouant un rôle sensiblement voisin de celui du CERIS au Brésil.

En *Indonésie*, trois personnes se situaient au centre de l'équipe de la Bina Swadaya dont un "expert intégré" (expatrié), selon l'expression consacrée; il était attaché au Bureau de la BS à Yogyakarta, et fut assisté par deux chercheurs indonésiens, une femme, appartenant à une autre ONG de Yogyakarta, et un homme, agent de terrain de la BS.

L'ensemble du personnel du Bureau de la BS à Yogyakarta (5 personnes) apportait son appui, ainsi qu'un jeune indonésien, diplômé d'Université. Il opérait alors en indépendant mais la BS se l'est depuis lors attaché.

Le chef du département d'intervention sur le terrain (PUSBINUB) de la BS, sis à Djakarta, a en outre assuré la supervision de l'ensemble du processus.

Dans chacun des trois pays, la composition des équipes de chercheurs a posé des problèmes. Au Brésil : absence d'un économiste aux premiers stades de l'analyse, ainsi que dominante masculine de cette équipe. En Indonésie : un expatrié a tenu le rôle clef, les spécialistes locaux de la recherche, attachés au Bureau de la Bina Swadaya à Djakarta, étant entièrement accaparés par des contrats de recherche passés avec d'autres organismes.

Dans les trois pays, le repérage de chercheurs, ouverts aux pratiques de la recherche-action, habitués aux méthodes de travail des ONG, et suffisamment disponibles pour entreprendre une recherche de cette nature, s'est révélé particulièrement difficile.

Les problèmes rencontrés dans l'organisation de ces équipes furent encore aggravés pour un motif commun à toutes les ONG participantes : aucune d'entre elles n'avait encore appris pratiquement à conduire régulièrement et systématiquement une auto-évaluation (voir également Crombrugge et al. 1985).

On observe, ici, la conséquence directe du système international, dit "financement de l'aide par projets". Nous avons déjà avancé, au premier chapitre, combien cette forme de financement nous paraissait difficilement conciliable avec une démarche d'auto-développement : c'était déjà notre hypothèse et nous y reviendrons plus en détail, en nous appuyant sur les études de cas des trois pays (cf chapitre 9).

Un plan d'intervention en dix étapes

Dans ces trois pays, les recherches se sont inspirées des objectifs assignés à l'étude, orientations méthodologiques et cadre conceptuel des prémisses développées aux précédents chapitres, pour déterminer leur plan d'intervention et gérer sa mise en oeuvre.

Sans prendre en compte la période préparatoire (qui s'est déroulée à CEBEMO), *dix phases essentielles* se laissent identifier dans les enchaînements de cet exercice, encore que, dans la pratique, s'observe un constant va-et-vient d'une phase à une autre.

Recueillis au terme d'une phase, les résultats étaient vérifiés au cours des phases subséquentes et ultérieures, où ils se trouvaient replacés dans un contexte différent.

Ce processus a entraîné, au moins succinctement, des rétrospectives sur les phases antérieures. Mais, la recherche-participative doit être menée comme un processus *récurrent*, et non selon un modèle *linéaire*.

En effet, au fur et à mesure que progresse le déroulement de chaque phase, elle conduit à reconsidérer non seulement rétrospectives et phases antécédentes, mais aussi les perspectives de la phase suivante, et à revoir l'instrumentation des unes et des autres.

Le travail d'analyse n'est plus relégué à la phase finale de l'étude, il devient permanent; il suit donc une logique identique à celle des divers programmes qu'il est appelé à servir.

Toutefois, pour que ce travail d'analyse se déroule en séquences ordonnées, il est nécessaire de le structurer. La figure 7 récapitule la démarche que nous commentons brièvement ci-après.

Pour la phase 1, le principal critère pour sélectionner zones et villages à étudier, fut le niveau des activités productrices entreprises par les OAD qui bénéficiant des appuis de l'IAAD.

La contrainte imposée par l'ampleur des recherches à entreprendre, était aggravée par les limites en temps et personnel (trois à quatre personnes, la plupart n'intervenant qu'à temps partiel, pour une durée s'étalant sur cinq à six mois).

En conséquence, pour les contrecarrer, il aura fallu circonscrire, à l'intérieur des zones où intervenaient les ONG/IAAD participantes, des secteurs relativement restreints, et ne retenir dans ces secteurs que quelques localités ou villages.

Les phases 2 à 6 de la recherche sur le terrain, s'étant effectuées aux niveaux micro et intermédiaires, ont nécessité des séjours prolongés dans les villages enquêtés.

Chacune des phases correspondait à l'un des objets à spécifiquement élucider, ce qui requérait un jeu approprié d'instruments de recherche, constamment soumis à évaluation et constamment réajustés.

Pour assurer la primauté aux dialogues et à l'analyse en profondeur on a limité à six par village, en moyenne, le nombre de ménages à interviewer et on a également préféré discussions de groupes et entretiens informels avec quelques informateurs privilégiés. Une enquête élargie, plus formelle et plus systématique ne nous aurait pas permis une pénétration comparable.

Quant à la dimension économique des résultats obtenus grâce aux activités des OAD, on a prêté une attention particulière à l'autonomie gestionnaire et financière, et aux "avantages déguisés", ceux-ci pouvant entraîner une dépendance prolongée de l'OAD par rapport à l'appui que lui apportait l'IAAD.

"Par le biais de nombreux entretiens et tables rondes organisés à tous niveaux : groupements, villages, rencontres inter-villageoises, entretiens aux niveaux local et national, et finalement au niveau international (grâce à la consultation entre les IAAD participantes et CEBEMO), on s'est efforcé d'intégrer et un maximum de personnes et les expériences les plus diverses dans le processus d'analyse.

Tout ce travail de concertation à tant de niveaux a, en outre, préparé le terrain pour que chacun puisse adopter une attitude plus volontiers coopérative dans la préparation et dans la mise en oeuvre des actions de suivi.

Figure 7 : *Les dix phases du plan de réalisation de l'étude.*

Localisation de l'activité	Phases	Activités
Pays en développement	1	Préparer la recherche : analyser cadre conceptuel et questions des ONG locales en référence à la recherche. Sélectionner zones à enquêter (province, district, villages) et composer équipes de recherche-action.
Zones (district, province)	2	Auto-analyse (structure et fonctions) de chaque organisation (IAAD=ONG locale) et repérage autres organismes de soutien intervenant dans même secteur géographique.
Au niveau des villages surtout	3	Etudier sélection d'organisations d'auto-développement, leurs activités productrices; enquêtes participatives auprès des ménages analyse d'"impact" dans localités visées.
Au niveau des villages	4	Etudier utilisation et efficacité des instruments d'appui à l'auto-développement au niveau local tels que mis en oeuvre par les IAAD et autres organismes objet de l'analyse de la phase 2.
Au niveau inter-villageois	5	Extension de la recherche à d'autres localités pour vérifier les résultats dans un contexte géographique élargi.
Au niveau des	6	Vérifier en longue durée l'ajustement des résultats et l'efficacité du système de soutien à l'auto-développement au niveau IAAD et autres organismes analysés en phase 2.
Pays en développement	7	Rédiger versions provisoires des rapports cifiques par pays (Brésil, Thaïlande, Indosie).
	8	Tables-rondes participatives au niveau IAAD avec agents de terrain, délégués OAD et représentants des organismes de soutien.
	9	Rédiger versions définitives des rapports par pays et des programmes de suivi.
Aux Pays-Bas	10	Préparer rapport "de synthèse", version provisoire. Consultation entre décideurs politiques, équipes de chercheurs des ONG/IAAD participantes et CEBEMO. Préparer rapport final.

Les limites de l'étude

Cette étude présente un certain nombre de limites, s'agissant, en particulier, des possibilités offertes à une généralisation de ses résultats et des risques potentiels de déviations dans le processus d'interprétation des données.
Ces limites résultent directement du fait d'avoir privilégié les aspects auto-évaluatifs et qualitatifs de l'analyse, en donnant la priorité à la pénétration en profondeur, pratiquement à tous les stades de la recherche, au détriment des représentativités de nos échantillons.

Malgré la similarité flagrante de certains de nos résultats avec ceux d'autres analyses sur des opérations conduites par ONG (Guéneau, 1984; Crombrugge et al., 1985; Lecomte, 1986), nous ne saurions prétendre que les résultats de notre travail soient purement et simplement transposables à tout l'univers ONG.

Nous n'avons même pas été en mesure de vérifier la représentativité des résultats tirés du cas indonésien par rapport à toute la zone d'intervention de la Bina Swadaya.
Quant à l'analyse thaïlandaise, comme elle avait centré sa recherche sur les seules opérations villageoises visiblement *réussies*, une telle prétention est hors de question.

Ces faiblesses, ainsi avouées, s'expliquent par :

- le nombre très limité d'ONG/IAAD qui sont intervenues dans notre recherche, puisque celle-ci portait seulement sur trois zones d'investigation;

- l'absence de toute tentative pour établir la représentativité des IAAD de notre échantillonnage; le choix des IAAD n'a dépendu que de leur collaboration avec une ONG de financement (CEBEMO) et du niveau des activités productrices dans lesquelles elles se trouvent engagées dans leurs appuis aux OAD.

D'autres faiblesses peuvent être induites des considérations suivantes :

- S'agissant des relations réciproques et des rapports de cause à effet, entre les divers éléments du système, les conclusions sont issues de perceptions essentiellement subjectives exprimées par les personnes touchées par la recherche : ménages, membres de groupements, leaders locaux, chercheurs, personnels des IAAD. Des données quantitatives viennent, il est vrai, à l'appui du processus d'interprétation des données qualitatives; mais les conclusions d'ordre plus général qui en sont ressorties ne se prêtent guère à une vérification objective.
On peut cependant alléguer que la validité des résultats se fonde sur une certaine "inter-subjectivité", dans la mesure où il y a eu consensus entre les différents acteurs du processus de recherche.

- Par ailleurs, en dépit de sa nature participative, l'ensemble du processus aura été géré par les chercheurs de l'ONG locale, lesquels, en équipe, portèrent la responsabilité d'une première rédaction des rapports par pays.

L'interprétation personnelle de ces équipes marque inévitablement et fortement la présentation de ces résultats. On peut en dire autant du travail de synthèse effectué, au niveau de CEBEMO, par le coordinateur de la recherche, sur la base des conclusions de ces rapports.

Nous devons bien admettre que dans ce type d'étude touchant à un concept à haute teneur axiologique -c'est le cas pour l'auto-développement- il est extrêmement difficile de surmonter ses propres jugements "de valeur".

- La dimension "auto" (self), de l'*auto*-évaluation, dans le contexte de cette étude, vise l'organisation et non les individus impliqués dans le processus. Ce travail a exigé des personnes qui s'y sont consacrées une lourde contribution et en qualités d'intégrité et en aptitudes à l'objectivité.

Ces personnes, en effet, étaient en rapports de travail permanents avec l'ONG locale/IAAD dont il s'agissait d'évaluer les méthodes d'intervention. Les accents critiques caractérisant les analyses brésiliennes et indonésiennes, en particulier, tendent cependant à témoigner qu'elles ont fait preuve de telles qualités. Et par ailleurs, elles avaient la possibilité de donner le label "confidentiel" à certaines informations.

Nous reviendrons sur ce sujet au prochain chapitre.

3 Problèmes rencontrés dans et par la mise en oeuvre de l'étude

Pour contourner l'obstacle de la dichotomie classique entre chercheurs et praticiens, pour rehausser aussi la pertinence des résultats et pour nous assurer une plus grande probabilité de relais dans des opérations de suivi, nous avons voulu associer au travail de recherche des praticiens de l'auto-développement, tels que responsables locaux des OAD avec leurs adhérents, et personnel d'IAAD. Les IAAD participantes ont reconnu la valeur de cette démarche. Elle a pourtant suscité toute une série de problèmes d'ordre pratique ou méthodologique.

L'auto-évaluation, "accompagnée" par une aide extérieure, suscite aujourd'hui un intérêt croissant, comme instrument de changement organisationnel, et nous pensons que le même type d'étude pourrait être prochainement entrepris dans d'autres contextes. Dans cette perspective, il nous a semblé important d'observer critiquement ces phénomènes de plus près.

Gestation de l'idée

Comme nous l'avons dit plus haut, c'est à CEBEMO, ONG de financement, ayant son siège aux Pays-Bas, que revient l'initiative de cette étude. Depuis plusieurs années, elle finance les activités des IAAD participantes.

Pour aucun de ces trois pays, CEBEMO ne représente pourtant la principale source de financement. En Indonésie et au Brésil, elle ne fait que compléter des enveloppes plus substantielles attribuées par d'autres agences donatrices.

Il n'en reste pas moins que, pour une agence "donatrice", le seul fait d'inviter une ONG locale à entreprendre une analyse générale de ses stratégies et modes d'intervention, est de nature à provoquer, en entrée de jeu, un certain malaise au sein d'une partie au moins du personnel de cette ONG.

Quelques membres du personnel de l'agence donatrice elle-même peuvent éventuellement partager ce sentiment d'insécurité, en particulier ceux d'entre eux qui auront été étroitement associés, dans le passé, soit à l'étude de factibilité soit à l'approbation des projets soumis par les IAAD concernées.

De toute évidence, les IAAD ne pouvaient accepter, tout de go, les perspectives d'une telle entreprise sans avoir préalablement obtenu la garantie que l'agence étrangère continuerait de leur assurer ses appuis moral et financier, quelles que soient les conclusions de l'opération, mais dans les limites, toutefois, de ce que ses conclusions discerneraient comme à la fois souhaitables et réalisables.

L'idée devait donc mûrir, tandis que schémas et orientations de l'étude s'ajusteraient progressivement aux conditions et aux priorités locales.

Tout cela allait prendre du temps.

Confusions au niveau des concepts

Les concepts utilisés pour notre étude ont engendré toute une série de problèmes. Des concepts tels que : auto-développement (self-help), auto-suffisance (self-reliance), appui (promotion), population-cible, etc.., appartiennent au jargon international des professionnels du développement, et ne peuvent aisément trouver d'équivalents dans des langues intégrées à des cultures hétérogènes (Portugo-brésilien, Bahasa Indonésie, et Thaïlandais).

Si, au niveau international, ces concepts provoquent des débats d'experts très animés, ils peuvent parallèlement, se révéler totalement vides de sens sur le terrain même du développement, aussi longtemps que l'on ne parvient pas à les transposer -plutôt qu'à les traduire- en termes et concepts chargés de signification dans le langage utilisé sur place.

Les animateurs des équipes de recherche-action ont donc éprouvé de grandes difficultés à "traduire" les documents de travail élaborés à CEBEMO par le coordinateur de recherche, pour les rendre intelligibles aux autres membres de l'équipe, moins familiarisés avec la pratique de l'anglais classique. L'expression "self-help", s'est révélée particulièrement problématique, parce qu'en l'absence d'équivalent acceptable dans les autres langues, il a fallu recourir au truchement d'illustrations descriptives, pour en communiquer le contenu.

Une recherche dite "participative", qui n'aurait pas été fondée sur des concepts et une terminologie issus du milieu même des OAD et de leurs responsables, aurait-elle pu se prétendre authentiquement participative ? La question mérite d'être posée.

Il est clair que nous ne pouvions résoudre tous les problèmes de communication inter-culturels d'une manière qui satisfasse totalement toutes les parties intéressées. Mais il est évident aussi qu'une plus grande conscience de la dimension culturelle, au moment de la définition des concepts, aurait permis de rehausser le caractère de "prise en charge par soi-même" (self-help) pour et dans l'exercice de recherche lui-même.

La notion de démarche systémique, couplée avec celle de cadre logique, comme moyen d'intégrer les résultats qui émergeraient de la recherche, aux différents stades et à divers niveaux, s'est révélée moins problématique.

L'accepter, c'était reconnaître le caractère cyclique et complexe des relations de causes à effets qui se tissent entre les événements -tout est dans tout. Un tel schéma s'est révélé plus proche des réalités de la vie et de l'expérience vécue par les praticiens, que le mode de raisonnement linéaire, habituellement employé pour les recherches de type classique.

Confidentialité de l'information

La recherche étant participative et s'appuyant sur l'action, certains membres des équipes de recherche, en particulier les personnels des IAAD, se sont trouvés dans la situation *d'avoir à analyser l'efficacité de leur propre travail et de leur propre organisation.*

La connaissance interne, et intime, de la situation, telle qu'ils la détenaient, devait, pour être vraiment fructueuse, se combiner avec une liberté d'autocritique, et donc la reconnaissance par leurs pairs comme par leurs supérieurs hiérarchiques, des avantages de cette liberté d'expression.

Malheureusement, cette configuration idéale ne se rencontre jamais sans quelques réticences ou bémols. Toute organisation a son contingent de problèmes particuliers dont l'étalage est estimé par son personnel comme inopportun, voire inadmissible, -et à plus forte raison devant des tiers "étrangers"- et cela même si ces problèmes internes ont des répercussions directes sur la stratégie et sur méthodes de travail.

Il a fallu tenir compte du fait que les rapports par pays, et plus encore le rapport de synthèse, auraient à faire l'impasse sur certaines contraintes majeures, internes aux IAAD ou aux OAD. Cela ne signifie pas, pour autant, que ces contraintes n'auront pas été prises en compte. Des commentaires exprimés par les ONG participantes sur leur expérience à travers cette recherche, il ressort en effet que le seul fait de l'avoir entreprise aura facilité la discussion interne de certains problèmes sensibles qui, autrement, seraient demeurés occultés.

Si carence d'objectivité et existence de tels tabous et secrets structurels, toujours possibles, il y eut -et il y en eut- ils ne l'ont pas emporté, toutefois, sur les avantages présentés par l'intégration de praticiens dans les équipes de chercheurs. Au surplus, il était et il est une évidence : une telle recherche ne devait pas avoir pour objectif premier de dévoiler toute la vérité pour l'étaler sans pitié à la face du monde; son objectif était d'offrir aux ONG locales la possibilité d'élever leur niveau de compétence et d'efficacité.

L'analyse des faiblesses internes exige une aide extérieure

Un autre problème trouve son origine dans l'étroite corrélation entre aptitudes promotionnelles et aptitudes analytiques. D'une IAAD qui manque de savoir-faire dans un domaine particulier de sa pratique d'appui, on ne peut attendre qu'elle manifeste des capacités d'analyse dans ce même domaine.

Par exemple, une IAAD qui n'aura pas réussi à fournir l'appui requis pour permettre à une OAD de conduire correctement les études de factibilité des micro-projets proposés, ne saura pas davantage évaluer la viabilité économique des activités courantes de l'OAD, ni apprécier leurs conséquences sur le niveau de vie des membres de cette OAD. Dans ces cas là, une aide extérieure s'avère nécessaire pour subvenir ou suppléer à ces carences de l'IAAD.

Ces carences se sont avérées assez flagrantes dans le cas brésilien. Malgré l'apport d'une aide extérieure, l'analyse financière n'a pas pu être approfondie: les données de base étaient trop faibles et la comptabilité en vigueur interdisait une distinction précise entre les frais variables et les charges fixes.

Ce défaut de précision touchant aux relations entre ces deux postes comptables rendait impossible l'affectation correcte des rubriques de dépenses aux diverses activités commerciales. Malgré ces carences, les résultats furent révélateurs, surtout du point de vue de l'IAAD concernée.

En matière d'auto-évaluation, les IAAD ont naturellement tendance à faire porter l'attention sur les aspects de leur activité où elles se jugent les plus fortes, laissant dans l'ombre les aspects plus faibles, ou les moins développés, qui auraient pourtant requis une attention particulière et qui, de ce fait, sont à peine effleurés ou restent en suspens.

Témoigne de ce fait la manière dont les phases 2 et 3 de la recherche ont été conduites dans le cas thaïlandais. Sa recherche a soigneusement analysé actions et organisations de l'auto-développement dans les cas réussis de deux villages (phase 3). Elle a aussi produit des données d'information de grand intérêt concernant les dimensions de leurs activités qui sont les plus développées. Mais un autre aspect de ces activités -plus sensible, quelque peu négligé, et pourtant singulièrement important en regard de la situation thaïlandaise- à savoir la collaboration inter-ONG (phase 2), aura été évacué.

Divergences d'objectifs

CEBEMO, ayant pris l'initiative de la recherche, souhaitait tirer parti de cette étude pour mieux percevoir une collaboration inter-institutionnelle s'établir entre les IAAD et les autres institutions de soutien. Selon son estimation, une telle collaboration était indispensable pour que l'appui à l'auto-développement devienne un instrument majeur du changement socio-économique, susceptible de franchir les micro-frontières (village), et porter des fruits au niveau des structures intermédiaires et des macro-structures.

Pour élaborer une bonne ou meilleure stratégie d'auto-développement, il importait de savoir ce que les autres organismes élaboraient en termes de positions ou de propositions.L'un des objectifs de la recherche était donc de les amener à s'associer au processus d'analyse. Dans la pratique, les choses se sont passées autrement. La collecte systématique d'informations sur les opérations conduites par ces organismes de soutien s'est révélée fastidieuse et les IAAD n'y ont, semble-t-il, rien appris de nouveau.

Le souci prioritaire des IAAD participantes était d'améliorer l'efficacité de leur propre organisation (ou bien de leurs organisations-soeurs catholiques, en Thaïlande). Elles ont estimé intéressants et utiles d'autres éléments de la recherche : l'analyse des résultats des OAD, les enquêtes d'intérêt général au niveau du village ou d'intérêt spécifique auprès des ménages, et l'évaluation des instruments d'appui à l'auto-développement.

Mais il n'en a pas été de même pour la collecte d'informations détaillées sur d'autres organisations, actives dans la même zone, qui visent parfois cependant les mêmes objectifs.

Nous avons noté une tendance identique concernant les programmes de suivi; cette tendance confirme l'intention prioritaire des IAAD d'améliorer leurs propres méthodes de travail, mais elle ne laisse transparaître aucune intention de rechercher, au niveau régional, l'amélioration de la coordination entre les agences locales.

Une ONG ne peut pas analyser une organisation gouvernementale

Les relations souvent tendues entre gouvernements et organisations non-gouvernementales ont encore ajouté à la complexité du travail de recherche afférent à la phase 2.

Collecter des données sur des opérations gouvernementales ne pouvait se concevoir sans y être autorisé officiellement par un Département d'attache central, situé le plus souvent dans la capitale : toutes procédures longues, et complexes qui pouvaient compromettre la mise en oeuvre de la recherche.

On a donc décidé de faire l'impasse sur ces démarches.

Pour l'Indonésie et le Brésil, des éléments d'informations sur les activités des offices gouvernementaux ont été recueillis informellement : il a suffi de recourir au mode traditionnel d'échanges entre fonctionnaires et agents des ONG au niveau du terrain. Pour l'étude thaïlandaise, les relations entre les CDAS et les autres institutions de soutien ne purent être prises en compte qu'indirectement, et seulement dans la mesure où elles avaient une incidence directe sur les activités OAD des deux villages enquêtés.

Un instrument non-utilisé ne peut être qualitativement évalué

Dans le cas Indonésien, un mois après le lancement de la phase 3 qui comportait l'étude des activités OAD au niveau des villages, nous nous sommes trouvés en présence d'un problème d'une autre nature. A mesure que la recherche progressait dans le collectif villageois de Baleharjo sélectionné à cette fin, une évidence apparaissait : les ruraux pauvres, y résidant, ne se trouvaient que très marginalement concernés par les activités de l'OAD à laquelle la BS apportait son appui.

Judicieusement, les membres de l'équipe de recherche-action ont donc considéré que, faute de mieux pour aboutir, ils avaient à transférer la recherche vers un autre groupe de villages, où, on l'escomptait, observer une collaboration plus probante des ruraux pauvres aux activités d'auto-développement.

Prendre conscience que la majorité pauvre appartenant au premier collectif villageois ne se trouvait pas concernée fut une péripétie importante en elle-même, car les agents de terrain ne s'en étaient pas antérieurement aperçus. Ce fait dénotait une carence grave dans l'instrumentation de l'IAAD, à savoir l'omission de la phase "d'identification de la population-cible".

Cette procédure d'identification aurait dû être systématiquement organisée, et intégrée aux habitudes de travail et aux orientations données à tout agent de terrain de la Bina Swadaya. En tout état de cause, il devenait dès lors impossible d'analyser, comme prévu, la mise en oeuvre de cet instrument. Faute d'action, il ne restait à analyser que les conséquences résultant de sa carence.

La nécessité d'introduire cet instrument est alors devenue une évidence flagrante et l'étude elle-même a fourni certaines indications sur la manière d'y procéder.

Dans les deux autres pays la recherche a également fait ressortir quelques cas du même ordre où des instruments étaient soit inexistants, soit insuffisamment intégrés, soit mal utilisés. là aussi, ces découvertes ont été l'occasion de discussions sur l'opportunité d'introduire ces instruments ou d'en améliorer l'emploi.

L'ampleur de l'étude était trop vaste pour le temps imparti

Le budget "temps" imparti à la recherche aura généré une autre catégorie de problèmes. Notre étude avait été conçue, en effet, comme pluri-disciplinaire, pluri-étagée, et pluri-focalisée.

- *pluri-étagée* : nous l'avons entreprise simultanément au niveau des IAAD, des OAD (villages), des ménages, et ultérieurement ses résultats devaient être interprétés selon sa signification pour l'ONG locale et ses répercussions sur les relations avec l'ONG donatrice;

- *pluri-focalisée* : elle portait sur un large éventail de questions et pas moins de huit instruments d'appui à l'auto-développement (le système d'appui à l'auto-développement) étaient soumis à l'analyse.

Les membres des équipes de recherche-action ont tous été d'avis que le temps alloué aux analyses par pays avait été trop court : il s'agissait de six mois. Même si le temps effectivement consacré à cette partie de l'étude peut être globalement estimé à neuf mois, il s'est avéré trop limité, compte tenu du fait que pratiquement tous les membres des trois équipes de chercheurs devaient simultanément assumer d'autres fonctions. Il aurait fallu, par exemple, plus de temps pour tirer tout le parti souhaitable des chances de contacts immédiats avec les ruraux pauvres telles que ces chances étaient offertes par les enquêtes auprès des ménages.

Conduites comme entretiens "ouverts", ces enquêtes ont apporté aux ruraux pauvres leur unique occasion de participer d'une manière plus directe au processus de recherche. On connaît trop bien en effet la tendance naturelle des leaders à monopoliser la parole, durant les discussions dites "de groupes".

Or, les pauvres détiennent une richesse d'expériences et d'informations mais ils éprouvent des difficultés bien compréhensibles à les exprimer ou transmettre d'une manière exploitable par les enquêteurs ou même, et tout simplement, ils répugnent aussi parfois à les communiquer.

Nous aurions pu d'ailleurs parvenir à une meilleure intégration des pauvres, et de leur expression spécifique, moins d'ailleurs en multipliant le nombre des ménages interviewés, qu'en prolongeant la période de temps consacrée à ces interviews (en les étalant sur trois ou quatre mois au lieu d'un) et en multipliant le nombre des visites à chaque ménage, (huit à dix au lieu de trois ou quatre).

On peut en dire autant, pour l'extension de la recherche à d'autres localités. Des contraintes de temps, l'on réduite à s'effectuer hâtivement, au rythme de quelques réunions avec des leaders, sans possibilités suffisantes de procéder à des contrôles croisés à partir d'autres sources de renseignements telles que : entretiens informels, interviews de groupe, observations directes dans des villages hors sélection.

Toujours du point de vue de la durée, il aurait été préférable de laisser aux ONG participantes la liberté de sélectionner, parmi les éléments du cadre général de la recherche, ceux qui pouvaient faire l'objet d'une investigation prioritaire. Il aurait été possible ensuite d'utiliser ces éléments comme point de départ pour ce qui serait devenu une recherche permanente.

Mais, pour CEBEMO, l'agence de financement étrangère qui avait lancé étude dans trois pays simultanément, l'intérêt eût été moins grand, puisque les comparabilités entre résultats s'en seraient trouvé réduites et que l'entreprise aurait eu tendance à s'éterniser. Pourtant, du point de vue des IAAD, ces dispositions auraient été plus satisfaisantes. Concrètement, chaque pays a su trouver un compromis.

Comme nous l'avons déjà signalé, l'étude thaïlandaise a scruté à la loupe le processus d'organisation de l'auto-développement, tel qu'il se concrétise au niveau villageois, ainsi que le rôle incitateur imparti à l'IAAD dans un tel processus. La dimension culturelle de l'appui à l'auto-développement y a été traitée avec une attention beaucoup plus fine que dans les autres analyses.

Dans le second temps de recherche, l'étude brésilienne a fait converger ses efforts et son attention sur l'étude de faisabilité économique et sur les probabilités de couvrir les frais à long terme par les revenus des activités d'auto-développement.

L'Indonésie, a méticuleusement suivi l'ordonnancement prescrit à la recherche; elle a produit un rapport relativement complet, mais, faute de temps et de savoir-faire dans des domaines spécifiques, les animateurs de la recherche-action n'ont pas su équilibrer l'approfondissement des différents sujets. Pour la même raison, la participation de la population-cible au travail d'analyse n'a pas pu être organisée de manière aussi intensive qu'initialement souhaité (Rapport indonésien, p. 129).

Le principal mérite de notre étude tient au fait qu'elle aura, peu ou prou, contribué à faire progresser efficacement l'appui à l'auto-développement dans les trois pays où elle s'est déroulée. Pour conserver au processus son élan, analyse et réflexion devront devenir les éléments d'un exercice permanent.

Plus haut dans ce chapître, nous avons évoqué l'instrument n° 8 : "contrôle continu et évaluation permanente" (chapître 3). Les programmes de suivi auront justement pour mission de veiller à ce que tout se passe bien ainsi et comme postulé.

Les enseignements majeurs de l'exercice

Les problèmes énoncés plus haut ont été riches d'enseignements majeurs que nous pouvons résumer comme suit :

- Lorsqu'une agence étrangère entend s'assurer de l'intérêt pour ses partenaires outre-mer d'entrer dans un processus d'auto-évaluation participative, il est souhaitable, certes, qu'elle utilise une langue internationale pour énoncer la structure des concepts de base.

  Dans le cas qui nous occupe, nous avons utilisé l'anglais.

  Cependant, avant d'esquisser le plan de travail de l'opération et de se lancer dans les études de terrain, il est indispensable de revenir sur les concepts et sur le cadre conceptuel pour les réajuster et s'assurer que les agents, travaillant habituellement sur le terrain et ne pratiquant pas cette langue, ont bien assimilé les notions sous-jacentes à la "problématique" de la recherche à laquelle ils participent. Nous pourrions qualifier ce processus "d'ajustement culturel" des concepts et du cadre conceptuel.

- Pour faciliter la sélection des domaines d'investigation, nous recommandons l'adoption d'un cadre général. Mais, à l'intérieur de ce cadre conceptuel devront apparaître clairement quelles sont les priorités, compte tenu des contraintes : de temps, de personnes-ressources, et de financement.

  A chaque étape, du fait d'avoir pris en considération les résultats de l'étape précédente et l'expérience acquise, le programme de recherche devra progressivement évoluer.

Pour notre étude, nous avons bien défini les priorités, mais ce fut davantage sous la pression des circonstances que le résultat d'une pratique dûment planifiée.

- Du déroulement des phases d'activités de recherche, énoncées à la figure 7, au précédent chapître, nous ne pouvons prétendre qu'il ait été mauvais, ni, non plus, qu'il était nécessairement le meilleur.

Par exemple, *on aurait très bien pu démarrer l'étude au niveau des ménages pour remonter ensuite par étapes vers l'analyse du fonctionnement de l'OAD, de l'IAAD et de leurs interfaces (les instruments).*

Selon les circonstances, et selon les priorités, on aurait également pu choisir de mettre d'abord l'accent sur les aspects productifs, pour n'aborder qu'ensuite les ramifications ouvrant accès aux dimensions politiques, sociales et/ou culturelles, ou vice-versa.

- En règle générale, aucune ONG locale ne peut se passer de l'aide "endogène externe" de chercheurs locaux dûment formés, pour animer et harmoniser le processus d'auto-évaluation.

Cette nécessité de recourir à l'aide extérieure se manifeste davantage encore dans les secteurs d'activité où les résultats atteints par l'IAAD (ONG locale) et l'OAD (groupement de base) semblent les plus médiocres, mais, d'entrée de jeu, l'IAAD concernée peut ne pas accepter facilement de reconnaître une telle nécessité.

Localisation des zones de recherche, districts de Gunung Kidul, dans le Territoire Spécial (Province) de Yogyakarta, à Java

Localisation des zones de recherche dans la Province de Sisaket, dans le nord-est de la Thaïlande, et dans le district de Chomthong près de la ville de Chiengmai en Thaïlande du nord

Localisation de la zone enquêtée, district (Municipio) de Serrinha, dans l'État de Bahia, au nord-est du Brésil.

Deuxième Partie

Constats

et

Conclusions

4 Zones de recherche et villages : description[18]

Une brève description des zones et villages où l'étude s'est déroulée met en lumière quelques-uns de leurs caractères les plus saillants, lorsque la recherche a révélé qu'ils exerçaient une influence sur les activités et les résultats des IAAD et des OAD. Nous les détaillerons un peu plus loin dans ce chapitre.

Au Brésil, la recherche a essentiellement porté sur le district (Municipio) de Serrinha, territoire situé à 180 km à l'est de la ville côtière de Salvador, capitale de l'Etat de Bahia, au nord-est du pays.

En Indonésie, la zone d'investigation correspond au district de Gunung Kidul, l'un des cinq districts de la Province Spéciale de Yogyakarta, au centre de l'Ile de Java.

En Thaïlande, la recherche fut conduite dans deux régions bien distinctes de ce pays : au nord-est, la province de Sisaket, où l'analyse a porté sur le village de Ban Isan*; et au nord, non loin de la ville principale Chiengmai, dans le district de Chomtong, où l'analyse a concerné le village de Ban Nua*[19].

De quelques caractères communs et singularités.

Dans les trois pays considérés, toutes les zones sélectionnées sont situées dans des régions disposant de bonnes infrastructures, et bien desservies par le réseau de communications entre les principaux centres urbains. Autre trait commun, une sécheresse chronique alterne avec des pluies irrégulières et torrentielles, provoquant des inondations. Ces aléas climatiques, venant s'ajouter à la pauvreté des sols, engendrent de bien mauvaises conditions de base pour la production agricole.
L'une des deux zones sélectionnées en Thaïlande, le district de Chomthong, dans le nord, fait exception : la pluviométrie y est plus régulière et permet la culture du riz en terrasses.

Les pays où s'est effectuée notre recherche partagent une autre caractéristique affectant la majorité des petits propriétaires fonciers : tendance à l'émiettement progressif des parcelles à mesure que les générations se succèdent.
Or, pour les trois IAAD, cette catégorie constitue le groupe-cible le plus important. Parallèlement, le nombre de familles n'ayant pas de terre ne cesse

[18] A la demande de l'auteur, cette section du rapport a été sensiblement réduite, en particulier les commentaires se rapportant à la recherche-action en Amérique Latine.

[19] Les noms donnés à ces villages sont fictifs.

de s'accroître. La plupart n'ont d'autre choix que de quitter le village, à la recherche d'un emploi saisonnier, comme journaliers non-spécialisés et mal-payés. Certains émigrent définitivement : ils vont aggraver la surpopulation des bas-quartiers urbains.

Ces tendances caractérisent, on le sait, le "développement rural" de nombreux pays dits en voie de développement. Les zones comme les villages couverts par notre étude dans ces trois pays ne font pas exception à cette règle.

Le schéma de répartition des terres est ce qui différencie le plus les zones enquêtées. Au Brésil, la division de la propriété foncière est beaucoup plus inégale que dans les deux pays asiatiques. Dans tous les cas nous avons trouvé des paysans sans terre, mais beaucoup plus fréquemment au Brésil (35%) et dans le nord de la Thaïlande (45%) qu'au nord-est de la Thaïlande ou en Indonésie, pour ce qui est des zones concernées par notre étude.

Le Brésil

Le District de Serrinha se trouve dans l'Etat de Bahia, au coeur de la région nord-est. Le "Nordeste" est réputé pour être la région la plus pauvre du pays. Elle est caractérisée par une très grande inégalité dans la répartition des terres (5% des propriétaires détiennent 95% des terres), et par un taux élevé d'analphabétisme (75%). 35% des familles rurales ne disposent d'aucune terre. Elles dépendent intégralement d'un travail salarié.

Le salaire journalier minimum ne dépasse pas 25 cruzados (env. 2 $US), mais la plupart des ouvriers, surtout s'il s'agit d'ouvrières, touchent encore moins. La population du District est de 50.000 habitants, dont la moitié vivent en agglomération urbaine, capitale du District, tandis que l'autre moitié des habitants se répartissent dans 17 "comunidades" en zones rurales.

Subaé, sélectionné pour notre recherche, est l'un de ces villages. Dans la zone de Serrinha, le manioc, le maïs, les fèves (feijão) et le sisal sont les principales cultures.

La "comunidade" de Subaé, village enquêté, comprend 81 foyers dont plus des deux-tiers (59), sont membres de l'organisation paysanne APAEB. Les autres s'identifient davantage à la fraction conservatrice et se rangent derrière le "mayor" du village et un prêtre conservateur.

Indonésie

La petite ville de Wonosari, située à une quarantaine de kilomètres à l'est de Yogyakarta, est le centre administratif et commercial qui dessert la zone enquêtée en Indonésie : le District de Gunung Kidul, au coeur de l'ile de Java.

Dans ce district, 95% de la population réside en zone rurale. Le taux d'analphabétisme est évalué à 42%. Si on la compare à la moyenne javanaise, la densité de la population dans ce district -466 personnes au km^2- n'a rien d'exceptionnel; elle est cependant élevée si l'on tient compte de la qualité du sol et des ressources en eau qui sont maigres. Manioc, padigogo (riz en culture sèche), patate douce, arachides, soja et pois, sont les principales productions agricoles.

La culture vivrière de base est le manioc; seules les familles aisées peuvent se permettre une consommation quotidienne de riz. L'élevage et l'embouche du bétail se pratiquent de façon courante selon le système dit "Penggaduhan" (selon lequel c'est le propriétaire qui achète les bestiaux, tandis que le "Penggaduhan" prend en charge toutes les autres fournitures: étables, aliments, médicaments, etc.; au moment de la vente, ils se partagent à égalité le profit brut. Les veaux sont répartis selon les mêmes critères).

La recherche s'est déroulée sur deux secteurs de ce district, peu éloignés de sa capitale, Wonosari. L'un dépend du "Kelurahan" de Baleharjo, un ensemble de cinq villages comprenant 936 foyers. Le second site fut sélectionné après s'être aperçu que la grande majorité des membres de l'Usaha Bersama (UB), dans ce village, ne répondaient pas aux critères retenus pour définir la catégorie des ruraux pauvres. Il s'agit de Pacing, est un peu plus éloigné de Wonosari (8 Km), qui se compose de 214 foyers.
La plupart des habitants de Pacing sont des "abangas", officiellement comptés comme musulmans, mais qui pratiquent en réalité les rites de la religion traditionnelle. A Baleharjo, la religion chrétienne est plus répandue (50%), particulièrement parmi les familles les plus aisées.

L'une des caractéristiques les plus remarquables de Baleharjo -typique de toute sédentarisation indonésienne- est le nombre invraisemblable de groupements formels ou informels qui configurent les interactions quotidiennes des villageois entre eux, dans les différentes sphères de la vie économique, culturelle et sociale.
Pour 930 foyers (compte non-tenu des associations sportives, culturelles ou religieuses), nos chercheurs ont dénombré 250 groupements. Sur ce nombre, 56 sont des "arisan" (associations traditionnelles d'épargne et de crédit), 73 sont des "dasa wisma" (groupements de voisinage par dix foyers). Comme les 6 Usaha Bersama (UB) -précoopératives assistées par la Bina Swadaya- la plupart de ces groupements mènent leurs opérations dans le domaine socio-économique; les autres concernent les activités agricoles, l'éducation, la santé et la nutrition (cf le Rapport indonésien, pp. A-6 et A-7).
Il existe une relation directe entre le statut social d'une personne et le nombre de groupements auxquels elle appartient. Plus le rang est élevé et plus nombreux sont les groupements dont elle fait partie. Le collectif de villages de Baleharjo est encore agrémenté de nombre de petits magasins (100, environ), sans compter la multitude des petits vendeurs de rue.

Dans le second collectif observé, Pacing, il n'y a pas eu repérage systématique des groupements existants, mais les groupements créés à l'initiative des autorités gouvernementales sont beaucoup moins nombreux. On n'y trouve que deux magasins de vente, et aucun colporteur ou chineur dans les rues.

Thaïlande

Plus encore que dans les deux autres pays, la recherche en, Thaïlande, a mis l'accent sur le village, nous l'avons évoqué déjà au chapitre 4.
Le village de Ban Isan se trouve dans l'une des régions les plus pauvres du nord-est du pays. Pourtant, comparé à d'autres villages de la même province

de Sisaket, il est relativement prospère. La superficie moyenne des propriétés foncières atteint 30 Rai (4,8 hectares) à Ban Isan, soit près de deux fois la moyenne reconnue pour la région du nord-est. Le paysan sans terre y est l'exception.

La plupart des habitants de Ban Isan sont alphabétisés, ce qui est également exceptionnel pour le nord-est de la Thaïlande. Cette situation s'explique par la relative facilité d'accès à l'école, liée à l'appartenance des villageois à l'église catholique. Seule une infime minorité de thaïlandais sont catholiques (0,5%).

Leur adhésion au catholicisme est liée à la fondation du village, 70 ans plus tôt. Les fondateurs de Ban Isan optèrent alors pour le catholicisme afin de s'affranchir de leur statut de "Phibob".

Les Phibob sont des intouchables dont on croit qu'ils sont possédés par un esprit malin, et, pour cette raison, pression est faite sur eux pour qu'ils quittent les villages.

Ce village comprend 200 foyers, dont 70 participent aux activités des groupements d'auto-développement recevant l'appui du CDAS. La principale culture est le riz, mais la culture du manioc (qui n'est pas une culture vivrière en Thaïlande), du jute et des légumes, leur permet d'obtenir des revenus complémentaires.

Comme tout village thaïlandais, Ban Isan a son cortège de commissions : pour le développement du village, pour l'église (l'équivalent de la commission pour le Temple dans un village bouddhiste), pour l'éducation (sorte de conseil consultatif des parents pour l'école primaire), la commission des funérailles, l'association pour le théâtre ou la musique, etc.

C'est justement parce qu'il se montre très entreprenant dans toute une gamme d'activités d'auto-développement fort réussies, que le village de Ban Isan fut sélectionné.

L'autre village thaïlandais, Ban Nua, se trouve au nord de la Thaïlande. La population y est de religion bouddhiste. La production principale est le riz en culture irriguée, dont une partie est cultivée selon le système du partage des revenus et des risques (productions et charges sont réparties par moitié entre le propriétaire et le cultivateur).

La surface des parcelles oscille entre deux et huit Rai (moins de 0,3 à 1,3 hectare). Sur les 120 ménages, 27 sont réputés sans terre, ce qui est relativement faible en comparaison de la moyenne régionale (45%) pour le nord de la Thaïlande.

Ces derniers vivent de travaux occasionnels et de ce qu'ils réussissent à extraire de la forêt : bois de chauffe, champignons, légumes sauvages, etc.. qu'ils échangent contre du riz ou vendent sur le marché local. Ban Nua est un village assez typique du nord de la Thaïlande.

La précarité croissante de la propriété foncière y crée une situation angoissante pour les villageois. La cohésion du village reste cependant forte, malgré des migrations saisonnières fréquentes.

La vie du village atteint son intensité maximale lors des célébrations religieuses qui jouent un rôle crucial de prévention de la désintégration sociale.

Brésil - Des femmes préparent les racines de manioc pour la mouture. Le moulin appartient à l'Association des petits paysans.

Thaïlande - Les ménages paysans se procurent des revenus additionnels grâce à des activités non-agricoles comme l'élevage de vers à soie, le filage et le tissage, mais les intermédiaires amputent leurs revenus.

Indonésie - Grâce à un prêt du groupement UB, cet éleveur a pu devenir propriétaire de l'animal qu'il engraisse.

5 Comparaison des institutions d'appui à l'auto-développement, dans les trois pays

Ce chapitre, analyse et compare l'histoire, structure, fonctions, et réseaux de relations pour quatre IAAD qui se sont investies dans la recherche-action (le MOC, la Bina Swadaya et les deux CDAS); il considère, en outre, les contradictions rencontrées quotidiennement sur le terrain du développement.

Cette analyse sera conduite dans la double perspective de la "pérennité organisationnelle" et de l'appui à l'auto-développement.

Le premier axe, *la pérennité organisationnelle*, est un des objectifs non-formulés, sous-jacent à toute organisation. Les IAAD ne font pas exception.
Les personnels des IAAD se soucient tout naturellement de voir se confirmer et perdurer les activités de leur organisation, face à la concurrence d'autres organisations de soutien au développement. Cette concurrence peut être le fait d'autres ONG qui poursuivent leurs propres objectifs et stratégies, en tant qu'organisations; elle peut venir d'autres institutions, soit gouvernementales, soit privées, qui ne sont pas favorables aux interventions des ONG ou s'en méfient.

Le second axe, *l'appui à l'auto-développement*, est un objectif de développement. Il sous-entend, comme l'a très bien exprimé l'un des participants à l'atelier thaïlandais, que "le CDAS (l'IAAD) tende à disparaître au fur et à mesure que se fortifieront les organisations d'auto-développement, ou les organisations de base".
Ces deux objectifs, l'un propre à l'organisation, l'autre placé dans la perspective du développement, sont difficilement conciliables et piègent les IAAD, ainsi prises dans une situation contradictoire dont il n'est pas évident, pour elles, de se dégager.

Historique des IAAD dans les trois pays.

Au *Brésil*, le MOC, Movimento de Organização Comunitaria, a été créé il y a dix-neuf ans, pour être l'instrument de bienfaisance du diocèse de Feira Santana. Son statut, ses objectifs et ses méthodes d'intervention ont évolué au fil des années. Il a pris le statut juridique d'institution laïque en 1970. Ses orientations sont progressivement passées de "l'assistanat" (assistencialismo) à l'appui à l'auto-développement dans les domaines économiques et politiques.

En *Indonésie*, l'organisation Bina Swadaya n'a acquis un statut légal qu'en mars 1985, mais ses racines sont presque trentenaires. En 1958, le Mouvement des agriculteurs Pancasila (Itatan Petani Pancasila, IPP) était créé pour apporter aux agriculteurs une aide sur les questions juridiques et pour la formation.

En 1967, l'IPP établissait la Fondation pour le développement socio-économique des paysans (Yayasan Social Tani Membangun, YSTM) pour mener des projets en faveur des communautés rurales économiquement faibles.
Aujourd'hui, l'YSTM continue de fonctionner comme maison d'édition, tandis que les activités des autres Centres d'activités (formation, production agricole, petite transformation gérées par les pré-coopératives) ont été regroupées autour d'une nouvelle fondation, la "Bina Swadaya" (Agence pour un développement communautaire responsable).

Sans vouloir élaborer davantage sur les circonstances qui ont amené la création de la Bina Swadaya, qu'il suffise de constater comment son histoire est celle d'une très prudente conduite au sein de la zone grise qui s'insère entre ce qui est permis et ce qui ne l'est pas, sous un gouvernement autocratique. Un tel comportement fait plus appel à des qualités diplomatiques qu'au droit et à la légalité.
Les fondateurs du Mouvement des agriculteurs Pancasila entretenaient, dans les années cinquante, d'étroites relations avec l'église catholique, mais l'YSTM et son rejeton, la Bina Swadaya, ont maintenu une politique de neutralité par rapport à toute famille religieuse.
La "Loi sur les Organisations populaires", votée par le Parlement en mai 1986, fait obligation à toutes les organisations engagées dans des interventions de développement, et donc à la Bina Swadaya, de se rallier au Pancasila[20], idéologie d'Etat visant à édifier le consensus national. Le non-respect, dans les faits ou les idées, de cette idéologie officielle entraîne bien sûr et inévitablement la dissolution de l'organisation contrevenante.

En *Thaïlande*, à la différence du MOC et de la Bina Swadaya qui ont opté pour un statut laïque, le Conseil catholique de Thaïlande pour le Développement (CCTD) est formellement lié à l'Eglise catholique. La Conférence épiscopale l'a créé en 1970, pour être l'une des commissions de son Bureau des questions sociales. Le CCTD est l'organisation qui coiffe toutes les institutions catholiques opérant dans le domaine de l'aide sociale et du développement. Ce sont les recommandations de Vatican II (1962-1965) qui ont incité les organisations relevant de l'Eglise à se soucier davantage des questions de développement, au début des années soixante.
A cette époque, on a surtout mis l'accent sur la création, dans le domaine économique, de "caisses populaires"[21], un type particulier de coopérative d'épargne et de crédit.
Dix Centres Diocésains d'Action Sociale (CDAS) furent créés au cours des années soixante-dix, et deux d'entre eux, le CDAS de Ubon et le CDAS de Chiengmai, ont pris part à notre étude.

[20] Les cinq piliers du Pancasila , sont, en synthétisant, le monothéisme; la compassion; l'unité indonésienne; la démocratie; la justice sociale. Dans la pratique, une grande liberté d'interprétation de ces principes est autorisée, aussi longtemps que les activités de développement ne vont pas à l'encontre de la politique officielle du gouvernement.

[21] En anglais "Credit Unions" dont l'équivalent, dans les pays d'expression française peut également répondre à l'appellation "Banques Populaires" "Caisses rurales d'épargne et de crédit", etc..

Le Rapport d'enquête thaïlandais retrace comment la politique et les perspectives de ces deux CDAS sont progressivement passées, année après année, d'une attitude paternaliste à un style d'intervention plus participatif, et d'une perspective étroitement économique à une vision plus globale (holistic) du développement.

A l'origine, la plupart des groupements se sont constitués pour "recevoir" l'assistance du CDAS. Elles s'adressaient surtout aux groupes catholiques minoritaires. Mais avec les années quatre-vingt, les méthodes de travail ont subi une transformation radicale, et nous y reviendrons plus loin en détail.

Les objectifs des IAAD

Dans les trois pays, les quatre IAAD participantes sont engagées dans des opérations de développement à long terme, et se consacrent à l'appui à l'auto-développement, prioritairement au bénéfice des catégories économiquement les plus faibles de la population.

La comparaison des objectifs *déclarés* de ces IAAD ne fait ressortir aucune différence sensible dans les orientations choisies. La comparaison des objectifs *implicites* à long terme est beaucoup plus révélatrice et met en lumière les raisons qui justifient les voies suivies par chacune d'entre elles.

Au *Brésil*, les objectifs du MOC sont à dominante politique et visent à modifier les structures actuelles du pouvoir, moyennant diverses interventions qui ne relèvent pas directement de la politique des partis.

Une telle option ne saurait se concevoir dans le contexte indonésien et si elle se manifestait ouvertement, elle s'avérerait rapidement dangereuse dans la situation thaïlandaise.

Le MOC entend apporter sa pierre à l'édification d'une société plus "égalitaire". Il lui importe de remodeler en profondeur la structure actuelle de la société jugée injuste. Par conséquent, le MOC donne son appui aux forces progressistes qui militent au sein des syndicats agricoles ("Sindicatos").

Récemment, il a accentué ses efforts pour promouvoir des activités productrices conduites par des groupements d'auto-développement; il considère, en effet, que les activités à caractère économique et les actions à caractère politique se renforcent mutuellement.

Le MOC n'a jamais envisagé de se lancer dans des opérations commerciales pour accroître ses propres revenus. Il ne se soucie pas d'amener sa propre organisation à l'autonomie financière. Mais il s'efforce de promouvoir l'autonomie économique de la population à laquelle il s'intéresse; et cet effort concerne également les organisations issues de cette population, telle que l'APAEB (l'Association des petits producteurs de l'Etat de Bahia) et autres groupements affiliés.

De ce point de vue, sa politique diffère sensiblement de celle de la Bina Swadaya, en Indonésie.

En *Indonésie*, et vivement encouragée dans ce sens, par l'une des principales organisations d'aide allemandes qui la finance, la Bina Swadaya a dynamisé ses propres capacités d'auto-financement au point d'être aujourd'hui financièrement autonome. A l'exception de son département d'intervention sur le terrain, le PUSBINUB, tous les "Centres" spécialisés de la Bina Swadaya (Département pour la formation, pour les activités de transformation, pour la recherche) parviennent à plus ou moins s'auto-financer.

En *Thaïlande*, l'objectif de développement des deux CDAS ne se limite pas seulement à promouvoir le développement économique comme une fin en soi, il vise à affermir un système de valeurs.

Dans cette démarche, les activités productrices sont considérées comme des opérations susceptibles de fournir une aide dans le sens recherché. Mais il arrive aussi qu'elles se révèlent parfois contre-productives, à l'aune des valeurs qui sous-tendent le fonctionnement de l'organisation considérée et qui guident sa progression.
Une activité productrice peut être, en effet, potentiellement rentable, mais n'avoir d'autre effet, dans le domaine culturel, que d'engendrer l'envie, l'individualisme, et un état d'esprit consumériste chez les participants. Dans les cas de ce genre, les CDAS refusent d'apporter leur appui.

Au chapitre 9, nous observerons que cette attitude n'est pas sans conséquences importantes pour le type d'activités productrices qui reçoivent l'appui des CDAS. Elle affecte en outre les règles et règlements qui en gouvernent le fonctionnement.

Population-cible et zones d'intervention

Au MOC, la population visée par son programme rural, est constituée de petits paysans et de leurs familles. Ces paysans cultivent des lopins de terre, qui peuvent même s'avérer exigus, et de toutes manières aux dimensions trop insuffisantes et de qualité trop impropre pour leur permettre de nourrir leur famille et produire complémentairement les revenus monétaires indispensables.
Le MOC cible son action sur les plus pauvres, soit 85% de la population rurale (la limite supérieure se situant à l'exploitation de 20 hectares de terre en culture *sèche*).

Les membres de l'IAAD qui reçoit l'appui du MOC appartiennent à la majorité pauvre, et cependant, comme le souligne son rapport, le MOC n'a pas encore réussi à mettre en oeuvre un système suffisamment efficace pour parvenir jusqu'aux "plus pauvres parmi les pauvres", dont la plupart n'ont aucune terre à cultiver.

Actuellement, le rayon d'action du MOC couvre quatorze "municipios" (districts), et s'adresse à une centaine de "comunidades" (groupements villageois). Ce qui revient à dire que, dans chacun des quatorze districts, le MOC ne touche qu'une faible partie des villages existants.

Pour *la Bina Swadaya*, la population-cible déclarée est celle que constituent les ruraux pauvres, mais, en fait, les membres des UB sont issus de l'éventail complet de la population rurale, y compris enseignants, petits entrepreneurs, main d'oeuvre masculine et féminine spécialisée ou non, petits pêcheurs, etc..

Les quelques 450 groupements UB sont disséminés sur toute l'ile de Java et dans le sud de Sumatra. Sept d'entre eux sont fixés dans le district de Gunung Kidul où s'est déroulée notre étude.

Quant aux zones d'intervention des *CDAS de Chiengmai et de Ubon* en Thaïlande elles sont immenses, chacune comprenant six provinces ("Changwat"). Le CDAS de Chiengmai appuie 120 projets touchant 89 villages, et le CDAS de Ubon 147 projets dans 40 villages, et par village, chaque projet intéresse, environ, une trentaine de ménages. Les distances sont très grandes d'un village à l'autre. La couverture des groupements étudiés en Thaïlande est, elle aussi, estimée à moins de 0,5% de la population rurale.

Le CDAS de Chiengmai, au nord de la Thaïlande, s'adresse, lui, à deux populations-cibles distinctes : les tribus des collines, économiquement arriérées et mal intégrées dans la société thaïlandaise, et les ruraux pauvres des communautés villageoises d'ethnies thaïlandaises.

L'étude que nous présentons s'est attachée à la seconde catégorie de manière à disposer d'éléments de comparaison avec les méthodes de travail de l'autre IAAD thaïlandaise, le CDAS de Ubon.

Ces deux CDAS ont délibérément renoncé à réserver l'exclusivité de leurs interventions aux villages et groupements chrétiens.

Toutefois, cette politique se heurte à une certaine défiance de la part des fondamentalistes Bouddhistes -minorité du haut clergé Bouddhiste-; ils semblent redouter, avec cette attitude plus libérale, une modification dans la stratégie missionnaire chrétienne.

La structure organisationnelle

Parmi les IAAD participantes, le MOC présente les structures les plus simples. Il s'agit d'un groupe de 23 personnes, dont 11 ont reçu une formation classique.

Le MOC a établi son quartier général à Feira de Santana et dispose d'une petite succursale à 70 Km de là, située à Serrinha, zone choisie pour notre travail de recherche. La répartition des responsabilités entre les membres du personnel a été conçue de manière à éviter l'habituelle dichotomie entre les gens de terrain et le personnel administratif.

Les deux CDAS thaïlandais pratiquent également, mais de façon implicite, le principe prôné par le MOC de ne pas spécialiser son personnel selon la dichotomie entre tâches de terrains et des travaux administratifs.

Beaucoup plus considérable, la Bina Swadaya indonésienne emploie près de 200 personnes et sa structure est infiniment plus complexe. Son fonctionnement est celui d'une fédération de "centres" spécialisés semi-autonomes. Au rythme des années, chacun d'eux a mis en place toute une gamme d'activités génératrices de revenus propres, c'est ainsi que : le "Centre d'éducation et de formation" (Pusdiklat) perçoit des droits pour la participation aux cours qu'il propose; le "Centre de services à la production et à la commercialisation" (Pusprosar) s'est engagé dans différents projets et entreprises, tels qu'un abattoir et une unité de décorticage des crevettes; le "Centre de Recherche et de Développement" (Puslitbang) effectue pour des tiers des études qu'il facture en tant que bureau de consultants; et enfin, le "Centre des publications" (Pusbitan) diffuse la revue agricole indonésienne la plus prestigieuse "Trubus" (à l'intention des lecteurs de la classe moyenne), ainsi qu'une série de petits manuels sur les techniques en agriculture.

Un Centre, nouvellement créé, le "Centre pour la formation de capitaux solidaires" (Pusdaya), gérera, au niveau national, les programmes d'épargne et de crédit pour le compte des groupements UB affiliés. Il est prévu que ce centre devra, lui aussi, s'auto-financer.

Seules les activités du "Centre pour le développement des pré-coopératives", PUSBINUB, intéressent notre étude. Six personnes, au siège de Djakarta, animent ce Centre dont les 18 agents de terrain sont disséminés sur toute l'ile de Java et sur la région sud de Sumatra. La plupart d'entre eux travaillent sous le contrôle direct du bureau central. PUSBINUB dispose d'un bureau annexe à Yogyakarta. C'est ce bureau qui a collaboré à notre recherche.

Son personnel se compose de quatre employés, un "expert expatrié", et un coordinateur. La nature des activités que conduit ce Centre ne se prête guère à la production de revenus, aussi PUSBINUB a-t-il beaucoup moins contribué que les autres centres spécialisés à l'extension de la Bina Swadaya, au cours des dix dernières années.

En Thaïlande, le CCDT fédère 35 organisations catholiques. Parmi celles-ci, figurent dix Centres Diocésains d'Action Sociale (CDAS), créés dans dix diocèses thaïlandais. Leur structure fonctionne en parallèle avec celle de l'Eglise catholique. La décision de prendre, ou de ne pas prendre, part à la recherche que nous proposions fut assumée par les directeurs des deux CDAS participants, non sans avoir consulté leur personnel avant d'en prendre la responsabilité.

La procédure choisie illustre le degré d'autonomie dont ils jouissent. Les CDAS travaillent avec un personnel restreint : un prêtre-directeur et trois laïcs, agents de terrain, ayant un niveau de formation collégial. Chaque agent couvre entre 15 et 30 villages, sensiblement le même nombre que leurs homologues de la Bina Swadaya assistent de groupements UB.

Toutefois, les agents de l'IAAD thaïlandaise occupent une position différente dans la hiérarchie de l'organisation. Les agents thaïlandais, surtout ceux du diocèse de Chiengmai, ont davantage voix au chapitre que leurs collègues indonésiens, lorsqu'il s'agit de déterminer les choix politiques de l'organisation.

Mais cela ne diminue en rien le fait que, grâce à son système de sessions annuelles d'évaluation, PUSBINUB procède, en politique organisationnelle, à une détermination des ses orientations infiniment plus démocratique que les autres ONG indonésiennes.

Selon les membres de l'équipe de recherche-action du MOC eux-mêmes, le système d'auto-gestion adopté par le CDAS de Chiengmai est idéal, mais ils ne voient pas comment on pourrait le mettre en oeuvre dans le contexte brésilien où les comportements liés à la verticalité de l'autorité semblent très fortement ancrés.

Dans une organisation, une autorité verticale se reflète symétriquement dans la verticalité des méthodes de travail à la base. Pour autant, un des postulats majeurs pour le fonctionnement des IAAD ne serait-il pas que les agents de terrains soient parties prenantes et co-déterminantes dans les choix de politique interne.

Les fonctions du développement

Ces fonctions peuvent s'observer de plusieurs points de vue : secteurs d'activités; rôles joués par les IAAD; instruments spécifiques utilisés par les IAAD pour mener à bien leurs interventions d'appui au développement.
Ces instruments seront examinés en détail au chapitre 8. Nous allons d'abord considérer les secteurs et les rôles.

Le MOC, au Brésil

Le travail promotionnel du MOC, en zone rurale, revêt quatre dimensions essentielles :

- diffusion de techniques agricoles écologiquement éprouvées;
- encouragement aux activités productrices, à travers l'APAEB et les groupements affiliés;
- appui aux forces progressistes, au sein des syndicats agricoles ("Sindicatos");
- soins de santé et promotion des remèdes naturels.

Ces activités sont perçues comme se confortant mutuellement. L'APAEB est donc considérée comme le pilier économique d'un mouvement à caractère politique. Le rôle du MOC, en appui au mouvement syndical, s'avère double : organiser des sessions de formation pour ses responsables; demeurer constamment disponible pour les conseiller, chaque fois que le besoin s'en fait sentir. Malgré quelques expériences plus anciennes, c'est seulement à partir de 1978, que le MOC s'est véritablement engagé résolument dans l'appui aux activités productrices (projets).

Dans son rapport annuel (1985), le MOC y insiste, il ne conduit aucun projet productif pour son propre compte. Par contre, il marque son très ferme engagement d'appuyer les projets de l'APAEB et des autres groupements. Nous étudierons, au chapitre 7, les activités productrices de l'APAEB. Les plus importantes se réfèrent à la transformation et au stockage des productions alimentaires de base, et à la gestion des comptoirs de vente au consommateur (magasins coopératifs).

La Bina Swadaya, en Indonésie

Nous l'avons déjà dit, la Bina Swadaya a ramifié et diversifié ses activités en un large éventail grâce à ses différents "centres spécialisés". Les activités de son département pour les interventions sur le terrain (PUSBINUB) -sur lesquelles porte notre étude- se limitent à ces deux fonctions de développement étroitement liées :

- fournir aux groupements ruraux d'auto-développement, appelés UB[22], des outils simplifiés pour la gestion de leurs opérations d'épargne et de crédit.

- assurer aux UB la disponibilité de fonds complémentaires, à partir d'un "Fonds de solidarité" dont la gestion est centralisée.

Ce fond se rapporte à un programme de crédit qui a été lancé en 1976 sous l'appellation KSK.
Pour la période courant de janvier à décembre 1985, les crédits ont porté sur 87 millions de Rps (77.000 $US) et furent répartis sur 58 groupements UB. Le taux de remboursement des crédits est élevé : 98% ! Chaque année le montant des crédits peut être augmenté grâce à un soutien conséquent de la part des donateurs.

Depuis deux ans, la BS encourage certains de ses groupements à ouvrir des filiales pour s'engager dans des activités productrices : production agricole et/ou transformation des produits du sol; artisanat; distribution. L'idée consiste à faire entreprendre ces activités par les *groupements*.
Cependant un des projets récemment lancés dans la région de Yogyakarta se fonde sur une stratégie différente. Cette initiative, qui reçoit l'appui d'une Fondation allemande KAS[23], envisage de proposer des crédits d'investissement à des entrepreneurs *individuels* qui utiliseront le groupement UB comme intermédiaire pour les transferts monétaires.

Les CDAS en Thaïlande

Au nord de la Thaïlande, le CDAS de Chengmai, comme le MOC au Brésil, manifeste un intérêt particulier pour la mise au point d'un modèle d'agriculture alternative de type organique. Les raisons qui inspirent cette démarche sont de trois ordres :

- préoccupations écologiques;

- avantage économique puisque les intrants agricoles sont moins onéreux;

- plus grande autonomie des agriculteurs, voire une totale indépendance, par rapport aux fournisseurs extérieurs en engrais et pesticides, ainsi que vis-à-vis des sociétés de crédit dont ils n'ont plus besoin.

Une conception philosophique soustend cette attitude : conviction que la vocation de l'homme n'est pas de conquérir la nature pour la dominer, mais de restituer à la nature ce que cette dernière lui apporte. Il faut respecter le "Kwan", c'est à dire l'esprit, présent en toute chose. Un comportement vis-à-vis de la nature, qui se limiterait à son exploitation, ne dégraderait pas seulement la nature mais également l'âme humaine.

[22] UB = Usaha Bersama, c'est-à-dire "efforts conjugués".

[23] KAS = Konrad Adenauer Stiftung (Fondation)

La seconde IAAD thaïlandaise, le CDAS de Ubon, au nord-est de la Thaïlande, avec son programme de répartition des engrais chimiques, poursuit une orientation assez différente. Il partage, avec le CDAS de Chiengmai, le souci de renforcer le statut économique du village, en créant des banques du riz, banques du buffle et groupements d'épargne et de crédit.

La philosophie qui l'inspire est cependant quelque peu teintée politiquement, et se révèle moins enracinée dans la sagesse traditionnelle thaïlandaise.

Ambiguïté des rapports avec les autres institutions (OG et ONG de développement)

Dans l'ensemble, les ONG locales l'admettent volontiers : elles auraient tout avantage à resserrer les liens de coopération entre elles, ainsi qu'avec les agences gouvernementales, et cela, pas uniquement pour le principe, mais aussi pour des raisons pragmatiques (voir encore Nighat Said Khan et Kamla Bhasin, 1986). Les pouvoirs publics reconnaissent également la "complémentarité" éventuelle entre les organisations gouvernementales et non-gouvernementales.

L'analyse démontre pourtant que, de facto, la collaboration inter-ONG est très limitée et que leurs échanges sont marqués par des idéologies parfois inconciliables, des objectifs souvent discordants et des conflits de personnes. Les rapports des ONG avec les organismes gouvernementaux demeurent encore très problématiques en dépit d'efforts croissants pour rapprocher les deux secteurs: le gouvernemental et le non-gouvernemental.

Au *Brésil*, le MOC a amélioré sa collaboration avec les institutions gouvernementales, ou sous contrôle du gouvernement. Il prête même son assistance aux groupements qui cherchent à accéder aux fonds de développement gérés par ces institutions. Refuser l'argent du gouvernement dans la crainte qu'il ne vous corrompe est un axiome aujourd'hui assez dépassé pour avoir de moins en moins cours en les milieux ONG.

En dehors de sa collaboration intensive avec certains syndicats agricoles et avec l'APAEB, le MOC traite avec six "organismes d'appui", dont l'un est une ONG authentique (SIM) d'origine protestante, *alors que les cinq autres sont plus ou moins contrôlés par l'Etat*. La plus importante est la "Legião Brasileira de Assistencia, fondée il y a quarante ans par le Président Vargas. Cette organisation dispose d'un budget annuel de 220 millions de $ US.

Pour qui connaît bien les arcanes de la bureaucratie brésilienne, il existe de nombreuses possibilités d'obtenir crédits d'investissement ou subventions à des fins de développement. Le MOC se considère comme doublement responsable: non seulement pour faciliter aux organisations d'auto-développement l'accès à ces sources de financement; mais aussi pour les mettre en garde contre les risques de récupération et de manipulation politiques si de tels risques sont encourus du fait de ces sources et de leur fonctionnement sous le contrôle de l'Etat.

Le *Rapport indonésien* fait état de six autres ONG intervenant dans la Province Spéciale de Yogyakarta, dont certaines ont atteint une grande ampleur (comme Foster Parents et Dian Desa), tandis que d'autres ont une portée très limitée. La description qu'il en propose laisse l'impression que ces ONG subissent fortement la mainmise de leur "direction", ne sont guère au courant de leurs activités respectives, et ne collaborent qu'exceptionnellement entre elles ou avec les organismes gouvernementaux.

D'ailleurs, toute relation avec un organisme gouvernemental requiert l'approbation préalable "de Djakarta", et on en est bien loin. De façon informelle, toutefois, les agents de terrain des différentes organisations (gouvernementales ou non-gouvernementales) se retrouvent au niveau du village "sur le terrain" et, parfois, travaillent ensemble.

Certains des groupements qui reçoivent l'appui de la Bina Swadaya n'ont pas été initialement constitués comme groupements UB, mais résultent d'une promotion gouvernementale antérieure. C'est le cas des groupements d'agriculteurs soutenus par le Ministère de l'Agriculture, ou des PKK, qui sont des groupements de femmes placés sous le contrôle du Ministère de l'Intérieur, et bien d'autres.

Ce sont de bons exemples de la complémentarité des rôles qui bénéficie même d'une reconnaissance légale au niveau de Djakarta, dans le cas des groupements de planning familial.

Depuis le coup d'état manqué de 1965, et les événements subséquents, les villageois indonésiens se montrent très réticents et subordonnent leur engagement dans des activités de groupements à l'autorisation formellement reçue des autorités officielles.

Fait révélateur : le qualificatif "non-gouvernemental" n'a pas de reconnaissance officielle en Indonésie, pour le motif qu'il véhiculerait implicitement une attitude anti-gouvernementale.

Les ONG portent donc l'étiquette de LPSM, c'est-à-dire Lembaga Pengembangan Swadaya Masyarakat = Organisation pour l'appui à s'auto-développer ("self-help") et à se prendre en charge ("self reliance").

Dans un article diffusé en 1983, Emil Salim, Ministre d'Etat pour la population et l'environnement, exprime clairement la politique et l'attitude officielles du gouvernement indonésien à l'encontre des ONG : "Pour autant que les divergences se limitent à des questions de mise en place, alors les LPSM jouissent d'un droit d'exister qui leur est garanti. Mais, que les divergences... portent sur des désaccords en matière d'idéologie ou par rapport aux objectifs nationaux, il va de soi que de telles divergences avec le gouvernement ne sauraient être tolérées" (p. 71).

En *Thaïlande*, le coup d'état de 1976 a provoqué l'effondrement des ONG de développement, ne laissant plus intervenir que les organisations caritatives et de bienfaisance. Mais à partir de 1979, les conditions ont évolué, de sorte que le secteur ONG a pris un rapide essor. D'une poignée d'ONG à option de développement en activité vers le milieu des années soixante-dix, on en dénombrait près de 200 à la fin de décembre 1985 (CENDHRRA, 1985).

Les jeunes ONG, en particulier, se révèlent plus disposées à jouer un rôle incitatif qu'à entreprendre des projets et se montrent davantage préoccupées par les méthodes.

Pour les deux CDAS qui ont participé à notre recherche-action, nous avons observé une évolution dans une direction assez semblable. Les relations existant entre les CDAS et les ONG qui n'ont aucun lien avec l'Eglise catholique se sont limitées à des échanges d'informations et d'expériences au niveau national[24].

Exactement comme dans les deux autres pays, on reconnaît également la nécessité de coordonner l'action et de regrouper les ressources, etc.. mais cette prise de conscience ne se traduit que très rarement dans les faits et sur le terrain. Les relations actuelles des ONG de développement avec le gouvernement thaïlandais sont tributaires d'une évolution qui peut survenir rapidement.

En 1985, une recommandation gouvernementale les a fortement incitées à définir des plateformes communes, aux niveaux tant national que régional (nord, nord-est, centre et sud de la Thaïlande), afin d'organiser, sur une base cohérente, les relations avec l'Office national pour le développement économique et social (NESDB). Ce NESDB est un organe gouvernemental destiné à superviser la mise en oeuvre du plan quinquennal de développement (1987-1991).

Un effort d'intégration de cette importance, au niveau le plus élevé, pourrait éventuellement déboucher sur une plus grande concertation aux échelons les plus bas. Toutefois, les ONG ne cachent pas leur crainte que le gouvernement n'entende par là s'ingérer dans leur autonomie d'action.

Le rapport thaïlandais fait plusieurs fois référence à l'ambiguïté des sentiments et des comportements de part et d'autre. Les structures gouvernementales se méfient des sympathies gauchisantes du personnel dans certaines ONG (cf, par exemple, Tongsawate et Tips, 1985), mais elles souhaitent, en même temps, pouvoir se targuer de leur avis favorable à la mise en oeuvre de leurs programmes de développement. Les deux CDAS se sont heurté au problème de voir leur personnel étiqueté comme "agents du communisme".

En invitant les représentants des autorités comme observateurs à leurs réunions pour juger par eux-mêmes des activités de développement local, les deux CDAS espèrent préparer la voie vers une meilleure compréhension de part et d'autre.

Observant la réussite des tentatives des ONG, les services administratifs se sont également lancés dans la promotion de banques du riz et banques du buffle, tandis-que la BAAC (Banque agricole et pour les coopératives agricoles) se montre très active dans la création de groupements pour le crédit dans les villages.

Comme nous le verrons au prochain chapitre, leurs styles d'intervention diffèrent profondément de celui des CDAS. Ces derniers ont opté pour une politique concentrant leurs efforts sur les villages les plus pauvres, que l'aide gouvernementale n'atteint pas, et ils entendent ne faire double emploi ni avec les efforts du gouvernement, ni avec ceux d'autres institutions.

[24] A compter de 1979, une organisation mixte, le Centre pour la Religion et le Développement, sert de point de rencontre pour ces échanges.

Pourtant, avec le nouveau Plan de Développement, les services gouvernementaux manifestent l'intention de faire bénéficier d'une assistance privilégiée les villages qu'ils avaient, jusqu'ici, négligés. Les perspectives d'actions de développement autonomes en seront réduites d'autant pour les deux CDAS, et ils se verront contraints de planifier davantage leurs interventions en réaction aux initiatives prises -ou omises- par les services gouvernementaux. La politique d'expansion dynamique de la BAAC, en particulier, se situe aux antipodes de la stratégie d'appui à l'auto-développement prônée par les deux CDAS.

Les contradictions du développement

Après avoir considéré l'histoire, les structures, les rôles et les réseaux de relation des IAAD de nos trois pays, voici maintenant quelques-unes des contradictions auxquelles ces IAAD se heurtent dans la définition de leurs choix politiques.

Les IAAD sont des organes intermédiaires et leur position les porte à rechercher l'intégration, chacune dans son propre pays, dans trois directions principales : *vers le bas*, avec les organisations de base (OAD), mais sans tomber dans le piège d'une intervention à sens unique de haut en bas; *latéralement*, avec les autres ONG locales; *vers le haut*, avec les organisations gouvernementales, sans le concours politique ou administratif desquelles elles ne pourraient être autorisées à travailler.

Lorsque ces organisations sont en outre liées à l'Eglise, comme c'est le cas pour les deux CDAS thaïlandais, nous pourrions ajouter une catégorie supplémentaire, en citant les organes administratifs religieux, telle que la conférence épiscopale, ou l'évêque lui même. A ces organisations situées dans le pays en développement, il convient d'ajouter les organismes de financement, qui ont leur siège en dehors du pays.

Chacune des pièces de ce puzzle protège ses propres intérêts et objectifs, et il faut constamment convaincre et rassurer les uns et les autres que l'IAAD maintient bien le cap sur des actions qui, tout en servant le bien général, restent conformes aux intérêts spécifiques de chaque partie concernée.

Si l'IAAD/ONG locale échoue dans cet exercice, elle encourt le risque de voir l'intérêt de la population-cible se relâcher, ou la bonne volonté des autres ONG à collaborer avec elle se refroidir; quant au gouvernement, aux organismes para-gouvernementaux, et aux agences étrangères de financement, ils peuvent décider de suspendre leur appui politique ou leur soutien financier.

Pour les IAAD qui ont participé à notre étude, cette situation suscite contraintes et dilemmes dont les conséquences affectent directement la nature et l'orientation de l'appui à l'auto-développement. Les multiples ONG opérant dans les pays les plus divers connaissent des situations comparables et en partagent les problèmes.

L'autonomie financière des IAAD

L'organisation indonésienne, Bina Swadaya, reçoit des subsides d'une grande variété d'organisations donatrices. Et l'un de ses principaux financeurs l'a vivement encouragée à rechercher son autonomie financière par des activités génératrices de revenus pour elle-même.

Cette IAAD s'est donc lancée dans toutes sortes d'initiatives à caractère économique -imprimerie, librairie, service de consultants proposés aux organisations gouvernementales ou internationales, commercialisation- toutes activités qui ne sont pas directement liées à son objectif premier : l'auto-développement des populations rurales pauvres.

Au sein de cette organisation, le département pour les interventions sur le terrain constitue un secteur qui génère des pertes parce qu'il n'est pas en mesure de couvrir ses charges à partir de revenus propres. La tendance est forte, dans ces circonstances, d'attribuer plus d'importance à la capacité d'une activité productrice à générer des revenus, qu'à sa cohérence avec les besoins du développement dans la population concernée.

Les IAAD du Brésil et de Thaïlande ne connaissent pas cette situation. Leurs activités propres produisent peu de revenus ou n'en produisent pas du tout et la survie de l'organisation est tributaire, financièrement, de donateurs étrangers.

On peut alors se poser la question de savoir s'il existe, pour l'IAAD locale, une voie moyenne idéale entre l'appui à l'auto-développement et l'option de ne dépendre que de soi-même. Notre étude n'avait pas pour objet de chercher la réponse à cette question qui met pourtant bien en relief la contradiction à laquelle les ONG locales se trouvent confrontées. Pour leur part, en règle générale, les ONG donatrices ne semblent pas préparées à en reconnaître toutes les implications.

La spécialisation fonctionnelle

La diversité des services requis par les ruraux pauvres et les situations d'urgence poussent les IAAD à s'engager dans toute une série d'activités, faisant obstacle à la spécialisation fonctionnelle et à l'acquisition de compétences de haut niveau dans quelque domaine que ce soit. Le MOC, au Brésil, en est un bon exemple par son implication simultanée dans des programmes politiques (syndicats agricoles), sanitaires, d'agriculture organique, et toute une gamme d'activités productrices.

S'il ne parvient pas à s'assurer le concours d'un personnel plus important et spécialisé, ou si, faisant appel à des consultants, il ne réussit pas à insuffler dans le processus des compétences venant d'ailleurs, il n'aura pas les moyens de fournir un appui de haut niveau dans les quatre secteurs d'activité énoncés plus haut, à la centaines de groupements qu'il dessert.

Les limites budgétaires ne sont pas la seule contrainte s'opposant à l'accroissement du personnel. Le personnel actuel du MOC est bien conscient que toute expansion à son niveau entraînerait bureaucratisation et hiérarchisation de l'organisation, qui, à terme, pourrait affecter leur engagement dans le travail de terrain.

Le cadre conceptuel exposé au chapitre 3 se fonde sur la conviction que, dans le domaine économique, aucune organisation ne peut, à elle seule, porter toute la responsabilité de l'appui à l'auto-développement. Si notre hypothèse se vérifie, le MOC serait alors particulièrement bien inspiré d'accentuer sa spécialisation dans un secteur d'intervention spécifique et de se mettre d'accord pour une répartition des tâches avec une ONG souscrivant à la même philosophie du développement et travaillant dans le même secteur géographique.

L'idée d'une spécialisation des rôles entre ONG et aussi entre, d'un côté les ONG, et de l'autre les offices gouvernementaux et les banques, peut apparaître séduisante, mais elle sous-entend une volonté de partager les responsabilités, une cohérence dans les objectifs ainsi qu'une capacité de collaboration inter-organisations qui, généralement, font défaut.

L'ONG locale se retrouve alors dans une situation où, pour être efficace, elle est contrainte d'établir ses priorités, face à l'insatisfaction d'une multitude de gens qui réclament simultanément ses services pour répondre à des besoins innombrables.

Concentration géographique

Les ONG locales couvrent habituellement un vaste secteur géographique et cet écartèlement provoque un nouveau dilemme, étroitement relié au précédent.

En Thaïlande, le rayon d'action traditionnel des CDAS englobe des villages catholiques éparpillés sur plusieurs provinces. La préférence que marque actuellement le personnel des CDAS pour intervenir en villages bouddhistes non concernés par les précédents programmes d'assistance accentue encore cet émiettement.

Par ailleurs les arguments solides sont nombreux pour soutenir l'hypothèse selon laquelle une concentration géographique améliorerait l'efficacité et la rentabilité du travail : les OAD performantes ne s'édifient pas en un jour, et avant qu'elles puissent exercer une influence effective sur les processus d'évolution socio-économique, un effort promotionnel dense et durable est nécessaire qui doit s'exercer sur un nombre de villages limité.

Lorsque les villages se trouvent éloignés les uns des autres, la collaboration inter-groupements ou inter-villageoise à des fins commerciales, ou encore la création d'unités commerciales du second degré, s'avèrent impossibles.

Chaque région ou district a ses problèmes spécifiques et ses rouages administratifs propres; aussi, la mise en place d'un système de services intégrés avec d'autres organisations gouvernementales ou non-gouvernementales est plus complexe et demande beaucoup plus de temps parce qu'il faut traiter avec plusieurs divisions administratives.

Les IAAD du Brésil et d'Indonésie se trouvent dans une situation tout à fait comparable (voir pp. 81-82). Toutes les considérations évoquées plaident en faveur d'une plus grande concentration géographique et d'un certain degré de spécialisation fonctionnelle, mais plusieurs facteurs internes viennent compliquer la concrétisation intégrale d'une telle politique.

Les membres des comités d'orientation et des conseils d'administration des IAAD ou d'organisations comme l'APAEB sont originaires de différents districts et provinces, et ils se sentiraient lésés ou exclus si leur région ou village n'étaient pas sélectionnés pour une opération intensive.

Il est vrai que les IAAD qui ont participé à notre étude ont déjà opté pour une politique concentrant leurs efforts sur les groupements existants, dans les villages et les districts où s'exercent présentement leurs interventions. Ils n'envisagent pas d'étendre le théâtre de leurs opérations. Pourtant, il semble qu'un élagage soit encore nécessaire, pour une promotion efficace des activités productrices et pour en garantir les effets durables.

Développement organique versus développement par projets

Nous avons évoqué plus haut (pp. 16-17), l'option de développement" organique" versus l'option de développement "par projet" : or cette alternative est la source d'un nouveau dilemme.

Le dynamisme et la compétence des ONG sont appréciés selon plusieurs critères : importance des fonds endogènes et exogènes qu'elles sont capables de mobiliser; nombre de projets qu'elles gèrent; effets mesurables dont elles peuvent faire état.

Ce mode de jugement pousse les ONG à se soucier davantage de la quantité que de la qualité, et à mener une politique que les chercheurs du MOC dénomment "tarefismo". Cette appellation stigmatise la mentalité de ceux qui "agissent pour agir"et tendent à entreprendre de nouvelles actions ("projets") sans avoir préalablement pris la peine d'évaluer les répercussions ni la validité des actions précédentes.

Tirant profit d'expériences antérieures, les CDAS thaïlandais ont renoncé à cette pratique, pour adopter une démarche axant leur priorité sur "la qualité pour que la quantité suive". La qualité, c'est-à-dire le processus par lequel les populations prendront progressivement conscience de leur situation et de leurs potentiels de développement; processus grâce auquel elles deviendront capables d'initiatives pour des actions productives ou autres. Cette démarche contraste radicalement avec le type "d'activisme pour le développement" que manifestent nombre d'ONG dans leur travail d'identification, de planification et de mise en oeuvre d'activités productrices.

Témoin l'exemple d'un autre CDAS qui n'a pas pris part à notre recherche: il a créé une laiterie, mis en place un programme de crédit et gère, très rentablement, un projet d'implantation rurale avec fermes d'élevage et d'embouche de bétail. Les "bénéficiaires" du projet se procurent l'alimentation du bétail auprès du CDAS, vendent au CDAS leur production et reçoivent de cette même organisation le crédit et les orientations.

La différence entre les deux démarches consiste en ce que, dans ce dernier exemple, le CDAS considère que sa fonction première est de concevoir et de gérer un système de service de livraison au bénéfice d'un "client", qui est le groupe-cible.

Les clients sont "intégrés" dans le système en position de receveurs. Leur participation se limite à refuser ou accepter le service proposé ; ils n'exercent aucun contrôle direct sur le système de prise de décision.

Cette démarche à caractère conventionnel est susceptible d'aspirer une masse substantielle d'assistance étrangère. Les résultats tangibles se mesurent en quantités de lait traitées, en crédits déboursés et en familles installées. Ces résultats concrets, aisément vérifiables, ne manquent pas de faire impression sur les visiteurs envoyés par des institutions locales ou internationales.

Ils génèrent des clients-bénéficiaires, dépendants et "reconnaissants", mais ce résultat n'a rien à voir avec l'appui à l'auto-développement. Car ils ne stimulent pas la créativité de la population ou sa capacité à assumer davantage des responsabilités, au delà des limites étroites de la ferme familiale.

Si des formes d'intervention plus directives peuvent se justifier dans des situations d'urgence, la recherche des conditions de la responsabilisation (self-reliance), par l'appui à l'auto-développement, est un processus qui demande beaucoup de temps.

Evolution des fonctions assumées par les IAAD

A les étudier de plus près, l'histoire et les méthodes d'intervention des IAAD sont révélatrices d'une évolution dans les perspectives et la conception de leur rôle. Celui-ci passe d'un "travail *pour* les populations à un travail *avec* les populations" (Rapport thaïlandais, p. 88). Elles manifestent un glissement progressif du rôle de dirigeant-acteur-"chargé-de-projet" et de "gestionnaire", vers celui d'incitateur, de tuteur et, parfois, d'avocat.

Ce constat s'applique à un degré moindre à la Bina Sawadaya indonésienne: à travers ses divers Centres spécialisés, elle se trouve engagée dans des projets d'une plus grande ampleur qui, par leur nature, leur complexité et leurs dimensions, excèdent les capacités d'action de groupements autonomes.

La différence entre les deux démarches, "l'apport de services" à l'ancienne, et la formule nouvelle "d'appui à l'auto-développement" est schématiquement illustrée par la figure 8, ci-dessous. Dans la pratique on constate souvent la coexistence des deux démarches simultanément.

Outre la différence de structure entre les deux schémas, on constate que les flèches symbolisant la dynamique d'auto-développement sont à double sens. Cette flèche à double sens illustre, pour la Thaïlande, l'idée de "réciprocité" entre les membres et leurs organisations, entre l'OAD et l'IAAD/ONG locale, et entre l'IAAD et l'organisme financeur étranger (ou local). Les partenaires s'influencent mutuellement, en bien ou en mal. Un changement négatif ou positif d'un côté a un écho de même signe de l'autre côté. "Promouvoir" devient "se mouvoir avec", pour le meilleur et pour le pire.

Par rapport à cette figure 8 où se situent les IAAD qui ont pris part à notre recherche-action ? Les deux CDAS thaïlandais sont passés de la démarche A à la démarche B. Le MOC a suivi la même évolution. Le Centre d'appui au développement des pré-coopératives de la Bina Swadaya (PUSBINUB) s'est situé à proximité de la démarche B dès l'origine, tandis-que les autres Centres spécialisés de la BS se cantonnaient dans la démarche A qui leur offre de meilleures perspectives d'autonomie (self-reliance) financière.

Figure 8 : *Deux démarches différentes dans l'appui à l'auto-développement d'activités productrices conduites par les ONG locales.*

Démarche A : L'offre de services

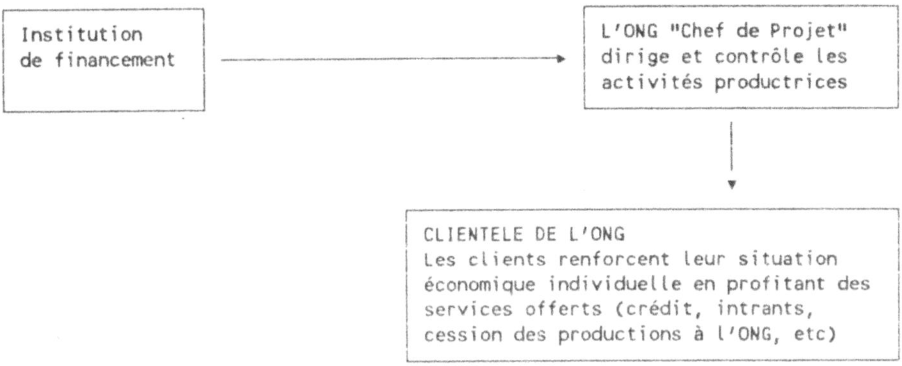

Démarche B : l'appui à l'auto-développement

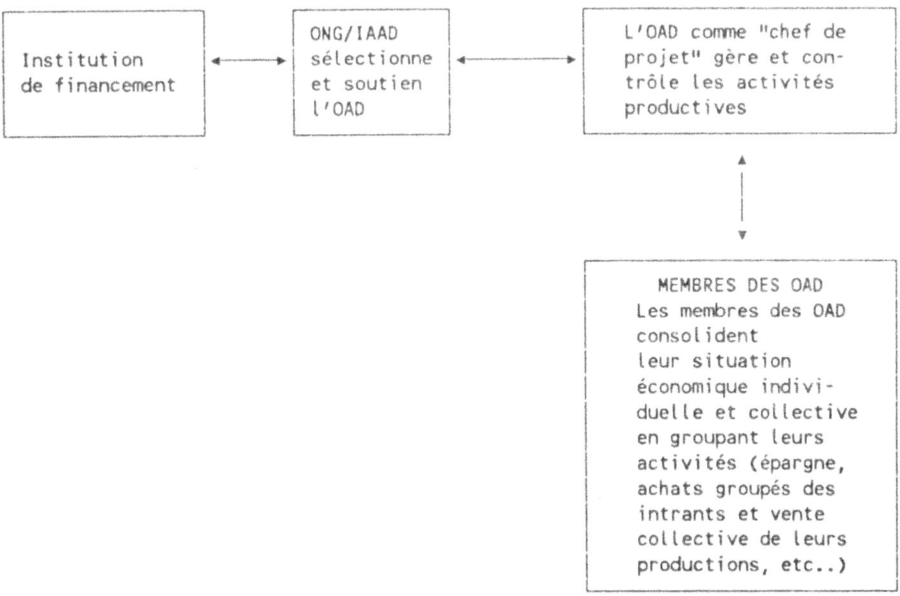

6 Les organisations d'auto-développement : activités productrices et résultats

Ce chapitre détaillera l'histoire, les objectifs, la structure et les activités des OAD recevant l'appui des IAAD (présentées au chapitre précédent), ainsi que les résultats enregistrés par ces OAD sur le plan organisationnel et dans le domaine du développement.

L'APAEB - au Brésil

Historique

L'APAEB (Association des petits agriculteurs de l'Etat de Bahia) est la principale organisation-cible établie par le MOC dans l'appui aux activités productrices.

L'appellation même du MOC, Mouvement pour l'organisation communautaire (Movimento de Organização Comunitaria), est quelque peu trompeuse, car ce qui relève effectivement du "mouvement" se trouve en réalité incarné dans l'APAEB et les groupements qui lui sont affiliés.

Le MOC, comme institution d'appui, est doté d'un statut distinct.

L'APAEB est le rejeton, en terrain économique, d'un mouvement politique qui plonge ses racines institutionnelles dans les groupes d'opposition actifs au sein des "Sindicatos", les syndicats agricoles.

Ces derniers sont supposés protéger les intérêts de tous les agriculteurs et des ouvriers agricoles relevant d'une circonscription administrative donnée ("Municipio"). Ces syndicats furent créés d'autorité par décret à la fin des années soixante et leur gestion fut confiée aux gros éleveurs (Fazendeiros).

Certains paysans et travailleurs agricoles sont toutefois parvenus à faire élire leurs représentants au Comité exécutif du syndicat.

A l'origine, l'APAEB est un mouvement politique de petits agriculteurs ayant pris conscience de l'urgence : celle d'une action coordonnée à l'échelon régional pour défendre leurs intérêts contre les décisions arbitraires du gouvernement.

La réglementation de la taxe sur la valeur ajoutée (TVA) pénalisait, en particulier, les petits paysans, incapables de remplir les formulaires administratifs compliqués. Harcelés par la police, ils se voyaient encore écrasés par des amendes qui leur faisaient perdre jusqu'à 40% de la valeur de leur production.

Vers 1979, les dirigeants des groupements de différentes "comunidades" et "municipios" décidèrent d'entreprendre une action coopérative pour le stockage et la vente de leurs produits. Ils espéraient alléger ainsi le poids de la TVA, en ne la payant que sur la valeur ajoutée réelle. Mais une étude attentive de la législation sur les coopératives incita le MOC à leur faire adopter, de préférence, le statut d'association qui leur éviterait le risque d'une intervention gouvernementale.

Dans l'intervalle, le gouvernement votait l'exemption de la TVA pour les petits paysans, mais les responsables décidèrent néanmoins de maintenir leur action.

Ils installèrent plusieurs "relais de vente" où les adhérents pouvaient stocker et vendre leur production, et se procurer les biens de consommation et les intrants agricoles dont ils avaient besoin. Les groupements les plus dynamiques se lancèrent en outre dans la transformation du manioc et du sisal.

A Subaé, le "relai de vente" (Posto de venda = magasin coopératif) fut ouvert en 1983. Le "mutirão", association traditionnelle d'entraide villageoise, en monta les murs. Le moulin pour le manioc (casa de farinha) ne commença de tourner qu'en 1985.

A l'occasion d'un des ateliers d'évaluation, alors que la discussion portait sur la croissance rapide des activités productrices, certains porte-parole de l'APAEB exprimèrent l'avis que celle-ci résultait, avant tout, de l'action inspirée par quelques responsables du MOC et qu'elle avait entraîné dans son sillage une croissance probablement trop rapide de l'APAEB elle-même.

"Il aurait mieux valu commencer avec des adhérents moins nombreux mais mieux préparés" (leur nombre est passé de 400 en 1980 à 800 en 1986).

Quelle que soit la justesse de cette analyse, il n'en reste pas moins que la création de l'APAEB en 1980 avait été préparée par cinq années de discussions à tous niveaux.

L'enthousiasme suscité par l'ouverture, à cette date, du premier "comptoir" de dépôt et vente s'était traduit par un accroissement très rapide des adhésions. Le ralentissement ne s'est manifesté que lorsque les adhérents constatèrent la réduction de l'écart entre les prix de l'APAEB et ceux des autres commerçants.

La fermeture du comptoir aurait porté un coup fatal au secteur associatif naissant dans la région de Feira de Santana. Aussi ses responsables préférèrent-ils élargir la base des activités productrices de l'APAEB en développant la transformation, le stockage et la commercialisation des productions alimentaires des adhérents.

La croissance du sociétariat reprit alors sa courbe ascendante pour atteindre le niveau actuellement atteint.

Dans le diocèse de Feira de Santana, l'Eglise catholique n'a pas joué le rôle d'appui moral qu'on lui connaît ailleurs; les divergences d'opinion sur la meilleure stratégie susceptible d'améliorer la société ont même débouché sur un conflit ouvert entre d'un côté la "pastorale rurale" et de l'autre le MOC et l'APAEB. Les relations sont aujourd'hui moins tendues.

Les objectifs de l'APAEB

Comme précédemment pour les IAAD, nous distinguerons ici les objectifs formalisés des objectifs non-formalisés, et nous établirons une distinction complémentaire entre les objectifs généraux et ceux, plus spécifiques, qui se rattachent à une forme particulière d'activité productive.

Les objectifs formels sont multiples :

- Promouvoir des activités à caractère social, éducatif, ou culturel et l'entraide (mutirão), ainsi que la solidarité à tous les niveaux;

- Procurer une assistance financière et technique aux agriculteurs adhérents pour amener une transformation[25] des pratiques culturales et une meilleure productivité;

- Protéger les intérêts économiques des adhérents en facilitant les conditions de stockage communautaire, de transformation et de vente de leurs produits, ainsi que l'acquisition collective des biens de consommation de base et des intrants agricoles (qui sont redistribués aux adhérents au prix coûtant).

Les objectifs non formalisés de l'APAEB sont complémentaires des précédents, mais de caractère plus politique. Il s'agit de provoquer dans la population rurale une "conscientisation" de ses droits et de l'aider à les faire respecter localement (particulièrement pour ce qui touche à la réforme agraire); de conforter la capacité de revendication du sociétariat vis-à-vis des offices publics ou semi-publiques (accès au crédit et aux semences, etc.); de soutenir les efforts que multiplient petits paysans et ouvriers agricoles pour obtenir, au niveau des syndicats agricoles, le contrôle de la gestion et des activités.

L'exemple du village de Subaé, offre une illustration concrète des activités d'appui aux opérations productives de l'APAEB. Le comptoir de vente de Subaé a pour objet principal d'offrir aux adhérents, la possibilité de se procurer les produits et l'outillage au même prix que dans la ville voisine de Serrinha, afin de lutter contre l'inflation rampante et ses effets pervers.

Subaé possède un entrepôt et un comptoir de commercialisation qui permettent de tirer parti de la fluctuation des tarifs et de payer un prix satisfaisant au producteur, pour son maïs, sa farine de manioc ou ses fèves. Le groupement de Subaé gère aussi un moulin à manioc (Casa de farinha). Il cultive un jardin collectif (Horta Comunitaria) pour les productions maraîchères et horticoles, naguère champ collectif (Roça Comunitaria). C'est une manière de mettre un lopin de terre à la disposition de ceux qui en sont privé. Il sert aussi de terrain d'expérimentation pour "l'agriculture organique". Le revenu produit est affecté à d'autres activités.

Structure et sociétariat de l'APAEB

Coopérative multifonctionnelle

L'APAEB, association, fonctionne de facto comme une coopérative régionale à buts multiples, disposant d'une centrale commerciale et de succursales dans six petites villes du districts (municipios) et dans deux villages (comunidades) dont Subaé.

[25] Le terme "modernização" (modernisation) apparaît dans les documents rédigés antérieurement, là où aujourd'hui le terme "modificação" (transformation) est employé. Cette évolution dans la terminologie n'est pas sans signification

Elle a son siège administratif dans le même bâtiment que le MOC à Feira de Santana, la capitale régionale, mais la centrale commerciale, où se traitent les opérations grossistes, est situé à Serrinha, qui est mieux placé.

Statut juridique

Déclarée comme association privée, l'APAEB avec ses comptoirs de vente et ses unités de transformation, a un statut juridique ambigu. Comme "association privée" est-elle autorisée à faire des opérations commerciales ?

C'est une question d'interprétation des textes, mais l'APAEB se sent vulnérable dans le cas où ses opposants choisiraient de l'attaquer sur le plan légal.

Par ailleurs, les groupements de base croient que les comptoirs de vente qu'ils ont construits ainsi que les unités de transformation sont leur propriété collective, alors que légalement c'est l'APAEB qui en est propriétaire.

Structure formelle

L'APAEB recrute ses huit-cents adhérents dans six districts (municipios). Pratiquement, ils appartiennent tous à la catégorie pauvre de la population, celle dont la superficie d'exploitation est inférieure à 23 "tarefas" (dix hectares).

Les paysans sans terre y sont sous-représentés (10%) en comparaison des statistiques régionales (35%). D'après le Rapport brésilien (pp. 85-86), la situation du village enquêté présentait sensiblement les mêmes caractéristiques.

C'est que les paysans les plus pauvres, qu'ils possèdent peu ou pas de terre, ne voient pas les avantages, pour eux, de devenir membres de l'APAEB, puisqu'ils n'ont que peu ou pas de production à vendre, ni d'intrants agricoles à se procurer ; quant à l'accès au magasin, il est de toute façon ouvert à tous.

Pour devenir adhérent de l'APAEB, il faut cultiver soi-même la terre, comme paysans indépendant ou comme ouvrier agricole, mais n'avoir recours à aucune main d'oeuvre agricole permanente. Les gros exploitants ou les propriétaires d'exploitations de moyennes dimensions (de 20 à 100 hectares) ne peuvent y prétendre.

La figure 9, ci-après, ne reflète pas intégralement la complexité de cette la structure administrative. Jusqu'à la réforme récemment introduite, et si l'on s'en tient au rapport préparé par le Brésil (p. 49) la situation était caractérisée par un certain désordre et des déséquilibres perceptibles à tous les niveaux.

On a constaté que ces déséquilibres et que ce désordre trouvaient leur origine dans les situations suivantes :

(a) Au niveau de chaque dépôt-vente (posto de venda), on trouvait un conseil d'administration de six à dix personnes élues. Par ailleurs, quatre commissions restreintes et spécialisées, de trois à cinq personnes, s'occupaient respectivement du magasin de vente, de l'entrepôt, de l'unité de transformation et de l'animation à la base (éducation et motivation). En application des principes égalitaires que préconisait l'APAEB, ni le conseil d'administration, ni les commissions n'avaient de président.

Les responsabilités étaient équitablement réparties entre les membres du Conseil et des commissions. Un système de rotation entre conseil et commissions permettait à 20% des adhérents de prendre une responsabilité directe dans la gestion de l'organisation. Telle était du moins la situation de principe.

Dans la réalité, cette recherche d'une participation maximale du sociétariat débouchait sur une situation "où tout le monde étant responsable de tout, personne n'était responsable de rien".

Figure 9 : *Structure de l'APAEB au niveau central*

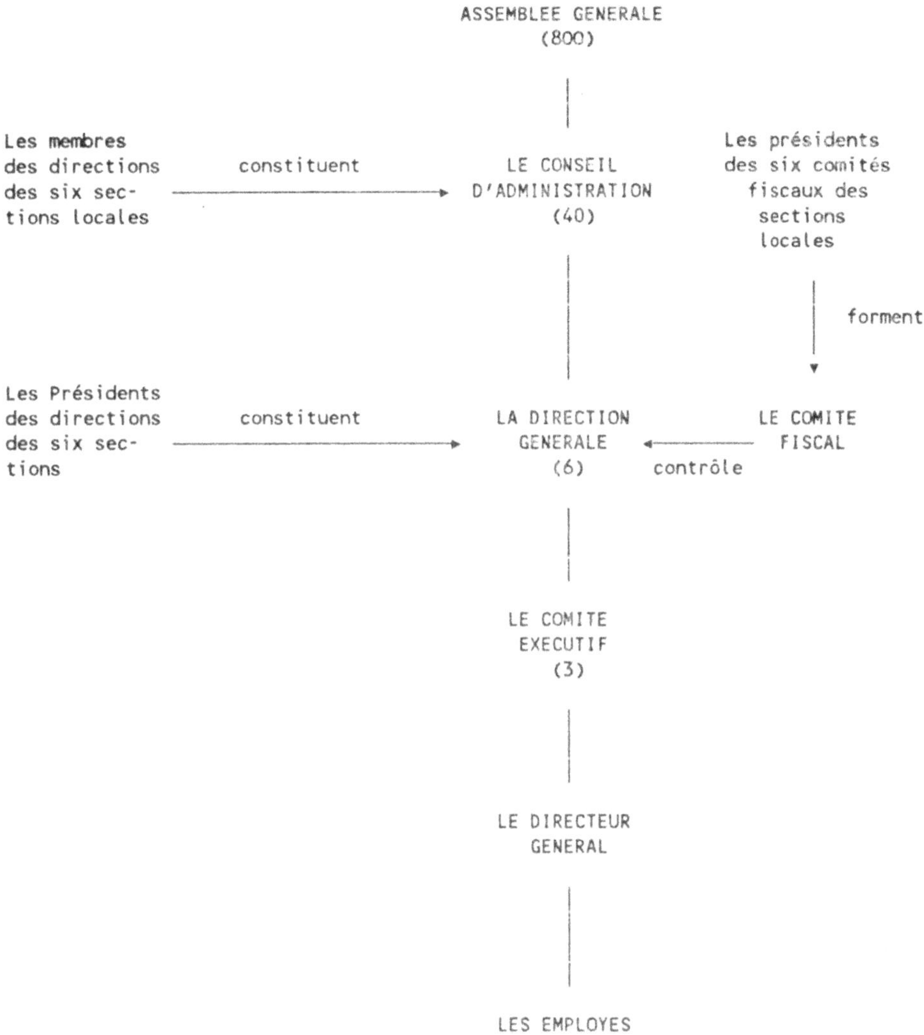

(b) Au niveau de l'organe central (APAEB), on trouvait un Comité exécutif de douze personnes, démocratiquement élues parmi les représentants des sections. Là encore, pour respecter le principe égalitaire, ce Comité n'avait pas de président. Il résultait de cette situation que le Directeur général ne recevait aucune directive de l'Exécutif, qui aurait dû orienter et contrôler son action. Au contraire, c'était lui qui, "animé des meilleures intentions, dirigeaient l'Exécutif et formait ses membres".

Comme il jouissait d'un niveau de formation supérieur, il jouait un rôle-clef. "S'il venait à partir, tout s'écroulerait" disaient les responsables de l'APAEB à l'occasion d'un des ateliers.

Une entreprise de la dimension de l'APAEB devait en effet recourir à des compétences de haut niveau pour sa gestion et son administration comptable, c'est à dire à des qualifications rares et onéreuses, introuvables dans le milieu de la petite paysannerie. Le MOC avait donc offert de détacher son chef de comptabilité auprès de cette association. Il répondait aux critères de qualification et voulait bien assumer les deux fonctions.

(c) La situation générale se trouvait encore compliquée par l'ambiguïté des relations qui s'étaient établies entre le centre (APAEB) et la périphérie (les sections locales). Le manque de clarté dans la répartition des rôles entre les "administrateurs" et les "administratifs" nourrissait cette ambiguïté. Loin de stimuler la participation, l'émiettement des responsabilités entre une multiplicité de commissions dé-responsabilisait les membres individuels qui n'étaient plus assidus aux réunions.

Notre travail de recherche a provoqué des discussions sur ces situations à tous les niveaux. Ce faisant, il a joué un rôle catalyseur ayant favorisé et accéléré le processus de changement indispensable. Le nombre des membres du Comité exécutif de l'APAEB a été ramené de douze à trois personnes. Il se réunit ainsi plus souvent et opère avec plus d'efficacité. Pour faire contre-poids au pouvoir excessif du Directeur général, l'un d'eux a été nommé président.

Au moment où s'achevait notre étude, d'autres modifications à caractère administratif, touchant au système électoral, étaient en cours au niveau des sections de l'APAEB (les dépôts-vente). Elles avaient pour objectif d'introduire une certaine hièrarchisation et une meilleure définition des responsabilités à répartir entre les diverses catégories de représentants et administrateurs élus.

La situation dans les villages enquêtés

En observant de près le village de Subaé, nous avons constaté que les activités de l'APAEB y sont sous le contrôle d'une seule grande famille : trois frères et l'épouse de l'un d'entre eux qui gère cette section (et son dépôt-vente). Cette section compte 83 adhérents. Parmi eux, 11 n'ont pas de terre à cultiver, et 13 appartiennent à la catégorie des exploitants disposant de 8 à 20 hectares à exploiter. La famille dominante appartient à cette dernière catégorie.

Un autre sous-groupe de 25 personnes, sous la même autorité familiale, gère le moulin à manioc (casa de farinha). Pour entrer dans ce groupe, il faut payer un droit sous la forme de 5 journées de travail au tarif minimum (environ 6 $US au total), ou fournir gratuitement cinq journées de travail. Il s'agit de compenser par ce droit d'entrée l'investissement initial de ceux qui ont construit le bâtiment selon les principes du "mutirão" (entraide traditionnelle).

Le pouvoir décisionnel se trouve donc monopolisé par une sorte de clan familial, qui semble jouir toutefois de la confiance totale de ceux qui les suivent.

Les activités de l'APAEB

On trouvera, ci-après, un aperçu général des principales activités conduites sous la bannière de l'APAEB.

Figure 10 : *Aperçu général des activités de l'APAEB et de leur localisation*

Localités	Activités					
	Centre administratif	Centre de distribution	Posto de venda: Comptoir Coop	Posto de venda: Entrepôt vente	Unités de transformation	Champ collectif
Feira de Santana (m)	X	X1	X	projeté		X
Serrinha (m)		X2	X	X	projet maïs	X
Subaé (c)			X	X	manioc	X
Ichù (m)			X	X	maïs	X
Valente (m)			X	X	sisal	
Araci (m)			X			X
Tanque Velho (c)			fermé		manioc	X

m = municipio (ville de district)
c = communidade (village)

1. magasin itinérant pour 10 groupements
2. centre de gros pour les comptoirs de vente

Les "comptoirs de vente" (magasins et dépôts coopératifs)

Depuis 1981, les ventes annuelles de l'APAEB ont augmenté en moyenne de 62,5%, en valeur réelle, pour atteindre un chiffre d'affaires de près de 2,5 millions de Crz (182.000 $US) en 1985. Les trois-quarts de ce chiffre sont assurés par une seule succursale, celle de Valente, les autres comptoirs ne produisant qu'un montant minime.

Ce sont les sections qui assurent la distribution des produits alimentaires, et en particulier celle de Valente, qui sont à l'origine de l'important développement du chiffre d'affaires. Elles proposent un vaste assortiment de 450 références en biens de consommation et intrants agricoles.

Les données disponibles ne permettent pas de distinguer les articles qui tournent le plus vite, mais on peut penser que la plupart occupent les rayons sans beaucoup ajouter au volume des ventes.

Les sections qui gèrent l'entreposage des productions offrent une capacité globale de stockage de 700 à 800 sacs (4 à 5 tonnes). Les paysans qui apportent la farine de maïs, de manioc, ou les fèves, sont payés au cours du jour.

Une petite partie de cette production peut être mise en vente dans les magasins de détail attenants aux dépôts, mais l'essentiel est conservé dans l'attente de la montée des cours, pour être vendu aux intermédiaires ou aux offices gouvernementaux.

Les unités de transformation

Le moulin à manioc (casa de farinha) de Subaé présente des dimensions moyennes, sa capacité de mouture quotidienne est de dix sacs de 60 kg chacun (soit onze à douze heures de fonctionnement). Un petit moulin traditionnel a une capacité moitié moindre; mais les grands moulins modernes, comme celui de Tanque Velho font trois fois mieux.

On constate à Tanque Velho deux goulots d'étranglement dans le circuit de mouture, le premier se situe au moment du rapage des racines de manioc avant la mouture et le second concerne le transport en aval et en amont du moulin.

Comme on le verra plus loin, le moulin de Subaé a le fonctionnement le plus économique des trois.

Faute de temps, les autres unités de transformation de l'APAEB, comme l'égrenage du maïs à Ichu, et le traitement du sisal à Valente (batadeira), n'ont pas fait l'objet d'une analyse détaillée.

D'une manière générale, tant les points de vente au détail que les entrepôts fonctionnent en deçà de leurs capacités par manque de fonds de roulement. Car les organismes de financement ou de crédit donnent la préférence aux subventions et crédits d'investissement plutôt qu'à la participation à des fonds d'intervention.

Les fonds de roulement se trouvent par ailleurs amputés du montant des ventes à crédit aux usagers.

Les champs collectifs

A Subaé, cette initiative, qui selon les villageois leur fut inspirée de l'extérieur (par le MOC), ne fut pas un succès. Le terrain choisi dut être abandonné, mais l'idée demeure. Le groupement a opté pour une production horticole collective et a reçu du MOC une petite subvention, une citerne et une pompe.

Comme le système d'irrigation ne fonctionne pas le projet est temporairement arrêté, dans l'attente des améliorations techniques.

On dit que la formule donne de meilleurs résultats dans d'autres localités.

Le magasin itinérant

Les centres grossistes de l'APAEB, ont récemment tenté une initiative nouvelle appelée "posto volante", ou magasin itinérant. Chargé d'un assortiment limité à cinquante articles, il dessert une dizaine de villages pour la vente des biens de consommation aux paysans et l'achat de leur production.

La majeure partie des échanges se fait au troc : le paysan apporte ses produits et reçoit en échange la valeur, en marchandises, de sa livraison. Ce service est offert à tous les villageois et les premières réactions sont très positives.

Réalisations organisationnelles de l'APAEB

Autonomie financière

Il ressort de l'étude conduite par le MOC que l'APAEB est loin d'avoir atteint son autonomie financière, ce qui la fragilise. Elle reste encore trop tributaire des subventions que lui accordent les agences étrangères, et des prêts d'investissement à bon marché.

En 1985, l'APAEB présentait encore un bilan positif, parce qu'elle utilisait les subventions des financeurs pour couvrir ses frais de fonctionnement, et aussi parce qu'elle se livrait à des opérations spéculatives sur la monnaie[26].

Mais après déduction de ces subventions et en prenant en compte la dévalorisation de l'actif, on estime à 366.000 Crz (26.000 $US) le déficit de l'année 1985, soit 14,6% du chiffre d'affaires.

Si l'on chiffrait encore le montant présumé des subventions réputées non-comptabilisables, comme le paiement de salaires par le MOC, ou la valeurs des intérêts des prêts gratuits (ce qu'en bonne gestion il faudrait faire) alors le déficit atteindrait presque le double.

Ce sont là des chiffres inquiétants, mais en considérant les unités une par une, on découvre par ailleurs des signes positifs. Ce sont les "postos" les plus importants qui génèrent les plus gros déficits, comme celui de Valente à cause de son unité de traitement du sisal et le moulin de Tanque Velho.

Le "posto" de Subaé, plus petit, avec son moulin à manioc parvient à équilibrer sa gestion, à condition, toutefois, de ne pas tenir compte des ressources non-comptabilisables au cours de la période de lancement.

L'absence de fonds d'intervention suffisants est un handicap lorsqu'il s'agit d'améliorer la rentabilité des opérations de stockage et de commercialisation, car elle oblige à céder les produits à des tiers avant que les cours ne soient au plus haut. C'est le crédit à la consommation qui pénalise la gestion.

Notre étude n'a pas pu établir de façon très précise les conséquences des opérations de crédit sur la situation financière de l'APAEB, mais il existe des cas où l'encours de la dette des adhérents atteint deux fois le chiffre des ventes mensuelles.

Selon des documents antérieurs de l'APAEB, trois de ses six "postos" présenteraient des bilans positifs, les trois autres feraient des pertes. Mais sur la base de l'étude actuelle, et en appliquant les normes comptables, les "postos" réputés positifs ne le seraient pas, et il faudrait sextupler le chiffre d'affaires pour équilibrer les charges, à leur niveau actuel, compte tenu de la marge brute (5%) pratiquée que pratique l'APAEB.

Une investigation beaucoup plus poussée de la situation financière de l'APAEB serait nécessaire pour déterminer la viabilité économique de chaque unité de production et pour définir un système d'affectation de leurs charges respectives à chacun des comptoirs de vente, et, pour chacun d'eux, aux différentes sections.

[26] La spéculation sur le marché monétaire à court terme est une pratique courante au Brésil.

Une véritable étude de marché devra suivre cette analyse, afin d'établir les nouvelles politiques de prix, de crédit à la consommation (en admettant que celui-ci ne soit pas déconseillé) d'expansion ou de réduction des activités productrices; tout cela en regard des conséquences économiques et sociales que ces décisions pourraient entraîner.

Autonomie administrative et gestionnaire

Au début des années quatre-vingt, le MOC jouait un rôle de "tutelle" par rapport à l'APAEB. On lui reprochait d'ailleurs d'avoir imposé ses systèmes de gestion tant au niveau de l'association que dans les sections locales. Les Conseils d'administration de ces sections ont réclamé et obtenu une plus grande autonomie de décision et, par la suite, l'équipe d'encadrement promotionnel du MOC décidait de prendre ses distances vis-à-vis de l'APAEB, la laissant plus libre de ses choix et de ses orientations. Pour les deux partenaires, cette période d'apprentissage de nouvelles relations fut riche d'enseignement.

Bien que jeune association, et malgré la complexité relative des opérations qu'elle devait conduire, l'APAEB a donc réussi à obtenir du MOC qu'il lui laisse un haut niveau d'autonomie pour sa gestion et son administration, tant au centre qu'à la périphérie. Au siège central, toutefois, cette indépendance acquise se trouve fragilisée par la forte personnalité de son directeur général.

En prenant à sa charge, récemment, le salaire de ce dernier, l'APAEB a créé les conditions qui devraient conduire à l'instauration de relations plus normales entre le Comité exécutif et son directeur général.

Participation

Le Rapport brésilien distingue trois niveaux de participation :

- la participation aux discussions concernant la politique de l'entreprise et à l'organisation des activités;
- la participation par l'utilisation fréquente des services offerts;
- la participation occasionnelle de ceux qui ne se sentent habituellement pas concernés par les services existants.

Le groupe le plus restreint est aussi celui des plus actifs. Les responsables constatent eux-mêmes (propos recueillis en ateliers de discussion) que, pour la majorité des adhérents, l'APAEB est l'affaire de ceux qui la dirigent avec l'appui du MOC.

Mais ces mêmes responsables se plaignent d'être submergés par les tâches d'administration et de contrôle, au point de ne plus disposer du temps requis pour remplir les fonctions d'animation et d'éducation qui leur incombent. Ils se plaignent aussi de perdre pied devant la complexité croissante des opérations conduites par l'APAEB.

Que dire alors, des sociétaires de base, dont la plupart sont analphabètes, surchargés d'occupations parce qu'ils luttent pour gagner péniblement leur subsistance au jour le jour.

Ajoutons à cela qu'il est très difficile, voire impossible, à un observateur extérieur de se rendre compte si les surplus générés par l'activité coopérative font l'objet d'une répartition équitable. Nous verrons d'ailleurs plus loin que la facilité d'accès à un service coopératif tel que le moulin à manioc joue un rôle économique infiniment plus apprécié que la faible ristourne perçue au niveau du comptoir de vente (posto).

Tous les dirigeants de l'APAEB sont d'avis que l'amélioration de la participation mérite un effort promotionnel particulier, en raison de l'importance qu'elle devrait assumer à tous les niveaux.

Les résultats de l'APAEB sur le plan du développement

Signification économique

- Le comptoir de vente

Adhérents et non adhérents paient les articles qu'ils se procurent au comptoir de Subaé sensiblement au même prix qu'à Serrinha, la capitale du district très proche. Mais au moment où le comptoir fut créé, les petits magasins de Subaé pratiquaient des prix trois fois plus élevés. La plupart de ces magasins ont dû fermer ou baisser considérablement leurs prix.

En s'approvisionnant auprès des comptoirs de vente, les villageois réalisent en outre un gain de temps (une demie journée chaque semaine) à quoi s'ajoute l'économie du prix du transport vers la ville, soit 40 Crz (environ 3 $US) par voyage. Ce sont surtout les femmes, parce qu'elles sont moins libres, et les foyers les plus pauvres qui en tirent avantage. En ramenant de 52 à 13 le nombre des déplacements annuels vers le ville, c'est une épargne de 1.560 Crz (113 $US env.) que peuvent réaliser les ménages, soit 10% de leur revenu (chiffres tirés de l'enquête auprès des ménages, étude brésilienne, pp. 106/107).

Sous ce rapport, le cas de Subaé n'est pas représentatif de l'APAEB, dans son ensemble, car ses comptoirs sont le plus souvent situés dans les petites villes de districts où ils sont aujourd'hui confrontés à la concurrence très vive des nombreux petits commerces et grands magasins. Mais à l'origine, toutefois, ces derniers avaient été contraints de diminuer leurs prix de vente aux consommateurs et à relever leurs prix d'achats aux producteurs pour la farine de manioc, le maïs et les fèves. (On est en droit de mettre en doute l'équité d'une concurrence où l'APAEB finance les déficits élevés des comptoirs urbains en prélevant sur les fonds des donateurs; la nature essentiellement rurale de notre analyse ne nous a pas permis d'approfondir ce point particulier).

- Entreposage et commercialisation

Parce qu'elle manque de fonds d'intervention, l'APAEB n'achète à ses adhérents qu'un très faible pourcentage (5 à 10%) de leurs surplus commercialisables en productions alimentaires semi-transformées (farine de manioc, farine de maïs, fèves). Elle leur applique les prix du marché, qui varient quotidiennement. Mais en cédant leurs produits à leurs comptoirs de dépôt-vente, les adhérents économisent les frais de transport à la ville, soit 25% du prix qu'ils perçoivent.

Le stockage et la commercialisation au niveau du village raccourcissent en outre le circuit de distribution. La vente des denrées de base est réservée, en priorité, aux habitants de Subaé et aux résidents des environs immédiats; seul le surplus sera vendu à l'extérieur sur les marchés de gros.

Farines, graines et pois sont stockés dans des caissons de zinc; il n'est pas fait usage de conservateurs chimiques, mais on a recours à une méthode traditionnelle, jugée très efficace, pour la conservation des graines et des aliments.

- Répartition des semences et travail de vulgarisation

Afin de contrer le système dit "sementes de meia", par lequel la moitié de la récolte revient, de droit, au fournisseur, l'APAEB distribue des semences en s'approvisionnant auprès d'un office gouvernemental de subvention à l'agriculture. Un programme de vulgarisation pour la "culture organique" vient compléter cette distribution.

Quinze agriculteurs ont ainsi abandonné les engrais chimiques pour adopter la fumure organique. En utilisant la charrue, ils sont alors parvenus à doubler, parfois, la zone exploitée, sans avoir à recourir aux services du tracteur.

Mais les responsables paysans reconnaissent toutefois que les principaux bénéficiaires du programme de vulgarisation MOC/APAEB appartiennent à la catégorie la moins défavorisée parmi les adhérents.

- Le moulin à manioc

L'équipe de recherche-action a chiffré à 38 Crz par sac (3 $US), l'économie que réalisent les utilisateurs du moulin à manioc (25 sur les 83 membres du groupement), soit une fois et demie le salaire minimum journalier[27]. On peut évaluer à 640 Crz (46 $US environ) l'économie cumulée, pour un foyer de Subaé qui utiliserait 16 ou 17 sacs annuellement (rapport brésilien, p. 104)[28].

Bien que la culture du manioc soit réputée non-rentable, en raison de son prix extrêmement bas, les paysans la continuent car le manioc fait partie de l'alimentation de base.

En raison de la jeunesse de l'expérience, de l'échantillon limité soumis à observation, de la nature des informations collectées, il est bien difficile d'arrêter des conclusions définitives, et donc d'apprécier les conséquences réelles des activités productrices de l'APAEB sur le niveau de vie des ménages. Des possibilités d'amélioration existent -nous l'avons dit plus haut- mais peu de foyers en tirent pleinement profit, les bénéfices en sont donc inégalement répartis. Par le biais des contacts directs avec les familles, les enquêteurs du MOC ont pris conscience que les situations spécifiques des femmes et des jeunes ruraux n'étaient pas suffisamment prises en compte.

Dans le village de Subaé, l'idée d'auto-développement a certes progressé, mais une proportion importante de la population demeure indifférente aux activités MOC/APAEB et ne participe que marginalement à la vie du groupement. De l'avis même des enquêteurs du MOC, le développement des activités

[27] En mars 1986, le salaire minimum journalier était de 25Crz (2 $US env.)

[28] Ce montant a été calculé sur la base d'un prix de marché de 60 Crz par sac. La différence entre la mouture collective et la mouture traditionnelle fluctue avec le prix du marché, car le coût de la mouture se paie en farine de manioc (10 litres pour un sac)

productrices -qui n'est pas plus avancé dans les autres projets- est loin de pouvoir prétendre freiner la montée de la pauvreté.

Tout au plus peut-on parler de ralentir le processus.

Signification culturelle, politique et sociale

A Subaé, les leaders qui jouent un rôle actif dans les opérations de l'APAEB ont renforcé leur position vis-à-vis des personnalités extérieures, parce qu'ils y ont acquis le sens des responsabilités et de l'équité. Les adhérents se trouvent sécurisés par l'appartenance au groupement. Aujourd'hui, lorsque le maire, conservateur, s'exprime, les villageois osent poser des questions critiques de son action.

Le comptoir constitue un point de rencontre capital pour les conversations informelles comme pour les discussions sérieuses. Le "Mutirão", entraide traditionnelle, s'en trouve revivifié.

La participation des femmes aux discussions est encore faible, mais récemment, l'APAEB a décidé la mise en pratique du principe "à travail égal, salaire égal" ce qui est une performance dans un environnement où l'homme perçoit généralement le triple pour un travail identique (Rapport brésilien, p. 110).

L'étude de cas brésilienne illustre bien la complexité de la définition des critères qui permettraient d'apprécier le retentissement de l'action de l'APAEB.

Ces aspects du progrès humain que sont le développement de la confiance en soi, l'acquisition d'aptitudes créatrices, l'émergence de préoccupations d'ordre social, sont aussi les plus difficiles à mesurer.

Bilan résumé des activités de l'APAEB

Sur le plan financier, les résultats d'ensemble sont très mauvais, toutefois les comptoirs villageois rendent mieux que les comptoirs urbains dont les déficits sont énormes. Il semble, également, que les probabilités d'amélioration des résultats sur les plans économique, social et politique soient plus grandes au niveau des villages. Pour parvenir à l'autonomie financière, dans le cadre de la restructuration en cours, l'APAEB devra donner la priorité à la multiplication des comptoirs villageois.

Usaha Bersama - Indonésie

Historique des UB

C'est au cours des années cinquante que l'Union Pancansila des paysans (Ikatan Petani Pancasila) a lancé le mouvement des "Usaha Bersama" (en indonésien : efforts conjugués).

Ce mouvement se concrétise en petites unités coopératives d'épargne et crédit, essentiellement, appelées UB. Les quelques 400 UB disséminées sur Java et au sud de Sumatra reçoivent l'appui de la Bina Swadaya ; mais le système UB de gestion de l'épargne et des prêts s'étend aux autres régions d'Indonésie.

Les groupements UB s'agrègent à des groupements traditionnels existants, tels que le "arisan" (club d'épargne traditionnel), les groupements PKK (créés pour les femmes, à l'initiative du gouvernement) ou les groupements réservés aux hommes (promus par les services officiels de vulgarisation). Pour avoir adopté le système UB, ils en porte le nom, mais chacun de ces groupements a sa propre histoire.

Les sept groupements UB qui fonctionnent dans la zone sélectionnée pour notre recherche (district de Gunung Kidul, dans la Province Spéciale de Yogyakarta) furent créés entre 1968 et 1970. Le sociétariat des premiers groupements reflète les liens étroits qui existèrent, à l'origine, entre l'Eglise catholique et le mouvement UB. Les groupements plus récents ont un sociétariat plus composite où l'on retrouve aussi bien des musulmans comme dans le cas du village de Pacing, où La population y est islamisée à 85%.

Les objectifs du mouvement UB

Les principaux objectifs déclarés du mouvement UB, sont, à long terme, l'appui aux initiatives à caractère productif de leurs adhérents et la consolidation de la solidarité communautaire. A cette fin, les groupements UB centrent leurs efforts sur l'offre de facilités de crédits à la production, et sur la mise en commun de l'épargne des adhérents pour la formation du capital initial.

Nous verrons plus loin que les objectifs recherchés individuellement par les membres des UB peuvent être d'un tout autre ordre que ceux proclamés ouvertement par l'organisation UB.

La structure UB

Chaque groupement UB se compose en moyenne de 40 adhérents. Pour la zone sous enquête, la moyenne est de 36. Les membres de l'équipe de recherche-action estiment que la taille des groupements n'évoluera pas, pour les raisons suivantes : plusieurs groupements sont réservés à certaines catégories professionnelles, comme les enseignants et les techniciens d'une école donnée; d'autres apparaissent liés à l'appartenance à une famille confessionnelle (les catholiques); les groupements dont les membres ont une certaine aisance tendent à se fermer au moins favorisés.

On constate enfin dans les villages l'existence d'une concurrence de la part d'autres groupements, formels ou informels, (voir chapitre 5), chacun exigeant une participation financière, sous une forme ou sous une autre.

L'un des sept groupements observés est réservé aux femmes, il en réunit 58. Elles représentent moins du tiers, et parfois une infime minorité, du sociétariat des six autres groupements.

Dans la région de Baleharjo, ce sont les catégories les plus aisées de la population qui constituent le sociétariat des groupements : enseignants, commerçants, fonctionnaires, qui, pour la plupart, disposent de plus d'une source de revenus.

Plusieurs de ces sociétaires se sont lancés dans le prêt d'argent, activité qu'ils auraient hésité à entreprendre dans leur propre village où ils mènent déjà de front plus d'une activité rémunérée.

Le prêt d'argent ne semble pas être entaché d'un discrédit moral dans la région observée. Le prêteur y est considéré comme un personnage obligeant qui "procure l'argent pour acheter le riz quand on n'en a plus les moyens". Ce "service" est apprécié, malgré un taux d'intérêt élevé (jusqu'à 25% par mois).

A Pacing, tous les membres des groupements UB sont des paysans et paysannes que le responsable du groupement a choisis, en étroite concertation avec l'encadreur chargé de la vulgarisation, pour leur dynamisme et aussi en raison de leur potentiel productif en agriculture (leurs troupeaux et leurs parcelles se situent au dessus de la moyenne locale).

Le Conseil d'administration des groupements UB peut comporter de 3 à 17 membres). Les fonctions y sont assumées par roulement entre les mêmes personnes, en général, la moitié des membres du groupement sont concernés. Les groupements UB ont un statut de "pré-coopératives", car le statut coopératif à part entière est réservé aux coopératives sous contrôle gouvernemental, les KUD (koperasi Unit Desa), qui fonctionnent au niveau des sous-districts.

La loi donne à ces KUD le monopole des actions coopératives dans les zones rurales.

En fait, il y a place pour des activités associatives et d'auto-développement ou pour toutes autres initiatives de même nature, dans la mesure ou celles-ci ne viennent pas perturber les opérations des KUD.

Les activités des UB

L'épargne et le crédit constituent donc les activités essentielles des groupements UB. Les adhérents considèrent comme accessoire toute autre activité à caractère productif ou commercial. Les sept groupements enquêtés ont bénéficié du programme de crédit de solidarité géré par la Bina Swadaya, KSK. Il s'agit d'un programme de prêts annuels[29].

- Crédit

En Indonésie, le programme KSK est en constante expansion, mais la capacité d'absorption de crédits des villages enquêtés semble avoir atteint un plafond.

Un intérêt de 3 à 4% est prélevé mensuellement par le groupement, qui lui-même reverse un intérêt mensuel de 2% à la Bina Swadaya. Trois groupements UB ont reçu de la BS un prêt complémentaire pour un investissement productif collectif. Dans ce cas, l'intérêt que prélève la BS est plus faible, 1,5%, et la période de remboursement est étendue à trois ans.

- Multiples usages des emprunts

Officiellement, les adhérents reçoivent ces prêts pour financer des projets productifs. Mais il ressort des entretiens avec nos enquêteurs qu'ils les utilisent pour une variété d'autres objets, tels que les frais de scolarisation, ou d'hospitalisation, etc.. et seulement à l'occasion pour financer des investissements ou

[29] Pour plus d'informations sur le programme KSK, voir chapitre 6, p. 69 et chapitre 8, p. 114.

des opérations commerciales. Comparés à la pratique locale, les montants des prêts individuels à court terme sont considérables : entre 14.500 et 285.000 Rp soit l'équivalent de 13,8 à 253 $US. Les mauvais payeurs sont l'exception.

- L'épargne

Tous les groupements accumulent une épargne. Le droit d'entrée varie entre 1.000 et 5.000 Rp (entre 1 et 4 $US) et tout adhérent doit déposer entre 500 et 1.000 Rp chaque mois. Cette épargne n'est pas rémunérée. Deux des groupements versent un intérêt de 4% en rémunération de l'épargne volontaire. A la fin de 1985, le montant de l'épargne accumulée par chaque groupement variait entre 750.000 et 2.270.200 Rp (660 à 2.000 $US). Il faut ajouter à ces montants la contribution que les groupements versent au "fonds de solidarité" de la Bina Swadaya, pour avoir accès au programme de crédits KSK. Ces contributions vont de 67.000 à 1.350.000 Rp, selon les groupements (60 à 1.200 $US).

- Les activités productrices des UB

Le panorama des activités productrices des groupements UB, présenté en figure 11, révèle un fort pourcentage d'échecs.

Les groupements UB semblent éprouver des difficultés à implanter et conduire des activités productrices rentables.

Mais, à côté des facilités de crédit, les adhérents ne reçoivent guère d'autre appui pour mener ces activités. Ce n'est pas l'intérêt ni la créativité qui font défaut, ce sont les aptitudes à bien gérer, tant au niveau des individus que du groupement.

Réalisations sur le plan de l'organisation

Autonomie gestionnaire, administrative et financière

C'est un succès remarquable pour les groupements UB que, tous, enregistrent des bénéfices sur leurs opérations d'épargne et de crédit. La marge de 2 à 3% d'intérêt, qu'ils prélèvent pour eux, couvre largement leurs charges administratives. Les mauvais payeurs sont l'exception. La discipline et le sens de l'engagement contracté sont très élevés, tant de la part des adhérents à l'égard de leur groupement UB, que de la part des groupements vis-à-vis de la BS.

Cette dernière joue le rôle de source de financement peu coûteuse pour les opérations de crédit que gèrent les UB.

Cependant l'image globale qui ressort de l'analyse des activités productrices est celle d'une phase d'apprentissage par l'erreur où les échecs sont plus fréquents que les réussites. Nous exposerons plus loin, en analysant l'utilisation qui est faite des instruments d'appui à l'auto-développement, les besoins encore insatisfaits des UB pour des services de conseils en gestion (voir chapitre 8).

Les groupements UB fonctionnent de façon autonome, ils conduisent et gèrent leurs propres affaires. La tenue des registres d'épargne et de crédit est en général bien faite, mais il n'en est pas de même pour les activités productrices où les documents sont insuffisants quand ils ne sont pas totalement absents.

Figure 11 : *panorama des activités productrices des groupements UB, dans les deux zones enquêtées*

Activités (Projets)	**Groupes UB 1 à 7**	**Investissement en Rps & $US**	**Résultats**
1. Haricots (variété locale)	Groupe n°1	1.000.000 Rps (890 $US	Des membres utilisèrent le crédit alloué à d'autres fins et ceux qui l'ont dument utilisé ont connu des pertes. Dian Desa, ONG locale assurant la transformation a dû fermer, par suite des problèmes de commercialisation.
2. Riz décortiqué : production et commercialisation	Groupes n°1 et n°3	10.000.000 Rps (8.900 $US)	mauvaise gestion, confusion quant aux droits des paysans après livraison du riz à la décortiqueuse; comptabilité défectueuse; le Président utilisait l'engin à son profit Cessation d'activité , en fin d'année. Projet en cours de révision.
3. Haricots (locaux) Production & commercialisat.	Groupe n°3	300.000 Rps (100 $us)	Projet interrompu pour les mêmes raisons que le projet N° 1 (voir plus haut)
4. Elevage de chèvres	Groupe n°3	110.000 Rps (100 $us)	Petit surplus, après six premiers mois (hors main d'oeuvre En 1985 cessation pour pertes
5. Pisciculture en marais	Groupe n°3	17.000 Rps (15 $US)	Tous les poissons furent emportés par une inondation.
6. Cultures alimentaires	Groupe n°3	750.000 Rps (670 $US)	Profit net/an, sur vente maïs et graines soja = 153.600 Rps (135 $US).
7. Incubateur	Groupe n°3	Subvention du Département de vulgarisation	L'incubateur n'a jamais fonctionné.
8. Magasin alimentation	Groupe n°2	100.000 Rps (89 $us)	Faibles surplus, faible rotation, achats réservés aux enseignants et au personnel de l'école ; faible intérêt des adhérents.
9. Embouche bovine	Groupe n°3	2.810.000 Rps (2.500 $us)	Investissement étalé sur 3 ans petits surplus, en ne tenant pas compte du volet main d'oeuvre.

Cette situation met la Bina Swadaya et son personnel d'appui, ainsi que les dirigeants des groupements dans l'impossibilité de percevoir clairement le niveau de rentabilité des opérations menées collectivement.

Participation
Pour les quatre "groupements les plus actifs" la participation des adhérents aux réunions mensuelles est élevée et assidue ; elle l'est sensiblement moins dans les trois "groupements plus passifs" (Rapport indonésien, p. 67).

D'ordinaire, les remboursements sont reçus et les crédits alloués au cours de ces réunions mensuelles.

Le responsable du groupe en est aussi le "moteur". La tenue effective des réunions, et la pertinence des débats qui s'y engagent autour des opérations courantes ou à programmer dépendent essentiellement de son initiative et de ses aptitudes gestionnaires. Les adhérents n'expriment pas volontiers de vive voix et ouvertement leur désaccord. Ils le font connaître en s'abstenant de participer.

Résultats au niveau du développement

Signification socio-économique

L'une des raisons pour lesquelles notre étude a dû s'étendre à un autre collectif de villages, celui de Pacing, aura été le fait que, dans le collectif de Baleharjo, sélectionné en premier lieu, le sociétariat des groupements UB se limitait aux catégories les plus aisées de la population, disposant d'un revenu par tête excédant le double de celui des non-adhérents[30].

Dans le cas de Pacing, les paysans relativement les moins défavorisés et les jeunes "progressistes" se retrouvaient aussi dans le sociétariat. Mais, comme nous l'avons vu au chapitre 1, en raison du très bas niveau de vie du village dans son ensemble, ils ont été considérés comme appartenant à la population rurale pauvre. Cette prise de conscience se rapportant au fait que le sociétariat des UB était l'apanage des éléments les moins défavorisés de la population, se trouve corroborée par d'autres études (voir l'étude Bina Desa, 1985).

C'est une situation dont les agents de terrain ont généralement une plus ou moins grande conscience (atelier local d'échanges, décembre 1985) et elle appelle, de la part des dirigeants de la Bina Swadaya, une révision de leurs pratiques promotionnelles, s'ils veulent réellement atteindre leurs objectifs déclarés.

Le point de vue des adhérents sur la raison d'être des groupements

Les enquêtes auprès des ménages et les discussions relatives aux opérations de suivi, ont révélé que dirigeants et adhérents des groupements UB, étaient relativement à l'aise avec un revenu annuel oscillant entre 2.000 et 4.000 $US, et donc n'avaient pas besoin, à proprement parler, des services de l'UB pour accéder à des crédits bon marché. D'autres groupements villageois informels, ou des institutions officielles telles que la BRI (Banque Rakyat d'Indonésie), ou encore les KUD leur en offraient la possibilité (Rapport indonésien, p. 77).

[30] Pour plus de détails, se reporter au texte du rapport indonésien, p. 75 (en anglais)

Pour les leaders locaux, l'appartenance à un groupement UB ne présente qu'un intérêt économique négligeable, mais elle les confirme dans leur position de notables locaux et revêt, de ce fait, une signification sociale très importante.
Pour l'adhérent moyen -celui qui se situe dans la catégorie des revenus moyens en fonction des caractéristiques propres au village- l'appartenance au groupement présente plusieurs avantages.

En premier lieu, elle leur confère un certain prestige. Tous ceux qui furent interviewés ont confirmé que leur adhésion au groupement UB avait amélioré leur statut social. Plus l'adhérent est pauvre et plus il est fier de cette appartenance à un groupement qui, grâce au programme KSK, lui ouvre l'accès à des prêts plus importants que ceux susceptibles d'être obtenus ailleurs.
Le fait de contracter un emprunt important est un symbole de confiance et, pour cette raison, l'adhérent peut le solliciter alors même qu'il n'en a pas immédiatement l'usage.

En second lieu, et lorsqu'il en a effectivement besoin, il utilise le crédit pour l'habitat, l'éducation, la consommation, etc.. Ce crédit est d'autant plus apprécié, par les ménages à revenus moyens, que les autres sources de crédit bon marché sont plus rares.
Dans le cas des groupements UB de voisinage (à la différence des UB à base professionnelle, comme ceux qui furent constitués par les enseignants) on trouve des foyers réellement pauvres.
L'épargne mensuelle obligatoire, le paiement des intérêts et les obligations de remboursement peuvent représenter pour eux une lourde charge. Mais quitter le groupement équivaudrait à perdre la face, ce qu'ils veulent éviter à tout prix.

Un responsable d'UB locale, à Baleharjo -il participait à la recherche- a pris conscience de cette situation contradictoire, et il en a tiré la conclusion que les plus pauvres devraient avoir leurs groupements à eux. Constituer un groupement économiquement plus homogène permettrait, selon lui, un meilleur ajustement aux besoins spécifiques d'épargne et de crédit des sections les plus pauvres de la communauté villageoise. Ce dirigeant s'est donné pour mission personnelle, pour les années à venir, de motiver et d'aider désormais les villageois les plus pauvres à organiser leurs propres groupements.

Les villageois ont donc, chacun pour sa catégorie, des critères d'appréciation et d'évaluation sur l'utilité et sur la signification économique et sociale de leurs groupements, critères fort éloignés de ceux élaborés et appliqués par les agences de développement.
Dans notre propre tentative d'évaluer, pour les villages, les retombées économiques des services offerts par les groupements UB et leurs effets sur le niveau de vie des ménages, nous devions prendre en compte le pourcentage élevé des revenus tirés des activités non-agricoles dans les villages qui relèvent du district de Gunung Kidul. Même dans le second collectif villageois, dont la vie économique et sociale apparaissait, pour l'observateur extérieur, essentiellement axée sur les activités agricoles, on n'a trouvé qu'un ménage sur cinq qui tirait de l'agriculture plus de 50% de ses revenus.
En termes de signification politique, l'existence des groupements UB n'a pas amené de changement notable en direction d'une société plus égalitaire.

Mais tel n'était pas le projet de leurs responsables, et la population-cible ne le considérait pas comme un objectif réaliste. Le rapport indonésien en déduit que "si des études conduites ultérieurement sur un échantillon plus large confirment cette tendance, on sera fondé à conclure que le système UB se situe encore bien loin des plus pauvres parmi les pauvres, dont il ne cesse de proclamer qu'ils doivent être le groupe-cible privilégié de toutes les IAAD" (Rapport indonésien, p. 79).

Les groupements d'auto-développement en Thaïlande

Historique

La comparaison historique des organisations d'auto-développement, dans les deux villages enquêtés en Thaïlande, révèle qu'ils ont suivi des itinéraires nettement différents.

A *Ban Isan*, c'est une petite caisse populaire qui fut créée en premier lieu. Elle comptait à l'origine 16 adhérents.

C'était en 1973. Ce "noyau dur" a reçu depuis beaucoup d'appui moral, technique et matériel de la part du CDAS de Ubon. Cette aide lui a permis de porter son sociétariat à 73 personnes, et d'étendre sa gamme d'activités.

En 1979, grâce à l'appui technique et financier du CDAS, ce groupement a démarré un double programme : banque du riz et répartition de l'engrais chimique. Par la suite, et avec une aide complémentaire du gouvernement, le groupement d'auto-développement a pu agrandir la banque du riz et ouvrir une banque du buffle. Plus récemment, cette OAD a inauguré une banque médicinale et commencé les achats collectifs en biens de consommation.

L'évolution du groupement peut être schématisée comme suit :

1973	Caisse populaire	Appui du CDAS
1977	Banque du riz	Apport du CDAS 20.000 B et apport complémentaire du gouvernement 60.000 B
1979	Banque du buffle	Appui du gouvernement, soit environ : 50.000 B
1980	Banque d'engrais	Appui du CDAS, soit environ 60.000 B
1985	Achat collectif de biens de consommation	Auto-financement et appui du gouvernement
1985	Banque médicinale et amélioration de l'hygiène (draînage des eaux usées, (latrines, enlèvement des ordures)	Auto-financement

Les premières activités lancées en 1973, se sont maintenues jusqu'à ce jour.

L'histoire de *Ban Nua*, présente un intérêt particulier, en ce sens que le mouvement d'auto-développement y est né spontanément, sans aucune intervention extérieure pour l'encourager. C'est en 1982 seulement, et pour avoir entendu parler du programme de banque du buffle mis au point par le CDAS, que les leaders de ce village bouddhiste prirent la décision de passer avec lui un accord de collaboration.

Depuis lors, le nombre des groupements s'est rapidement multiplié dans ce village, tandis que les deux groupements plus anciens (n° 1 et 2 dans le tableau ci-après) assumaient de nouvelles fonctions économiques et sociales.

Schématiquement, l'évolution des groupements de Ban Nua se présente de la façon suivante :

1975	Magasin d'alimentation du groupement n°1	Aucune aide extérieure, activité suspendue, résultats décevants.
1976/77	Banque du riz du groupement n°1	Aucune aide extérieure, déception, suivie de la réussite du projet.
1977	Banque du riz du groupement n°2	Aucun appui extérieur.
1983/84	Cinq banques du riz par cinq nouveaux groupements dont 2 pour paysans sans terre.	Entraide villageoise, dons de riz ; le CDAS n'a joué qu'un rôle catalyseur.
1985	Elevage de cochons par le groupement de femmes.	Auto-financement.

Toutes les activités lancées à partir de 1976/77, se maintiennent encore à ce jour.

En comparant les deux démarches, on constate que la banque du riz, à Ban Isan, a commencé avec l'appui matériel du CDAS, alors qu'à Ban Nua les huit banques du riz, beaucoup plus petites, puisqu'elles ne concernent que 10 à 12 personnes chacune, n'ont reçu aucune assistance matérielle extérieure.

A Ban Nua, les promoteurs des deux premières banques du riz appartenaient à la classe relativement aisée de la population villageoise ; ce sont eux qui, par la suite, ont fait l'apport initial en "capital riz" pour les groupements les plus pauvres.

Cet apport s'est matérialisé à l'occasion de la cérémonie traditionnelle de l'offrande du riz (Thod Pha Pa Kao), où la population rend grâce à l'esprit du riz ("Kwan"). La composition du sociétariat des deux derniers groupes créés est à dominante "paysans sans terre".

Il semble que l'appui du CDAS de Chiengmai ait aidé cette idée de se regrouper, et sa transmission, par les sections les plus aisées vers les sections les moins nanties de cette communauté villageoise.

Notons que, dans les deux villages de Ban Isan et Ban Nua, les banque du riz furent créées à la même époque, à la suite d'une période de sécheresse d'ampleur nationale. Ultérieurement, durant la période couvrant les années soixante-dix et quatre-vingt, chaque village a pris son rythme propre.

Les groupements des deux villages ont sollicité et reçu l'aide de différentes organisations, non-gouvernementales et gouvernementales. A Ban Isan, la banque du buffle a reçu l'appui du gouvernement (sous la forme d'un don), à Ban Nua, elle reçut l'appui du CDAS (il s'est agi d'un prêt).

Ban Isan a en outre participé au programme de répartition d'engrais géré par le CDAS de Ubon. Ce programme avait pour objectif de permettre aux groupements soutenus par le CDAS de bénéficier des engrais subventionnés attribués par un office para-étatique. Dans le village de Ban Nua, les groupements n°1 et n°2 ont reçu l'engrais à crédit, par l'intermédiaire de la BAAC (Banque pour l'Agriculture et la coopération agricole) sous contrôle du gouvernement, sans aucune intervention du CDAS.

En dépit de leurs recours à l'aide du gouvernement ou à celle d'organismes sous contrôle gouvernemental, dans les deux villages les OAD sont parvenues à sauvegarder leur autonomie. Le rapport thaïlandais décrit en détail comment les relations avec ces organismes se sont temporairement tendues, chaque fois que ces derniers ont tenté d'imposer leurs règles de fonctionnement aux OAD, et en faire une condition pour accéder aux subventions ou autres dispositions d'aide gouvernementale.

Il importe aussi de noter que dans l'un ni l'autre village les groupements d'auto-développement n'ont pris naissance dans la moitié la plus pauvre de la population, mais parmi les familles d'agriculteurs les moins défavorisées.

Objectifs

La *banque du riz* a pour rôle de garantir à ses adhérents l'accès au crédit d'un bout à l'autre de l'année, pour l'acquisition du riz de consommation familial, moyennant le versement d'un faible intérêt; elle permet aussi de conserver un stock de secours pour l'année suivante, au cas où la récolte suivante serait gravement déficitaire.

Avec la *banque du buffle*, les adhérents visent à devenir propriétaires d'un buffle au lieu de le louer. Les buffles produisent du fumier, ce qui réduit, sans toutefois l'éliminer, la demande en engrais chimiques.

Dans les deux villages, en formant leurs groupements, les petits paysans ont renforcé leur capacité de revendication et conquis le droit à bénéficier des engrais subventionnés, même si, ultérieurement, ils ont été amenés à mettre en question la rentabilité tirée de ces engrais chimiques.

La *caisse populaire* de Ban Isan et le fonds d'épargne créé par les groupements de Ban Nua ont pour fin de mettre des facilités de crédit à la disposition des adhérents.

Il s'agit là d'une activité complémentaire à la banque du riz, puisque le riz s'échange contre l'argent et vice versa. A Ban Nua, le fonds d'épargne est utilisé aussi comme capital initial pour les investissements collectifs et pour la constitution des fonds d'intervention.

Structure

Les petits groupements d'auto-développement de Ban Nua, de 10 à 15 membres, sont des groupes d'affinité. Ils sont donc très homogènes en terme de situation matérielle et professionnelle de leurs adhérents. Les paysans sans terre ont leur groupements, et les petits paysans ont les leurs. La situation est moins simple à Ban Isan, où les sociétariats respectifs -50, 30, 29 et 16 adhérents- de la caisse populaire, de la banque du riz, de la banque du buffle et de la banque des engrais se superposent largement. Chaque catégorie d'activité a son comité de quatre personnes (président, vice-président, trésorier, secrétaire). Dans les Conseils d'administration des quatre groupements, les places sont occupées par roulement par les dix mêmes responsables.

Les villageois de Ban Isan qui participent aux activités d'auto-développement peuvent ainsi être assimilés à un groupement unique de 70 personnes, qui seraient membres d'un ou de plusieurs de ses quatre sous-groupes.

On constate, pour les groupements d'auto-développement thaïlandais, le même flou juridique que celui déjà constaté avec les études de cas brésiliennes et indonésiennes, situation créant un sentiment d'insécurité.

Le fait est notoire : "les organisations d'auto-développement ont toujours été accusées d'"illégalité" par le gouvernement, situation qui affecte le moral et les opérations de ces organisations. Aussi, lors de l'assemblée générale d'octobre dernier les villageois ont-ils demandé que leur organisation soit légalement déclarée, en ayant recours à la caisse populaire comme organisme fondateur" (Rapport thaïlandais, p. 36).

Ils estimaient que s'ils pouvaient mener leurs activités sous couvert d'un organisme légal, tel que la caisse populaire, la conduite des opérations commerciales en serait clarifiée et qu'il serait plus facile, le cas échéant, de passer des accords avec le gouvernement ou avec les tiers -qu'il s'agisse d'organisations gouvernementales ou non gouvernementales- pour acheter en commun les engrais, vendre les excédents de riz, etc..

On pourrait rétorquer que si l'enregistrement légal satisferait le gouvernement et ne manquerait pas de faciliter certaines tractations avec lui, en échange, il ouvrirait du même coup la voie à une interférence accrue des autorités dans les affaires intérieures des OAD de Ban Isan.

Du fait de leur petitesse, les groupements de Ban Nua jouissent, comparativement, d'un certain avantage. Ils sont moins exposés aux interventions du gouvernement, et moins vulnérables aux pressions qu'il exerce en vue d'étendre sa zone d'influence et son pouvoir de contrôle, objectif visé lorsqu'il presse les OAD de prendre un statut légal.

La décision finale demeure entre les mains des villageois, mais les CDAS estiment de leur devoir d'éclairer les discussions en faisant valoir avantages et inconvénients du statut légal.

Les activités

Nous décrivons, ci-après, les aspects les plus saillants des activités des OAD dans les deux villages.

A Ban Isan, la caisse populaire prélève un intérêt de 15%, celui que pratique la banque du riz est de 30%. La marge est moins importante qu'il n'y paraît, si l'on considère que le degré d'humidité du riz est plus élevé à l'achat que lorsqu'il est revendu trois mois ou un an plus tard.

A Ban Nua, la banque du riz demande un intérêt de 50%, dans le but de constituer un capital pour le groupement. Pour autant, ce taux est inférieur de moitié à celui que les villageois avaient coutume de payer aux prêteurs, avant la mise en route des activités du groupement.

Le montant moyen des emprunts contractés par les adhérents de la caisse populaire de Ban Isan est de 1.000 Baht (38 $US), le crédit maximum autorisé étant le double de ce montant. Pour la banque du riz, les adhérents n'ont pas droit à un crédit excédant 1.200 kilos (l'équivalent de 85 $US, environ).

L'épargne monétaire ou en nature (riz) n'est pas rémunérée. Pour l'acquisition d'un buffle, le sociétaire de Ban Nua rembourse au CDAS l'équivalent de ce qu'il aurait payé pour le louer. La différence est qu'au bout des cinq années, devenu propriétaire du buffle, l'adhérent n'a plus rien à verser.

On pourrait parler dans ce cas d'une location vente, qui ne détonne pas avec la pratique coutumière de location du buffle.

Toutefois, les membres de l'équipe de recherche-action ont souligné le fait que le buffle est considéré comme la propriété du groupement. Les veaux, qui naissent tous les deux ans généralement, appartiennent au groupement et non à l'individu, et si un buffle crève, c'est le groupement qui en supporte la perte.

Les risques sont ainsi répartis sur tous les membres.

Dans le village de Ban Isan, les problèmes ont commencé le jour où des adhérents ont utilisé le riz emprunté à la banque du riz pour le rétrocéder à des non-adhérents à un prix plus élevé. Ce phénomène s'est produit dans plusieurs autres villages soutenus par les CDAS.

Les villageois ont estimé qu'une telle opération allait à l'encontre de la philosophie et des objectifs de la banque du riz et qu'il fallait donc s'y opposer. Mais avec cette interdiction, la banque du riz a perdu son attrait pour les paysans qui n'avaient pas réellement besoin d'emprunter à la banque du riz pour leur propre consommation.

Il en est résulté que les plus gros agriculteurs (ceux qui exploitent plus de 100 rai), dont la production est excédentaire et qui disposent de capacités de stockage suffisantes pour eux-mêmes, ne participent plus à la banque du riz.

A Ban Nua, les petits groupements épargnent soit en argent soit en riz. Même les paysans sans terre déposent 5 Baht (0,19 $US), chaque mois, au fonds du groupement. Les femmes aussi épargnent régulièrement pour constituer le fonds de roulement qui leur permet d'acheter collectivement la nourriture pour les cochons.

Résultats structurels

Autonomie gestionnaire, administrative et financière

La banque du riz de Ban Isan a remboursé l'emprunt de 40.000 Baht (1.536 $US) contracté auprès du CDAS de Ubon, pour son fonds d'intervention. Elle a par ailleurs constitué un fonds de roulement de 90.000 Baht (3.600 $US !) dont les deux tiers sont affectés aux opérations portant sur le riz, le reste étant utilisé pour des prêts en liquide aux adhérents (ce qui est révélateur de la confusion des rôles entre la banque du riz et la caisse populaire). Le groupement est donc devenu financièrement autonome (self-reliant).

A Ban Nua, l'OAD qui a le mieux réussi ses opérations d'accumulation de capital est le plus ancien (n°1). Les pertes initiales, qui avaient leur origine dans la carence technique de la gestion, ont été plus que compensées dans les années qui suivirent grâce à des bénéfices constants. Par une épargne régulière, le groupement s'est constitué un fonds de réserve de 20.000 Baht (769 $US). Les autres groupements évoluent dans la même direction, mais à un rythme plus lent.

Dans les deux villages, les OAD ont atteint un haut niveau d'autonomie gestionnaire et administrative. Elles ne recourent à l'assistance des CDAS que pour analyser leurs stratégies vis-à-vis des autorités gouvernementales, et pour les actions de formation. Même les groupements de Ban Nua, qui ont pris naissance sans l'intervention des CDAS, ressentent le besoin d'une telle assistance.

Le programme de répartition de l'engrais qui couvre plusieurs villages du CDAS de Ubon, est géré et contrôlé essentiellement par le personnel de l'IAAD (le CDAS de Ubon). Avec le bénéfice brut des opérations en engrais, de l'ordre de 15%, le CDAS alimente un fonds de roulement qu'il gère. Le personnel du CDAS joue un rôle crucial dans l'acquisition de l'engrais auprès du MOF (Office de commercialisation pour les paysans) organe para-étatique de répartition. C'est la seule activité productive soutenue par un CDAS dont la composante auto-promotionnelle soit faible.

Participation

Les petits groupements de Ban Nua se réunissent plus fréquemment (deux fois par mois) que les groupements plus importants de Ban Isan. A l'exception du groupement réservé aux femmes, tous les autres groupements sont à très forte dominante masculine lorsqu'ils ne sont pas exclusivement réservés aux hommes. A Ban Nua, où les groupements sont plus restreints, les femmes participent plus fréquemment aux discussions. Ici, comme au Brésil et en Indonésie, ce sont les dirigeants qui prennent les décisions.

Conséquences au niveau du développement

Signification socio-économique

En l'absence d'enquêtes de ménages plus poussées, nous ne pouvons retracer les répercussions économiques des activités conduites par les groupements d'auto-développement qu'en recourant aux termes utilisés par les villageois eux-mêmes, tels que : "Les membres de la banque du riz peuvent maintenant en consommer d'un bout à l'autre de l'année". C'est un succès remarquable, quand on sait que, dans le passé, la plupart des familles manquaient de riz pendant la période de soudure.

Bien sûr, on aimerait pouvoir étayer cette déclaration par des données quantitatives plus précises sur l'évolution de la situation des familles avant et après la création de la banque du riz. Les villageois, quant à eux, n'ont pas besoin de chiffres pour se rendre à l'évidence des résultats.

Leur expérience est une preuve suffisante :

- Les intermédiaires, venant de l'extérieur pour acheter les surplus, sont désormais contraints d'utiliser les balances des groupements, et c'est un autre avantage très apprécié.
- Dans les deux villages, les taux d'intérêt prélevés par les intermédiaires privés sur le riz à crédit ont baissé de façon sensible, de 50 à 30% (annuellement) à Ban Isan, et de 100 à 50% à Ban Nua.
- Plus significatif encore, une plus grande part de la récolte de riz reste maintenant stockée au village (à la banque du riz) pour consommation ultérieure, alors que, dans le passé, aux dires des villageois de Ban Isan, une importante quantité de riz quittait le village pour le remboursement des dettes.
- La banque du buffle et le programme de répartition de l'engrais, ont provoqué, à Ban Isan, un accroissement de la production agricole, et relevé, du même coup, le niveau d'autonomie économique du village tout entier.

Cependant, les groupements n'ont pas pu apporter une réponse satisfaisante à la question de savoir pourquoi, malgré les avantages évidents de leurs diverses activités, les villageois de Ban Isan n'étaient pas plus nombreux à s'associer à la banque du riz et aux différentes opérations de l'OAD, ou pourquoi ils n'avaient pas cherché à constituer leurs propres groupements. Le seul commentaire obtenu fut : "ils n'ont pas confiance".

La participation à un groupement d'auto-développement est plus répandue dans le village de Ban Nua. Le nombre des groupements s'y est rapidement multiplié au cours des trois dernières années, et les deux tiers des ménages sont maintenant engagés de façon active dans une ou plusieurs actions d'auto-développement.

Pour les foyers les plus pauvres, en particulier pour les ouvriers agricoles sans terre, on dit que la banque du riz leur apporte un avantage additionnel important, par le fait que : "les adhérents consacrent moins de temps à la recherche de facilités de crédit".

Les paysans les moins défavorisés de Ban Nua, ceux qui sont à l'origine du mouvement d'auto-développement, se sentent sécurisés, maintenant que les membres les plus pauvres de la communauté ont leur propre banque du riz. Car ils sont désormais affranchis de l'obligation de prêter du riz à des pauvres qui pouvaient ne jamais être à même de le rembourser.

Une convention tacite de la solidarité sociale veut, par ailleurs, que tout membre d'OAD qui a emprunté du riz ou de l'argent soit exempté du paiement des intérêts, en cas de maladie dans sa famille. On a relevé des dispositions similaires chez certaines UB en Indonésie.

Portée politique

Pas plus que dans les autres pays, les interventions des groupements d'auto-développement ne semblent avoir provoqué le moindre changement significatif dans les rapports de pouvoir à l'intérieur même du village. Au niveau micro-régional, toutefois, la situation est différente. Grâce à leurs OAD, les villageois ont renforcé leur pouvoir de revendication et de négociation vis-à-vis des pouvoirs publics et des commerçants privés.

A titre d'exemple, les villageois ont refusé d'appliquer le modèle-type de banque du riz, promu par le gouvernement; quant aux commerçants privés ils se trouvent désormais en présence d'un village bien mieux organisé, auquel ils ne peuvent plus imposer leur propre façon d'agir.

Portée culturelle

Dans les deux villages, les opérations d'auto-développement ont amené des changements et renforcé la confiance des paysans en eux-mêmes. Comme l'ont fréquemment réitéré les responsables ainsi que les membres des groupements, leurs objectifs ne sont "ni commerciaux, ni financiers, mais l'organisation nous aide à vivre mieux. Toutefois nous visons plus loin... nous voulons édifier une organisation dont bénéficieront nos enfants" (Rapport thaïlandais, p. 62). Pensant aux nombreux échecs rencontrés dans d'autres villages qui reçoivent aussi l'appui des CDAS, nos enquêteurs ont insisté sur la force que représente la dimension morale dans le domaine de l'appui à l'auto-développement et de son fonctionnement. Le personnel des CDAS a noté que la motivation économique ne suffisait pas à maintenir durablement les organisations d'auto-développement.

Selon eux, les ingrédients bien connus pour le succès durable de ce type d'organisations, tels que discipline de groupe, cohésion, solidarité, et encadrement dévoué, ont besoin de s'enraciner dans la religion. Les activités d'auto-développement devraient dynamiser la force morale des gens et stimuler leurs capacités créatrices positives. Or ces deux potentialités tendent à être minées par un ensemble de facteurs économiques et politiques externes qui incitent à la corruption, à la négligence des engagements, à des comportements autoritaires, à la boisson, et développent une mentalité du style "la raison du plus fort est toujours la meilleure", etc..

Le rapport thaïlandais fait valoir que chaque fois que les activités des deux CDAS ont obtenu des succès durables, elles avaient couplé leurs interventions avec une valorisation et une prise en considération accrue de l'enseignement religieux. Les personnels des CDAS de Chiengmai et Ubon sont arrivés à la même conclusion qu'ils formulent ainsi : "nous devons moins nous appesantir sur les aspects économiques pour mettre davantage l'accent sur les autres dimensions de nos activités" (Rapport thaïlandais, p. 89). Un appui à l'auto-développement qui ne prendrait pas en compte les forces d'appartenance et de motivation inhérentes au bouddhisme (ou au christianisme), serait bancal et s'exposerait au risque de n'avoir aucune efficacité.

Dans un chapitre ultérieur, (chapitre 9), nous aborderons plus à fond la démarche "globalisante" (holistic) en matière de développement, qui gagne rapidement du terrain dans les cercles des ONG thaïlandaises. La philosophie "globalisante" (holistic) exerce une influence considérable sur le type et la nature des activités que l'on choisit d'entreprendre -ou de ne pas entreprendre- et sur l'organisation du travail de l'ONG avec les groupements de base.

Brésil - Des leaders de la petite paysannerie discutent des résultats de la recherche-action.

Thaïlande - La démarche « globalisante ». Pas de véritable progrès sans développement spirituel.

Indonésie - Activité productrice d'un groupement UB : *Le krupuk* avant cuisson. Les boîtes visibles au second plan serviront à transporter le *krupuk* sur le marché local.

7 Susciter et soutenir les activités d'auto-développement ?

Analyse des huit instruments proposés.

Au chapître 3, nous avons identifié puis présenté huit instruments d'appui à l'auto-développement. Nous allons maintenant étudier comment et dans quelle mesure les IAAD s'en sont servis dans leurs relations avec les OAD et avec leurs responsables. Nous observerons aussi jusqu'à quel point ces instruments auront permis d'atteindre l'objectif visé, c'est à dire "l'édification d'une économie associative destinée à promouvoir l'émancipation socio-économique des ruraux pauvres".

Nous conclurons chacune des sections qui suivent par une série de propositions concernant les changements souhaitables à introduire par les IAAD dans les politiques et les pratiques d'appui à l'auto-développement.

Instrument 1 : Identification des populations et des groupes-cibles

On prête pour principale raison d'être, aux ONG locales, leur proximité de pensée et d'action avec la population cible. Par opposition, les agences de développement gouvernementales, ou sous contrôle gouvernemental, ainsi que leurs projets et programmes, seraient fort éloignés des intérêts spécifiques et des aspirations des pauvres.

En matière d'auto-développement, pourtant, le danger de passer à côté des pauvres est toujours présent, quel que soit le statut juridique de l'organisme de soutien, et ce danger tend même à grandir avec l'ampleur économique des activités entreprises. Nous sommes confrontés, ici, à un problème concret, car "la mise en place d'une structure est plus problématique parmi ceux qui en ont le besoin le plus évident -paysans sans terre, locataires sans bail, ou journaliers marginaux...- et parmi ceux-ci les femmes plus particulièrement" (voir : Esman & Uphoff, pp. 35-36).

Les situations ci-après évoquées illustrent bien un double fait : l'engagement volontaire des populations-cibles ne va pas de soi; et, plus que d'autres, les "projets à caractère productif" ont facilement tendance à passer à côté de la catégorie de gens qu'ils prétendent aider.

Le cas indonésien le démontre avec clarté, on ne pouvait pas se contenter d'attendre que le groupement sollicite l'appui de la Bina Swadaya, ni se satisfaire de la méthode du "bouche à oreille" pour faire connaître, parmi les populations rurales pauvres, l'existence et les potentialités d'organisations telles que les UB.

Comme l'a fait justement remarquer l'un des *enquêteurs du MOC*, les ONG, en général, n'ont pas encore pris conscience que les "ruraux pauvres" ne constituent pas un groupe homogène; il existe parmi eux des sous-groupes avec chacun leurs priorités et leurs intérêts catégoriels. Les membres de l'équipe de recherche-action du MOC en ont tiré la conclusion que la "Luta Popular" dont ils appuient actuellement l'action dans cette région, ne prenant pas suffisamment en compte cet aspect, il faudrait considérer davantage les problèmes particuliers aux femmes et aux jeunes en milieu rural, ainsi qu'aux paysans sans terre. Les familles de ces derniers sont sous-représentés dans le sociétariat de l'APAEB.

Les IAAD ont le devoir spécifique d'amener les responsables et les membres des organisations d'auto-développement à mieux percevoir que leur entourage peut recéler des personnes qui sont dans le besoin, plus qu'ils ne le sont eux-mêmes; et que ces personnes peuvent éventuellement, dans l'état actuel des choses, ne pas bénéficier suffisamment des avantages découlant des activités d'auto-développement en cours (MOC 1985).

Le personnel du CDAS de Chiengmai a mis en application une politique de cette nature, afin d'attirer l'attention des leaders sur les contradictions éventuellement présentes dans leur propre communauté villageoise, lorsqu'en 1982 ce personnel a commencé à travailler avec l'OAD du village de Ban Nua et à lui porter assistance. Peu de temps après, cette politique portait ses fruits avec la création de la banque du riz pour les paysans sans terre.

Identifier la population-cible est "particulièrement important dès qu'il s'agit de définir des programmes spécifiques pour les ruraux pauvres" (voir BIT, 1984, p. 111); et l'emploi d'indicateurs appropriés peut faciliter ce travail d'identification. Mais il n'existe pas de règles précises quant à la manière d'établir ces critères, car ils sont très étroitement liés à l'environnement.

Dans le contexte de *l'étude brésilienne*, les enquêteurs ont identifié comme indicateur majeur et facilement repérable le fait que le foyer possède ou ne possède pas un animal de trait pour porter les charges ou transporter les personnes. Les plus pauvres ne peuvent pas en avoir; les pauvres ne possèdent qu'un âne; les moins pauvres parmi les pauvres disposent d'un âne et d'un mulet; et les moins mal lotis ont un cheval (Rapport brésilien, p. 95).

En Indonésie, dans les villages enquêtés, c'est l'habitat en combinaison avec la fréquence de la consommation de riz qui furent retenus comme indicateurs valables pour apprécier le niveau de bien-être (consommer du riz, dans certaines régions, est considéré comme un luxe; le manioc est l'aliment de base pour les pauvres). Le fait de posséder ou ne pas posséder de terre est aussi un des critères souvent utilisés pour déterminer les catégories de populations-cibles.

Il semble que les quatre IAAD concernées par notre recherche y aient fait appel. Notre étude l'a révélé, dans aucun des cas considérés, les agents de terrain ne faisaient systématiquement appel à des indicateurs soit à des fins d'identification, soit pour contrôler le niveau de participation de la population-cible, soit encore pour orienter les changements dans le temps d'après l'évolution du niveau de prospérité. Quelques progrès sensibles ont été cependant marqués dans ce sens à l'occasion de notre étude.

L'absence d'une instrumentation fine pour identifier la population-cible ne signifie pas que les interventions ne s'adressent pas à une population ciblée.

D'après l'expérience MOC/APAEB il est possible de répartir la population rurale en cinq catégories, des plus pauvres aux moins défavorisés. Ils ont choisi de s'adresser à la tranche médiane et celle qui vient immédiatement en dessous, c'est-à-dire aux paysans dont la superficie d'exploitation plafonne à 10 hectares environ.

L'équipe MOC/APAEB n'a pas renoncé à aider les plus pauvres, nommément les familles ayant très peu ou pas de terre à exploiter, mais elle en est toujours au stade de la recherche des méthodes et des outils appropriés.

Les analyses indonésiennes et thaïlandaises illustrent également combien il est nécessaire de repérer les organisations existant dans un village et d'analyser le rôle qu'elles y jouent, avant de décider de leur apporter ou non un appui ou bien d'encourager la création de nouveaux groupements.

Les organisations existantes ne sont pas forcément d'origine traditionnelle. Les structures sociales des villages connaissent des changements incessants. Avec ou sans recours à l'aide extérieure, des groupements se créent, certains se consolident, tandis que d'autres disparaissent sans bruit. Les défis nouveaux engendrent de nouveaux groupements (voir l'histoire de Baleharjo en Indonésie et de Ban Nua en Thaïlande). Mais dans le cas où ces initiatives sont prises "par la base", les plus pauvres semblent être les derniers à penser à s'organiser.

Les *thaïlandais* sont d'avis que c'est une erreur de travailler exclusivement en appui à des groupements d'auto-développement, à moins que ce ne soit à titre transitoire et selon une stratégie qui vise à englober l'ensemble de la communauté villageoise. Un centrage trop exclusif sur les groupements risque de conduire à une situation où "la majorité des adhérents appartiennent à la classe moyenne, reléguant les plus pauvres à un petit 5%" (voir le Rapport thaïlandais, p. 42).

A propos de la *méthode des CDAS*, on peut distinguer deux étapes dans le processus d'identification :

- Un groupement existant ou un groupement en formation identifie le CDAS comme IAAD fiable, ou inversement. C'est une démarche d'identification mutuelle à double entrée. Les deux parties, OAD et IAAD, cherchent à mieux se connaître pour trouver un terrain d'entente. S'il s'avère que la recherche du profit est l'unique mobile de l'OAD, le CDAS n'entre pas en accord de partenariat avec elle.
- Au cours de la seconde étape du processus d'identification, la première OAD créée dans un village y joue le rôle de "poisson pilote". Avec l'IAAD, elle repère les éléments les plus pauvres de la population qui deviennent leur population-cible commune, pour des actions d'appui à l'auto-développement.

Les paragraphes qui suivent résument les implications de ce qui vient d'être dit pour le travail que mènent les IAAD dans les trois pays :

- Chaque fois qu'une nouvelle OAD entreprend une démarche pour solliciter l'appui d'une IAAD, il est indispensable que celle-ci détermine avec précision l'origine sociale et l'appartenance catégorielle des leaders du groupement en cours de formation et de la majorité de ceux qui les suivent.

Jusqu'ici, c'est une investigation qui n'a pas été conduite ou ne l'a pas été avec assez de soin.

- Si l'on découvre que les adhérents appartiennent à la catégorie des paysans relativement aisés, ce qui est souvent le cas, il ne faudra les accepter comme population-cible que dans la mesure où ils pourront devenir ce "noyau dur" capable de catalyser et de mobiliser les aptitudes de la majorité pauvre à s'aider elle-même (la question de savoir si les pauvres doivent avoir ou non leurs propres groupements est une autre affaire).

- S'agissant des groupements existants avec lesquels les IAAD ont déjà passé des conventions de collaboration, et, en particulier, dans la situation que connaît la Bina Swadaya, s'imposera, semble-il, un certain travail de ré-identification et une ré-évaluation dont les résultats permettront de déterminer quelles sont les OAD qui contribuent, et celles qui ne contribuent pas, à l'émancipation socio-économique des ruraux pauvres; en d'autres termes, quelles sont les OAD qui aident ou n'aident pas à atteindre les objectifs déclarés de l'IAAD.

- Etant donnée l'insuffisante finesse des instruments pour identifier les groupes-cibles, tous les cas observés mettent en lumière la nécessité de les améliorer non seulement pour répondre aux besoins de l'identification, mais aussi pour faciliter le contrôle continu (monitoring) et l'orientation des opérations de développement mises en oeuvre par le système d'appui à l'auto-développement.

Instrument 2 : Recherche participative et planification

Souvent invoquée, mais rarement pratiquée, la "recherche participative" incite la population-cible à prendre une part active à la réflexion qui conduira au diagnostic des problèmes et permettra un pronostic des solutions. Lorsqu'une OAD et une IAAD entrent en relation, c'est généralement pour lancer une activité ou mettre en place un "projet".

Ce n'est pas, pour entreprendre une "analyse sociale", pour reprendre l'expression utilisée par les participants à l'atelier de concertation thaïlandais, dont ils recommandent qu'elle soit effectivement conduite. Ces derniers ont volontairement éliminé le mot *recherche*. "Antérieurement, nous utilisions le terme *recherche* mais les gens le comprenaient comme un travail universitaire...

Nous en avons conclu qu'il exerçait un pouvoir négatif et inhibant par rapport à leurs capacités d'auto-développement" (voir Chattip, Rapport d'atelier thaïlandais, p. 8).

Le "nous" qu'emploie Chattip fait référence à l'expérience de plusieurs petites ONG thaïlandaises, très novatrices, qui insistent pour que la "préparation de la mentalité des populations" précède le "projet". Cette analyse doit être entreprise en liaison avec les "têtes pensantes" du village et peut s'étendre sur une période de six mois (une autre ONG : le Groupement des Agents de développement communautaire pour le Nord-est a vécu la même expérience).

Il faut du temps pour bien conduire une telle démarche. Pourtant, si l'on veut bien considérer qu'elle englobe un processus conduisant les populations à repenser la structure économique de leur village à partir de nouveaux critères, six mois restent une période relativement courte. Par conséquent, si, au début du projet, les opérations de mise en place des "activités productrices peuvent ne pas concerner l'ensemble de la communauté villageoise, il n'en est pas de même pour le travail de conscientisation qui doit la toucher toute entière" (Chattip, Atelier Thaïlandais).

Les cas observés au Brésil et en l'Indonésie sont révélateurs de l'intérêt pour une étude de faisabilité concernant une activité productrice donnée, sous ses aspects les plus divers : économique, social, politique, technique, opérationnel.
Son importance ne ressortait pas avec autant d'évidence des cas étudiés en Thaïlande, parce qu'il s'agissait d'opérations réussies. Mais les résultats globaux des OAD, appuyées par les deux CDAS, ne sont pas nécessairement meilleurs que ceux des OAD des deux autres pays.

Une étude de faisabilité économique a effectivement précédé le lancement de l'unité pour le décorticage du riz par un groupement UB indonésien, mais celle-ci n'avait pas abordé les aspects sociaux. La motivation commune était trop faible; le sociétariat, trop hétérogène, ne pouvait donc entreprendre une activité économique collective avec la moindre chance de succès. Cette décortiqueuse servait surtout les intérêts de l'un des responsables du groupement. Il semble que l'unité de traitement pour le krupuk, créée dans l'autre village enquêté, ait connu une situation similaire.

La faiblesse des analyses économiques préalables est manifeste pour d'autres activités des UB (haricots et bétail). En particulier quand on considère l'investissement en main d'oeuvre, on s'aperçoit que la rentabilité, du point de vue de l'adhérent, est très douteuse.
Les enquêtes de ménages nous ont appris que les adhérents sont sur-occupés lorsqu'ils appartiennent à des foyers à faibles revenus; ce qui revient à dire que le poids de l'investissement demandé en travail est infiniment plus lourd pour eux que pour ceux qui appartiennent à des segments plus aisés de la population où les gens disposent davantage de temps libre.

Au Brésil, les attentes relatives aux importantes retombées économiques dont les adhérents des comptoirs d'alimentation de l'APAEB espéraient bénéficier, se fondaient sur deux hypothèses erronées : à savoir d'une part que les intermédiaires de la distribution réalisaient d'énormes profits en pratiquant des prix trop élevés, et, d'autre part, qu'il serait facile de contrer efficacement l'inflation rampante lorsque les gens géreraient leurs propres points de vente.

La première hypothèse, qui se vérifie parfaitement lorsqu'il s'agit des magasins privés au niveau des villages, où les profits sont effectivement très élevés, s'est avérée inexacte dans le cas des commerçants privés présents dans les petites villes de districts.

La seconde hypothèse repose sur l'idée fausse qu'une micro-réalisation, le comptoir en l'occurrence, pourrait se révéler de taille à résoudre un macro-problème, l'inflation, pour le cas qui nous occupe.

Afin de parvenir à un certain volume de vente, l'APAEB a dû, dès le départ, organiser ses interventions au bénéfice des consommateurs sur une base régionale, ce qui a eu pour conséquence d'affaiblir, d'entrée de jeu, les éléments de ces opérations qui favorisaient la participation et l'auto-développement.

Nous avons également observé qu'un moulin à manioc "casa de Farinha" de dimensions moyennes fonctionnait de façon très profitable pour les adhérents, alors qu'un moulin d'une capacité trois fois supérieure (celui de Tanque Velho) rencontrait des problèmes opérationnels ne pouvant être résolus que par le biais d'un investissement encore plus élevé (camions, machines à râper), ce qui rendait la structure ingérable par la population elle-même.

Au Brésil, les membres de l'équipe de recherche-action ont remarqué, chez les dirigeants de l'APAEB une tendance à surestimer la capacité d'absorption financière de leurs groupements. En particulier lorsque ces responsables sentaient qu'il leur serait facile d'obtenir un financement, les groupements avaient tendance à entreprendre des activités productrices à un rythme que leurs capacités de gestion et d'administration autonome ne pouvait pas suivre. Il en résultait, pour les leaders, une surcharge de travail, un contrôle interne déficient, et une grande négligence des fonctions éducatives (voir Rapport brésilien, p. 124). Les contacts inter-groupements pâtissaient eux-mêmes du manque de temps.

En matière d'auto-développement, le grand défi reste celui de l'identification des activités productrices pouvant devenir profitables aux pauvres. Pour y parvenir, il n'est pas possible de s'en remettre exclusivement à l'idée que les responsables se font de la situation. L'identification de ces activités ne peut intervenir qu'après des séjours prolongés des personnels IAAD dans les villages, où ils se familiariseront progressivement avec les conditions de vie et de travail des populations rurales pauvres.

Des enquêtes de ménages devraient faciliter une perception plus approfondie de la situation, à condition de s'adresser à un échantillon limité de familles pauvres et que ces enquêtes soient conduites dans le style informel du dialogue.

En Indonésie, par exemple, les enquêtes de ménages menées dans le cadre de notre étude ont mis en lumière possibilité et nécessité de restructurer le système d'élevage et d'alimentation du bétail. Les métayers éleveurs, qui ne perçoivent que la moitié de la valeur ajoutée, ont entre les mains toutes les aptitudes et les contacts pour conduire leur propre activité.

Le capital pour investir est le seul facteur de production qui leur fasse réellement défaut. Pour une famille de petits paysans brésiliens, il est plus utile de pouvoir s'affranchir du système "sementes de meia" (par lequel la moitié de la récolte revient au fournisseur) que d'avoir accès à des biens de consommation moins chers en ville (où se trouvent la plupart des points de vente de l'APAEB).

Nous proposons ces exemples pour illustrer à quel point la qualité de l'intervention engagée par l'IAAD va dépendre de sa connaissance préalable de l'environnement économique des pauvres. Lorsqu'une IAAD est elle-même impliquée directement ou indirectement dans la mise en place d'un "projet", elle ne peut pas acquérir cette perception à un degré suffisant.

Dans son plan de développement pour 1986, qui prend en compte les conclusions de notre étude, le MOC stipule qu'une IAAD doit éviter "l'atropelamento de atividades" (l'accumulation des tâches "s'empilant l'une par dessus l'autre"), et il souligne la nécessité d'une "reflexão preparatoria" (littéralement, d'une réflexion préparatoire) plus poussée.

Toutes les considérations que nous venons d'évoquer suggèrent les orientations ci-après pour l'exercice d'une recherche et planification participatives :

- Les IAAD doivent stimuler leurs agents de terrains à acquérir les aptitudes pour entreprendre des analyses socio-économiques (études de milieu), et les entreprendre effectivement, dans quelques-uns au moins des villages pilotes où ils conduisent leurs activités.

- Pour permettre aux responsables des OAD de décider en connaissance de cause des activités productrices à entreprendre, il conviendra de leur faire connaître beaucoup plus tôt les coûts, les avantages et les risques éventuels de leurs décisions.

  Au moment de poser le diagnostic de situation, le personnel des IAAD devra leur apporter un soutien accru en les éclairant sur les différents aspects de l'étude de faisabilité, c'est à dire non seulement sur sa dimension économique, mais également sur les conséquences sociales, politiques, techniques et opérationnelles des options qu'ils choisiront.

- Recherche participative (ou analyse de situation) et planification devront en premier lieu chercher à identifier les activités que les OAD peuvent conduire par leurs propres moyens, sans requérir un appui financier trop permanent, ni une assistance à la gestion trop durable.

  Les projets à caractère régional, tant souhaités par les responsables locaux, comme dans le cas de l'APAEB, ne semblent pas constituer des activités de démarrage très aptes à stimuler l'auto-développement.

- Il ressort de notre étude et des discussions subséquentes en ateliers, que le personnel des IAAD n'est pas suffisamment bien outillé pour aider les dirigeants et les membres des OAD à prendre conscience de leur environnement économique, et des problèmes spécifiques que rencontrent les ruraux pauvres ni à planifier les activités productrices.

  Le personnel des IAAD n'est pas spécialement préparé à remplir ces tâches, et n'a pas reçu la formation appropriée. Il faudra que les programmes de suivi prévoient des formations en cours d'emploi sur ces matières.

Instrument 3 : Education et formation réciproques

Education et formation telles qu'elles sont organisées par la plupart des agences d'aide au développement gardent un caractère paternaliste et curatif.

Lorsque la préparation des projets s'effectue de manière directive, du haut vers le bas, la logique veut que les programmes d'éducation et de formation destinés à l'appuyer adoptent le même style. Du point de vue de l'aide à l'auto-développement, les méthodes d'enseignement académiques à sens unique sont incompatibles avec l'objectif de développement. Elles n'encouragent pas la créativité, leur finalité est d'instruire et de "faire accepter".

Les programmes d'information diffusés par les media et les campagnes publicitaires relèvent de la même philosophie. Elles témoignent "d'un mépris flagrant des connaissances et de l'expérience des gens" (Rapport brésilien, p. 182). Elles sont révélatrices d'un asservissement aux connaissances techniques et spécialisées modernes.

Le MOC comme l'APAEB sont fiers d'avoir pu participer à l'élaboration d'une technique de stockage pour les graines et les denrées alimentaires qui ne fasse pas appel aux produits chimiques mais s'inspire, dans ses grandes lignes, d'une pratique et d'un savoir traditionnels.

Pour toutes ces raisons, les membres de l'équipe de recherche-action en Thaïlande ont contesté l'emploi des termes "éducation et formation". Puisqu'il s'agit de créer une situation d'apprentissage où le courant de transmission des connaissances s'établit à double sens entre les "facilitateurs" (antérieurement les enseignants) et les acteurs du développement (responsables et membres des OAD), l'expression *"partage et production de connaissances"* leur paraît mieux adaptée.

Nous ne sommes pas surpris que les deux CDAS thaïlandais qui sont parvenus à la même conclusion, aient été contraints de réviser leurs programmes de formation initiaux. A l'avenir, ils favoriseront, en leur donnant la priorité, les réunions informelles d'information au niveau du village, et celles-ci, organisées à l'initiative et sous la responsabilité de ces villages seront de nature à s'autofinancer. La pratique des échanges inter-villageois appartient à la même stratégie (Rapport thaïlandais, p. 71).

Le CDAS de Chiengmai a en outre commencé de réunir les "bénéficiaires de projets" au niveau régional. Pour les représentants d'OAD qui gèrent une ou plusieurs activités productrices, ces réunions sont l'occasion de rencontrer des responsables d'autres groupements ayant soumis un projet au bureau du CDAS. Des rencontres de ce genre offrent un exemple de la corrélation existant entre l'instrument "éducation et formation" et celui, évoqué plus haut, touchant à la "planification participative".

Le CDAS prend en charge une partie des frais journaliers occasionnés par ces réunions, tandis que les OAD prennent à leur compte tous les frais de transport.

Cette répartition des charges est une application logique du principe inhérent à toute activité promotionnelle : chacun doit apporter une "contribution sur ses propres ressources".

Le rapport thaïlandais, qui adopte la démarche "globalisante" (holistic), met aussi l'accent sur la nécessité de l'éducation morale et religieuse comme faisant partie intégrante du processus éducatif (p. 94). Il présente l'éducation comme un instrument de nature à introduire et à entretenir un haut niveau de moralité dans le processus des échanges économiques.

Il est intéressant de noter, qu'en relation avec la formation religieuse, l'expression "éducation et formation" semble perdre une partie de la connotation négative qui lui est attachée dans d'autres sphères, et que "l'enseignement" de type traditionnel (par le moine) semble une pratique tout à fait reconnue et acceptée.

Les activités éducatives du CDAS de Chiengmai ont un autre groupe-cible, connu localement sous le nom d'"intellectuels organiques" (organic intellectuals), qui ne se retrouve pas dans les autres cas étudiés. Il s'agit de jeunes qui acceptent de rester au village et auxquels le CDAS offre la possibilité d'une formation professionnelle plus poussée. Celle-ci leur est donnée en dehors du village, et pour une période donnée. Le CDAS les guide ensuite, en permanence, dans leur réflexion sur la signification et la portée des aptitudes et des connaissances qu'ils ont nouvellement acquises, par rapport aux perspectives d'organisation de la vie du village, et à la place qu'ils pourraient y tenir.

Les rapports du MOC et de la Bina Swadaya reflètent l'un et l'autre une insatisfaction concernant le système d'éducation et de formation pratiqué actuellement. Ils le trouvent trop exclusivement centré sur les dirigeants pour leur effet supposé "multiplicateur", mais qui est rarement, voire jamais, multiplié.

Le programme de formation de la Bina Swadaya, dans la zone enquêtée de Yogyakarta, semble essentiellement inspiré par des objectifs quantifiables (nombres de cours, nombre d'inscriptions). De plus, le contenu des programmes doit davantage aux connaissances que les formateurs (agents de terrain) ont à offrir, qu'aux questions jugées prioritaires par les bénéficiaires. En principe, ce sont les responsables qui choisissent les formations qu'ils souhaitent, mais l'éventail des options qui leur sont proposées a les mêmes limites que les capacités des agents de terrains qui les dispensent.

Aux yeux des participants, "les retombées positives des programmes de formation se situent au niveau de la possibilité qui leur est ainsi offerte de rencontrer des personnes appartenant à d'autres groupements, pour un échange d'expériences" (Rapport indonésien, p. 101). Mais le contenu des cours n'a aucun rapport avec les activités productrices engagées et il n'y a pas de suivi (idem, p. 102).

La Bina Swadaya vient d'amorcer une politique nouvelle, qui fait appel à des personnes ressources appartenant à d'autres "organisations de soutien" et invite des groupements UB du voisinage, afin d'élargir la gamme des thèmes de formation proposés.

Au Brésil, les assemblées de l'APAEB/MOC revêtent un caractère différent. Les responsables y échangent leurs idées et leurs expériences et débattent d'une grande variété de questions touchant aux activités productrices, à la politique, à la santé, etc... Ils se déclament mutuellement chants et poèmes de leur composition. Mais le sociétariat, lui, est à peine éclaboussé par les retombées des informations, des expériences et des inspirations que leurs responsables recueillent à l'occasion des telles rencontres.

En réalité, les efforts de formation investis au cours des dernières années n'ont fait que creuser le fossé existant entre deux niveaux de connaissances et d'information : celui des responsables et celui des adhérents.

Cette situation est en contradiction flagrante avec le souci déclaré du MOC de contribuer à l'avènement d'une société plus égalitaire.

Le MOC va se préoccuper désormais de trouver les moyens de responsabiliser davantage les dirigeants et d'obtenir qu'ils transmettent effectivement aux adhérents les bénéfices des connaissances et aptitudes qu'ils auront acquises à l'occasion des formations spéciales qui leurs sont réservées (Rapport brésilien, p. 128).

Pour garantir cette transmission des connaissances, de nombreuses ONG appliquent le principe d'une contribution financière des sociétaires au coûts de la formation destinée à leurs dirigeants ou représentants.

En matière d'éducation au développement la formule traditionnelle "du père omniscient" (ou du "magister dixit") n'a plus cours. Parallèlement, il faut pourtant admettre que la transmission de certains savoir-faire peut parfois requérir une méthode relativement directive : par exemple, l'enseignement du calcul des coûts, de la comptabilité, des techniques d'entretien du matériel, etc... On n'a donc pas tellement le choix entre l'une ou l'autre méthode.

Il revient plutôt aux IAAD de s'entendre avec les responsables et les membres de l'OAD pour déterminer un ensemble de formations et de programmes d'éducation dûment équilibré, faisant appel aux deux systèmes selon les cas.

En matière de pratique d'éducation et de formation, les IAAD pourraient tirer les conséquences suivantes :

- Pour que le fossé cesse de s'élargir entre le niveau de connaissances et d'information des adhérents et celui de leurs responsables, les programmes éducatifs des IAAD devraient attacher plus d'importance aux formations de niveau villageois, extra-muros et décentralisées. Cette pratique réduirait, sans pour autant l'éliminer totalement, le recours aux formations regroupées "dans des centres de formation".

-Dans les trois pays, les IAAD pourraient envisager de lancer un programme de type "éducation fonctionnelle", élaboré spécifiquement à l'intention des adhérents des OAD. L'aspect fonctionnel fait référence à la relation directe qu'il convient d'établir entre le contenu de la formation et les activités productrices que l'OAD cherche à entreprendre ou aurait déjà entreprises.

Idéalement, un tel programme devrait inclure un volet "alphabétisation" pour ceux des membres de l'OAD qui sont analphabètes ainsi qu'une formation au calcul afin de permettre aux adhérents de mieux comprendre les aspects économiques des activités d'auto-développement.

- Pour ce qui est du Brésil, si l'APAEB veut accéder à l'autonomie financière, il est indispensable qu'elle prévoit pour son personnel d'exécution, et spécialement pour les gérants de ses comptoirs (postos), des formations dans les domaines tels que : calcul des charges, établissement des prix de vente, contrôle des stocks et des disponibilités financières, gestion de stocks, etc... Il faut aussi que son Comité exécutif se familiarise avec les concepts de base en gestion des entreprises (frais généraux, amortissement, point d'équilibre, capitaux d'investissement et réserves).

Instrument 4 : Mobilisation des ressources internes (endogènes), appel à d'autres ressources (exogènes)

"Si les pauvres arrivent à survivre, c'est bien parce qu'ils possèdent quelque chose, et s'ils possèdent quelque chose, ils ont une capacité d'épargne", disait un administrateur de CDAS.

La première fonction de l'OAD est donc d'apporter la structure organisationnelle qui facilitera la collecte de l'épargne des adhérents, ce qui les qualifiera pour obtenir un crédit si le besoin s'en fait sentir[31].

Epargne

La contribution des "adhérents sur leurs propres ressources" peut revêtir des formes diverses : financière (argent), matérielle (riz pour la banque du riz), ou humaine (travail, savoir-faire).

Nous l'avons vu plus haut, le capital initial de la première banque du riz à Ban Nua n'a pas été obtenu en faisant appel à un soutien extérieur, mais ce sont les adhérents qui en ont fait l'apport, les contributions des groupements plus aisés du village venant compléter la petite épargne des groupements de paysans sans terre, c'est à dire de ceux qui sont aussi les plus pauvres.

Les *UB indonésiennes* se sont longtemps accommodées de leurs propres ressources et continuent de le faire au moins partiellement.

Les *adhérents de l'APAEB* ont apporté, sous forme de travail et de matériels, leur contribution à la construction des bâtiments qui abritent le comptoir de vente, l'entrepôt et l'unité de transformation. A ce jour, l'APAEB n'a encore expérimenté aucun plan d'épargne monétaire. Les ressources existent bien, mais n'ont pas été sollicitées.

La "Caixa Economica" (Banque d'Etat) et plusieurs banques privées ont lancé avec succès des plans d'épargne; c'est une indication de la présence d'un potentiel d'épargne monétaire en région rurale. Certains des membres de l'APAEB ont eux-mêmes souscrit à ces plans et détiennent un "Caderneta de Poupança" (= livret de Caisse d'épargne).

Mais ces plans d'épargne ont pour effet concret de drainer toute l'épargne des petits paysans au profit de macro-projets industriels dont l'ampleur les dépasse.

En investissant une plus grande part de leur propre épargne dans leurs activités productrices, ils atteindraient un plus haut niveau d'autonomie financière et manifesteraient vraisemblablement plus de soin et de prudence dans leurs décisions d'investissements.

[31] Dans le Document de Travail n°1, de la récente étude de CEBEMO intitulée "Commentaires sur l'étude S24 du Ministère Fédéral allemand", par K. Verhagen (1985), les effets négatifs éventuels du financement exogène ont été traités. Nous n'en reprendrons pas ici l'argumentation (Oegstgeest, Pays-Bas, CEBEMO, document ronéoté).

L'existence de petites "caixas", particulièrement populaires auprès des paysannes, est une autre indication du potentiel d'épargne dans les zones rurales brésiliennes.

Ces caïxas sont des associations informelles d'épargne et de crédit. Un système de tirage au sort détermine la bénéficiaire du premier prêt (comme dans un régime tontinier).

Les écrits sur le développement abondent en exemples sur les surprenantes capacités d'épargne identifiées chez les ruraux, y compris parmi les pauvres, qui semblent être les premiers à reconnaître l'importance de l'épargne comme assurance contre les risques quotidiens (BIT, 1984).

En *Indonésie*, dans la zone enquêtée du district de Gunung Kidul, les 73 caisses populaires, qui bénéficient de l'appui du Plan de Foster Parents, ont accumulé une épargne globale de 100 millions de Rps (90.000 $US). Leur portefeuille de prêts totalise 107 millions de Rps (95.000 $US).

De nombreux exemples apportent la démonstration qu'il existe un fort potentiel d'auto-capitalisation dans le domaine financier. Et chaque fois que les financements extérieurs prennent la forme "d'argent facile" ils constituent sans doute l'un des obstacles majeurs sur le chemin d'une plus grande autonomie financière des populations rurales.

Crédit

La place que l'apport de facilités de crédit pourrait prendre dans l'appui à l'auto-développement est un véritable problème. Tous ceux qui l'abordent devraient avant toute chose répondre à la question de savoir si ce crédit est vraiment utile. Les expériences que le CDAS de Chiengmai a tentées dans les villages enquêtés et dans d'autres villages qu'il dessert, montrent qu'en réalité les OAD n'ont besoin que d'un très léger appui matériel extérieur pour démarrer des activités productrices probantes.

Toutefois, si la première interrogation conclut à la nécessité d'un certain soutien financier, une seconde question doit encore être résolue : d'où devrait venir ce soutien? D'une agence donatrice locale? d'une agence donatrice étrangère?

Lorsque le soutien est sollicité auprès d'une source étrangère, il est en général acheminé par le truchement d'une IAAD, et celle-ci joue alors, de facto, le rôle d'agence donatrice de second rang. Même si cette ONG n'apprécie pas ce qualificatif, c'est souvent ainsi qu'elle est perçue par les utilisateurs finaux.

En *Indonésie*, la Bina Swadaya canalise depuis longtemps l'appui financier étranger vers les groupements de base.

Le programme de crédit KSK, dont nous avons parlé plus haut (voir p. 90 et p. 120), est l'un des canaux qu'elle utilise. Depuis sa création en 1976, les règles et procédures de ce programme ont beaucoup évolué. Depuis la création récente du "fonds central de capitalisation solidaire", les groupements UB sont incités à y déposer leur épargne qui sera rémunérée, en fin d'année, sous la forme d'une ristourne dont le montant dépendra des résultats financiers de ce fonds.

Le coût mensuel des prêts aux groupements UB est de 2,5% pour les crédits qui seront rétrocédés à des adhérents individuels, de 2% pour les crédits utilisés comme capitaux d'intervention pour les entreprises du groupement (activités productrices), et de 1,5% quand le groupement affecte le crédit à des opérations d'investissement.

Les crédits courent habituellement sur une période de 10 à 12 mois, mais une extension (jusqu'à 3 ans) est accordée lorsqu'il s'agit de crédits d'investissements. Le rapport crédit/épargne est de 1 à 8 pour les groupements très pauvres et de 1 à 2 pour les groupements qui se rapprochent de l'autonomie financière (Rapport indonésien, pp. 106-107).

Un agent de terrain a tenté d'évaluer la capacité d'épargne des groupements UB. Dans le premier village enquêté, Baleharjo, tous les groupements recevaient cinq fois la valeur de leur "épargne de solidarité", tandis que le rapport crédit/épargne du groupement des paysans de Pacing était de 1 à 8.

L'accès facile à un programme de crédit du type KSK accélère certainement le rythme de création d'activités productrices, mais en revanche il détourne indéniablement les bénéficiaires de recourir à un effort pour mobiliser leurs ressources propres.

Par exemple, on peut se demander si les paysans de Pacing auraient jamais exploité un champ collectif (dont le produit devait servir à constituer leurs capitaux propres) si l'accès au crédit KSK avait été ouvert dès le départ. En outre, les mécanismes de contrôle interne tendent à se relâcher lorsque "l'argent facile" arrive de l'extérieur.

L'étude indonésienne apporte la confirmation que le crédit prélevé sur l'épargne des adhérents (endogène) est distribué de façon plus équitable que le crédit qui s'appuie sur des ressources d'origine extérieure au groupement (exogène). Toutefois, le système d'écritures de la Bina Swadaya est encore insuffisamment affiné pour permettre d'identifier formellement, au moment même où ils se manifestent, des comportements aussi révélateurs.

En *Thaïlande*, les fonds des CDAS utilisés pour financer les activités productrices des OAD proviennent essentiellement d'ONG donatrices étrangères, exactement comme pour la Bina Swadaya.

Il en est de même pour le MOC, au *Brésil*, mais le MOC s'efforce plus que les autres IAAD d'aider les OAD à obtenir l'accès au système local de répartition des crédits publics, ainsi qu'aux programmes de subventions, tels ceux que gèrent les organismes para-publics ou les prefeituras (administration régionale des districts), etc..

Il en résulte qu'au Brésil le système promotionnel tend à devenir moins dépendant de l'aide financière *étrangère*.

Parallèlement, cette attitude a eu pour effet que les opérations d'analyse préalable et les procédures d'approbation des projets ont été partiellement décentralisées (certaines d'entre elles sont assurées au Brésil même), et que des agences locales de financement en sont désormais responsables au premier chef (en lieu et place des agences donatrices étrangères).

Cette procédure, a de plus permis de limiter l'affectation des financements étrangers au soutien institutionnel de l'IAAD, c'est-à-dire du MOC.

S'agissant d'en appeler à des ressources extérieures, deux autres questions fondamentales ne doivent pas être éludées.

La première est celle de savoir si l'appui à l'auto-développement est le moins du monde compatible avec la fonction "d'agence donatrice de second rang", telle que la remplissent actuellement la plupart des IAAD dans les pays en voie de développement.

Le Rapport thaïlandais est éloquent à ce propos, lorsqu'il expose à quel point, dans la situation actuelle, les agents de terrain doivent encore consacrer de leur temps et de leur énergie à expliquer à leurs interlocuteurs que le CDAS, en dépit de son rôle limité de financeur, n'est pas une banque; que l'argent distribué, et qui provient d'une organisation dépendante de l'église (du curé), doit tout de même être remboursé.

Et il faut de surcroît, les convaincre que le fait d'accepter l'aide financière du CDAS ne comporte pas la moindre obligation pour eux de se convertir au christianisme (p. 38).

La seconde question a trait au rôle que pourraient jouer les institutions publiques locales de financement[32]. La proposition visant à un plus grand engagement de ces institutions locales, bancaires ou autres, dans le financement des activités productrices que mènent les OAD, peut se révéler irréaliste lorsque les institutions existantes ne sont pas favorables aux formes authentiques d'appui à l'auto-développement, ou entendent leur imposer leurs critères et leurs systèmes de gestion. Mais il se pourrait aussi que nous prenions trop facilement la situation pour définitivement acquise.

Dans les cas étudiés, il s'est avéré que le secteur public n'apportait généralement pas aux pauvres un service adapté. Mais il y avait aussi des exceptions, notamment lorsque l'IAAD elle-même s'était, ouvertement ou tacitement, donné pour tâche de remplir la fonction d'intermédiaire entre le secteur public et les OAD (MOC, CDAS de Ubon, Bina Swadaya pour certains groupements), ou de surveiller l'évolution des relations en faisant office de chiens de garde (les deux CDAS en Thaïlande).

Nous analyserons ultérieurement (Instrument 6 traitant des relations qu'il convient d'établir avec les tiers) comment on risque de perdre l'autonomie en acceptant des financements gouvernementaux. Si c'est une banque de crédit qui apporte le financement, les OAD et leurs adhérents peuvent être amenés à sacrifier non seulement une partie de leur autonomie d'action, mais ils peuvent aussi se retrouver, en fin de compte, étroitement attachés à un système financier sur lequel ils ne pourront exercer aucun contrôle.

[32] L'une des recommandations de la Rencontre TCDT à Nanjing, sur la question du renforcement des services de crédit institutionnalisés aux groupements à revenus faibles (UN-ESCAP 1986) dit en substance :"Les transactions financières des groupements d'auto-développement pourraient être conduites par des institutions d'appui à l'auto-développement, *jusqu'à* ce que les institutions financières soient prêtes à répondre à cette demande" (les italiques sont de l'auteur).

Dans les stratégies d'appui à l'auto-développement, il faut se montrer extrêmement prudent avant de recourir à des financements extérieurs (exogènes internes ou externes), surtout lorsque les fonds émanent de prêteurs institutionnels qui ont reçu le mandat explicite "d'apporter des services aux petits paysans" ou à d'autres catégories de la population pauvre en milieu rural, auxquelles faciliter le crédit à la production.

Dans leur rapport, les membres de l'équipe de recherche-action font observer qu'il existe une forme d'attribution des financements extérieurs qui "exploite, conduit à l'asservissement et n'est pas libératrice". Selon eux. Ce crédit "exploiteur" peut être le fait d'institutions de crédit telles que les "banques de développement".

Pour cette raison, une autre ONG thaïlandaise (CULT) a cru devoir lancer un programme de rachat des dettes pour libérer les petits paysans, non pas des griffes des prêteurs professionnels, mais de la mainmise de la Banque nationale pour le développement agricole (BAAC!).

Le paysan thaïlandais qui dit "depuis que je possède ce tracteur, je suis devenu un esclave de la banque" témoigne d'une situation qui n'est pas unique en Thaïlande.

Reconnaître cette situation n'implique pas la négation du rôle plus positif que les banques, ou institutions financières assumant des fonctions similaires, ont joué et continueront de jouer dans l'histoire du développement rural, surtout lorsqu'il s'agit de banques coopératives.

S'agissant de financer les activités productrices des OAD et de leurs adhérents, on peut identifier, en gros, trois configurations d'interaction institutionnelle, correspondant à trois démarches différentes :

- La première est caractérisée par la situation de dépendance permanente de l'OAD par rapport aux fonds gérés par l'IAAD/ONG locale, qui se place en position d'intermédiaire entre l'institution de financement étrangère et le groupement.
- La deuxième correspond à l'incitation donnée à des institutions existantes du système financier public local (banques, institutions spécialisées) pour qu'elles aménagent leurs politiques, de manière à être mieux à même de répondre aux besoins des OAD, ou même pour autoriser une certaine forme de participation financière des OAD au capital de l'institution de financement[33].
- La troisième reflète la politique d'encouragement menée auprès des OAD pour qu'elles mettent en place leurs propres outils financiers, au niveau inter-groupements, et acquièrent de ce fait le droit de définir leurs propres systèmes et règles de fonctionnement, afin de maîtriser, dans sa totalité, le contrôle du choix des activités et de l'emploi des ressources.

A partir de ces schémas, on constate, par ailleurs, l'existence de toute une série de variantes.

[33] Une évolution dans cette direction fut l'une des recommandations majeures de la table-ronde ONU/CESPA à Nanjing (1986).

• La Bina Swadaya a opté pour le premier, mais en même temps, elle encourage l'épargne dans les groupements et au niveau inter-groupements avec son plan KSK.

• Le couple MOC/APAEB n'a pas encore défini clairement sa stratégie sur ce point, mais il se rapprocherait plutôt du deuxième schéma, chaque fois que sa politique conduit le MOC à épauler l'APAEB et ses groupements d'auto-développement, dans leur lutte pour obtenir la part qui leur revient légitimement des financements publics à bon marché.

• En Thaïlande, les deux CDAS s'orientent vers la troisième option : ils encouragent l'épargne à la base et gèrent un système rotatif qui consiste à utiliser les remboursements d'un groupement pour financer les activités d'un autre.

Ce faisant, ils s'efforcent de responsabiliser les groupements les plus anciens, qui, en remboursant à la date prévue, permettent le financement pour de nouveaux groupements.

Une telle démarche nous paraît constituer une étape essentielle vers la mise en place d'un fonds commun d'investissement, que les représentants des OAD elles-mêmes pourraient éventuellement devenir capables de gérer.

En ce qui concerne la mobilisation des ressources endogènes et la recherche des ressources exogènes, il conviendrait que les IAAD étudient rapidement la possibilité de mettre en place les activités de suivi ci-après :

• Le MOC aurait intérêt à organiser une recherche-participative, pour déterminer si serait souhaitable et réalisable un programme d'épargne, ayant pour finalité de rehausser la capacité d'auto-financement de l'APAEB et de ses groupements.

• Les IAAD auraient avantage à reconsidérer leur rôle d'institutions financières "sous-traitantes", en prenant en compte, explicitement, le fait que l'appui à l'auto-développement et le financement d'activités sont deux fonctions difficilement conciliables, au niveau du terrain surtout.

• Il conviendrait de revoir les mécanismes de financement, en apportant une attention spéciale à l'une des options qui suivent, ou à une combinaison de ces options :

(a) transférer la fonction bancaire, en totalité ou en partie, à des institutions de financement locales spécialisées, qui pourront également recevoir les financements étrangers destinés aux projets;

(b) constituer un fonds de financement "souple" qui serait alimenté pour partie par les contributions des OAD locales et administré par leurs représentants ; la souplesse de ce fonds résidant dans le fait que la destination des crédits n'est pas définie d'avance et que la responsabilité première, pour sa gestion et pour l'affectation définitive des crédits est l'affaire des responsables des OAD concernées[34].

[34] Actuellement, une ONG thaïlandaise qui reçoit l'appui de CEBEMO, mais n'est pas concernée par cette étude, pratique cette formule.

Instrument 5 : Conseils en gestion

Notre étude n'est pas la seule à démontrer qu'une gestion efficace est indispensable aux OAD pour atteindre les objectifs souhaités.

Par "conseil en gestion" s'entend le travail d'assistance accompli par les IAAD auprès des organisations d'auto-développement, en référence à leurs activités productrices en cours. Aussi bien préparé qu'ait été le "projet", ce travail spécifique s'avère nécessaire, même si, pour une activité donnée, sa nécessité tend à *décroître* avec le temps. Mais elle peut tout aussi bien *s'accroître* dans le cas de certaines OAD. Si paradoxe il y a, il n'en a pas moins son explication : une OAD dynamique, après avoir conduit une première opération avec un certain succès, ne tardera pas à vouloir se lancer dans une autre opération, et ainsi de suite; partie d'une activité unique, une OAD efficace tendra à gérer des activités multiples. D'où la genèse du paradoxe.

Il apparente la relation IAAD-OAD à une spirale sans fin "esperial infinita" (Rapport brésilien p. 65). Il y aura pourtant une fin, car, comme exposé plus haut, ce qu'une OAD isolée peut entreprendre se heurte à des limites, celles, en particulier, des compétences qui assument sa direction. La nature de l'assistance et des conseils requis évoluera donc -croissance ou décroissance- en même temps que l'aventure de l'OAD.

Et, par exemple, si le groupement pilote de Subaé dépend de l'IAAD qu'est le MOC, cette dépendance, n'est plus la même qu'il y a quatre ans. Des modifications sont intervenues et elles reflètent celles qui se sont produites dans la corrélation plus générale APAEB-MOC. Cette corrélation n'a pas suivi, comme souvent prévu, une évolution linéaire simple -celle qui allègue le retrait progressif d'une assistance apportée par une institution de promotion. La courbe consignant cette évolution reflète elle-même des oscillations correspondant à une alternance de rapprochements et d'éloignements successifs des deux parties, à différentes périodes dans le temps.

Ce type de mouvement s'explique d'ailleurs par les comportements quelque peu ambigus adoptés par la direction de l'APAEB.

Nous l'avons déjà indiqué, au début des années quatre-vingt l'APAEB avait accusé le MOC de la manipuler. Ultérieurement, lorsque le personnel du MOC eût adopté un profil plus bas, les dirigeants leur reprochèrent de les laisser tomber, livrés à eux-mêmes. Avec le temps, les relations entre le MOC et les groupements de l'APAEB ont mûri. Les dirigeants de l'APAEB se montrent prêts à recevoir les conseils mais refusent d'obtempérer à des ordres (Rapport brésilien, pp. 72-75).

A l'occasion de l'atelier de recherche réuni au Brésil, un dirigeant local a insisté sur un besoin fondamental et ressenti par les groupements : celui d'obtenir l'assistance du MOC sur des questions telles que la gestion financière, ou la formulation de règles spécifiques pour les OAD affiliées à l'APAEB (ce qu'en droit coopératif, on dénomme des statuts-types).

L'étude elle-même a fait apparaître le besoin d'un système beaucoup plus élaboré pour : tenir les livres comptables; permettre de détecter plus tôt les insuffisances de gestion et faciliter l'évaluation de la rentabilité pour chacune des activités productrices.

Le système actuel pour tenir les livres et la comptabilité de l'APAEB ne prend en compte ni l'amortissement des actifs financés par les donateurs, ni la gestion et les intérêts des subventions, ce qui est pourtant essentiel, si l'APAEB entend poursuivre ses activités. Un nouveau système à élaborer fera ressortir tous ces éléments comptables, car sans autonomie financière, il n'est pas d'autonomie véritable.

Pour la Bina Swadaya, l'assistance à la gestion proposée par les agents de terrain aux UB est bien adaptée aux opérations d'épargne et de prêts (enregistrement des montants d'épargne, demandes de crédit, allocation des prêts, paiement des intérêts, répartition des excédents). Mais, pour les activités productrices spécifiques dans lesquelles s'engagent certaines UB, le système comptable n'est pas approprié. Du coup, pour connaître leur degré de rentabilité, l'équipe de recherche-action en a été réduite à des estimations, celles-ci ayant été établies après avoir tenté de reconstituer la comptabilité, à partir d'informations orales imprécises.

Les CDAS thaïlandais mènent une politique d'encouragement auprès des OAD pour qu'elles tiennent une comptabilité simplifiée. Dans la ligne de leur politique de "partage et production de connaissances", ils n'insistent pas pour que toutes les OAD adoptent un système uniformisé, mais ils les aident à mettre au point un système adapté à leur situation particulière.

Dans le domaine des relations internes, les responsables des UB interviewés ont également exprimé un souhait : que les agents de terrain de la Bina Swadaya interviennent davantage pour apaiser les conflits au sein des UB. Les IAAD peuvent considérer cette intermédiation comme étant de leur ressort, mais ce n'est certainement pas à elles de le muer en arbitrage. Sur ce plan, ni le MOC ni la Bina Swadaya ne semblent avoir de politique bien définie.

Les responsables de la recherche-action, en Thaïlande, observent une tendance similaire parmi les OAD. Celles-ci écrivent aux CDAS sollicitant une aide pour dirimer leurs différends.

Il vaudrait beaucoup mieux que l'arbitrage soit prononcé par des responsables d'autres villages. Mais il faudrait, pour cela, un réseau supra-villageois, dont on reparlera plus loin.

Nos études de cas convergent dans une inférence : toutes les OAD, quel que soit leur degré de développement ou la portée de leurs activités, ont besoin d'être conseillées pour les questions de gestion financières et d'organisation, de même que pour apaiser ou régler, occasionnellement, leurs querelles internes.

Des études brésiliennes et indonésiennes il ressort, cependant, que les IAAD ne sont guère aptes, actuellement, à dispenser aux OAD les conseils requis par celle-ci sur les questions susdites. Dans la situation thaïlandaise, la simplicité des opérations des OAD fait que, jusqu'à présent, le besoin de ce type de conseil ne s'est pas manifesté avec la même acuité.

Il ne s'agit pas là d'un simple problème technique, au sens où le personnel des IAAD ne disposerait pas des connaissances de base pour assister efficacement les OAD dans la gestion de leurs activités productrices. C'est aussi une question d'état d'esprit.

L'employé-type d'une IAAD n'a pas a priori le "sens des affaires". Dans le contexte brésilien, par exemple, apporter un soutien éducatif et moral pour une lutte à caractère politique est plus stimulant et valorisant qu'élaborer un système comptable pour permettre d'analyser les comptes de pertes et profits.

Savoir établir un budget et tenir une comptabilité peuvent être aussi importants par rapport aux objectifs des OAD que les aspects moral, éthique et social: c'est une idée qui gagne du terrain, mais il faudra encore du temps avant qu'elle soit franchement adoptée.

Orientations suggérées :

- Partout où, comme dans le cas APAEB au Brésil, ou pour certaines UB en Indonésie, absence ou insuffisance d'un système d'enregistrement et comptabilité approprié ne permettent pas d'apprécier avec pertinence la situation financière des OAD, l'introduction d'un tel système devrait être placée en tête de la liste des projets prioritaires[35].

- En liaison avec les responsables des OAD, les IAAD devraient chercher les moyens de réduire au strict minimum leur intermédiation dans le règlement des conflits internes aux OAD, ou entre OAD. Des procédures qui reporteraient la responsabilité de la médiation et de l'arbitrage sur le collectif des OAD en tant que tel, pourraient et devraient être conçues.

Instrument 6 : Le maillage du réseau de relations avec les tiers

Le schéma théorique précédent, (présenté figure 3, chapître 3), présuppose et propose : d'aider les OAD à tisser un réseau de relations non seulement entre elles (démarrage d'un mouvement), mais également avec les tiers susceptibles d'épauler leurs activités.

Reconnaître explicitement la complémentarité des fonctions entre les différentes institutions en charge du développement ne garantit cependant pas que le maillage progressif d'un tel réseau relationnel soit entériné comme partie intégrante d'une politique de développement et qu'on s'y corrobore activement à ce titre.

Comme l'a bien formulé l'un des membres d'une équipe de recherche-action: "Nous parlons volontiers de collaboration inter-institutionnelle dans les réunions officielles, mais nous ne la recherchons pas activement".

Les ONG locales, y compris celles qui ont été impliquées dans notre programme de recherche-action, tendent naturellement, et c'est toutà fait compréhensible, à considérer les OAD qu'elles soutiennent comme *"leurs"* groupements.

[35] Avant même que s'achève l'étude indonésienne, et comme conséquence directe de cette étude, la Bina Swadaya avait commencé d'introduire un système de contrôle et d'enregistrement pour les activités à caractère économique.

Les OAD dont les dirigeants manquent encore de confiance en eux-mêmes alimentent cette tendance, en reportant leurs responsabilités vers les personnels des IAAD. Ils conduisent ceux-ci à se comporter à leur égard comme de véritables "parrains" à l'égard de leurs "protégés", ce qui est prendre à contre-pied une philosophie de l'auto-développement.

Le dernier rapport annuel du MOC, au Brésil (1985) témoigne qu'il devient de plus en plus conscient de ce phénomène depuis quelques années; pour autant le MOC ne s'est pas contenté d'appuyer la création de l'APAEB comme structure de niveau régional, il a en outre encouragé les groupements de l'APAEB à se mettre en rapport avec des organismes para-étatiques de financement.

Il convient d'aider les OAD à tisser un réseau de relations pour une double raison :

- C'est d'abord une *question de principe*. L'autonomie (self-reliance) organisationnelle implique que les OAD se sentent libres d'établir, avec les organisations non-gouvernementales ou gouvernementales, ou encore avec toute personne privée, les relations dont elles estiment qu'elles serviront leurs intérêts. Les OAD n'appartiennent à personne d'autre qu'à elles-mêmes.

- C'est ensuite une *question de pratique*. L'absence de toute relation risque d'alimenter les suspicions et d'aboutir à des blocages, particulièrement de la part des institutions gouvernementales. En entretenant des relations ouvertes et utiles, on peut en revanche s'assurer l'avantage complémentaire d'un accès aux ressources d'investissement que ces institutions ont la charge de répartir.

En Indonésie, les membres de l'équipe de recherche-action n'ont pas nié l'*utilité* de telles relations, mais ils ne sont pas certains de leur *nécessité*.
"Les dirigeants des UB sont assez forts et suffisamment bien informés pour contacter eux-mêmes les organismes de soutien, et il le font très bien de leur propre initiative (autres ONG, services de vulgarisation du gouvernement, etc..). Toutefois, maintenant que la Bina Swadaya a décidé de privilégier les segments les plus pauvres de la population.., il pourra devenir nécessaire de les aider à prendre ces contacts".

En réunions d'ateliers de concertation au Brésil, les responsables des OAD se sont plaints du trop grand nombre d'institutions de développement qui s'adressent directement à la population rurale (dans le village de Subaé, on n'en compte pas moins de 11), car cette situation crée la confusion dans l'esprit des gens.
Mais, maintenant qu'ils se sont organisés, ces mêmes responsables constatent par ailleurs se sentir plus sûrs dans leurs démarches auprès des bureaux de ces institutions ouverts en ville, y compris pour y formuler leurs demandes.

La politique des deux CDAS thaïlandais reflète une attitude de grande prudence, et les membres de l'équipe de recherche-action l'ont également adoptée.
Les CDAS se voient dans un rôle de consultants, vis-à-vis des OAD, pour la gestion de leurs relations extérieures. "C'est aux OAD de juger si (les tiers) les aideront ou les exploiteront". Comme nous l'avons vu plus haut, la Banque

du développement (BAAC)) peut entraîner les petits paysans dans la spirale de l'endettement; et par ailleurs, collaborer avec le gouvernement comporte le risque d'une perte d'autonomie (Rapport thaïlandais, p. 76).

Mais les enquêteurs ont également noté que "les villageois ne peuvent pas éviter d'entrer en relation avec le gouvernement et les commerçants. Ils seront démarchés par eux s'ils ne prennent pas d'eux-mêmes l'initiative des contacts" (idem, p. 86).

Des gouvernements déploient des efforts persistants pour tenter de récupérer les organisations paysannes moyennant : pressions politiques, promesses de financements sûrs et autres avantages.

Le fait ne s'observe pas seulement en Thaïlande, mais dans bien d'autres pays. Ces tentatives de récupération ne sont pas nécessairement inspirées par des intentions malveillantes. Elles peuvent résulter d'un désir sincère "de mieux intégrer les populations rurales pauvres dans le processus de développement".

Mais pour bienveillantes qu'elles soient, ces intentions n'en sont pas moins celles de fonctionnaires qui considèrent le développement depuis leur bureau (et en fonction naturellement des priorités gouvernementales en matière de développement); en conséquence, une "collaboration" comportera un risque de perdre en auto-détermination pour les OAD.

La réponse à ce dilemme se trouve peut être dans un réseau de relations tel que "la démarche globalisante" (holistic) en conçoit le schéma (voir chapître 9). Les OAD ou leurs représentants ne peuvent négocier à leur avantage avec des tiers qu'à partir d'une position de force. La richesse matérielle n'est pas un ancrage suffisamment fort.

La force en question ne peut résulter que de la combinaison d'une richesse morale et spirituelle et d'un haut degré d'autonomie économique (self-reliance).

Par autonomie économique, nous entendons une situation économique du village telle que les villageois ne dépendent pas excessivement de l'assistance extérieure pour la satisfaction de leurs besoins alimentaires et leur approvisionnement dans les autres fournitures de base.

Deux attitudes peuvent garantir son autonomie à une OAD :

- La première consiste à réduire à un minimum les interactions avec les tiers, pour se contenter de ses propres ressources. C'est un scénario *autocratique.*

- La seconde consiste à entretenir des relations avec une grande variété d'institutions, de manière à trouver et garder un point d'équilibrage dans un inter-système de dépendances et d'interdépendances. C'est un scénario *diplomatique*.

Le second scénario apparaît plus réaliste. Autant que l'on puisse le prévoir, le rapprochement actuel entre les OAD et les organisations sous contrôle gouvernemental, dans les trois pays, semble une tendance irréversible.

S'agissant des interactions qui s'établissent entre les OAD et les tiers, encore convient-il d'appliquer son attention plutôt à leur nature qu'à leur nombre.

En admettant que les IAAD doivent aider les OAD à structurer leur réseau de relations avec les tiers (OG et ONG), les orientations de cette action se suggéreraient en trois directions :

• D'abord, informer plus efficacement les responsables d'OAD et leurs membres des possibilités offertent par les organismes tiers avec lesquels ils veulent entrer en relation; encourager également les discussions relatives aux avantages et aux risques éventuels d'un renforcement des relations envisagées.

Le MOC et les deux CDAS appliquent déjà partiellement cette politique; c'est moins perceptible en ce qui concerne la Bina Swadaya.

• Ensuite, chercher très activement à favoriser la création d'un climat plus favorable aux OAD au sein des administrations gouvernementales et para-gouvernementales; y développer une meilleure compréhension de ce qu'est l'auto-développement. Lorsqu'elles participent à des séminaires, consultations collectives ou autres, au niveau national ou au niveau gouvernemental, les IAAD s'engagent déjà dans cette voie.

Malheureusement, au bas de l'échelle administrative, au niveau local (sous-préfecture ou village), cet aspect n'est pas sérieusement pris en compte; or c'est là qu'existent les plus grands risques de voir les organismes tiers détruire, par des interventions non-congruentes, ce que les IAAD ont pris tant de soin à construire.

• Troisième recommandation, enfin, résultant d'une double nécessité : celle d'une collaboration entre les ONG au niveau régional; et celle d'une spécialisation fonctionnelle entre elles. Eventualité déjà évoquée (au chapître 6, "contradictions du développement").

Dans les trois pays, les IAAD pourraient jouer un rôle d'avant-garde sur ce point, en amorçant à ce propos des discussions plus systématiques et plus approfondies.

Instrument 7 : Processus de "contamination" et mise en route d'un mouvement

Les animateurs de la recherche-action des trois pays confirment la nécessité pour les OAD de s'organiser en un "mouvement"; ils souscrivent également à la proposition (énoncée au chapitre 3, instrument 7), selon laquelle responsabilités et fonctions liées au processus d'expansion vers d'autres villages et d'autres zones incombent aux dirigeants des OAD. Mais la question demeure ouverte de savoir comment mettre en pratique ce principe général.

Le cas de l'APAEB au Brésil

Question épineuse et demeurant ouverte : celle du choix entre l'extension verticale et l'expansion horizontale pour configurer le mouvement d'auto-développement.

S'agissant de l'étude de cas brésilienne, la structure régionale, APAEB, aura été crée assez tôt pour faciliter les activités d'auto-développement à la base, au sein des "comunidades".

La figure 12 (ci-après) schématise les pressions et démarches horizontales et verticales observées dans la structure de l'APAEB :

- au niveau du groupe des rectangles de gauche, nous constatons la dynamique interne exprimée ici en termes généraux;

- dans le groupe de rectangles figurés à droite de notre schéma, nous observons cette dynamique comme elle s'applique à l'étude de cas brésilienne.

Pour expliquer cette figure, disons que :

a) les "comunidades", c'est-à-dire les OAD de différentes localités, ont créé l'APAEB pour être leur structure de niveau régional. (Il s'agit d'une impulsion ascendante que la flèche traduit en s'orientant vers le haut);
b) l'APAEB met en place un service d'achats en gros (action illustrée par l'orientation horizontale de la flèche);
c) la gestion des activités grossistes implique un déplacement vers le bas (la flèche descend donc verticalement, pour illustrer le service dont bénéficient les comptoirs de vente (Postos));
d) ces comptoirs doivent à leur tour se soumettre aux exigences d'une "gestion efficace de leurs affaires" : au sommet, les initiatives sont prises pour être répercutées vers le bas. Que des sections locales refusent de s'y conformer et toute l'organisation frisera la banqueroute.

Toutefois, la construction et l'aménagement des comptoirs de vente eux-mêmes résultent d'une activité d'auto-développement des comunidades (la flèche inférieure orientée de la droite vers la gauche indique le sens de cette impulsion).

Figure 12 : *La dynamique interne d'une structure d'OAD à deux niveaux*[36]

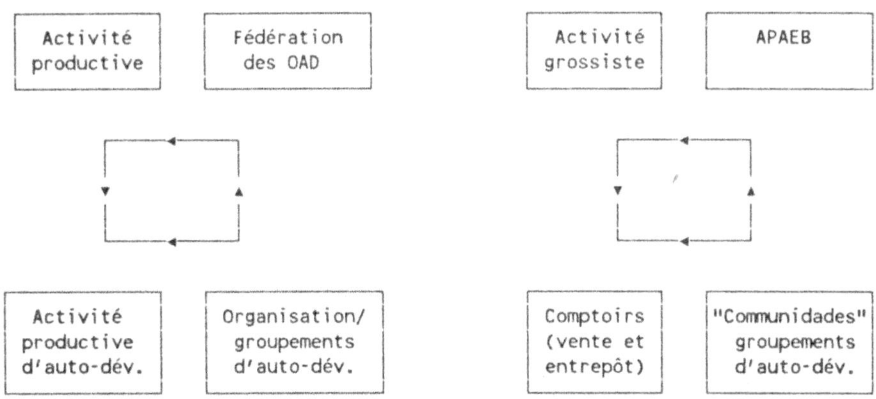

[36] Schéma repris et adapté de H. Desroche, 1985, p. 108

Certains dirigeants de l'APAEB estiment que, vue sous l'angle *d'organisation populaire*, sa croissance a été *excessive*, mais à l'analyse des résultats, nous sommes portés à estimer que du point de vue de l'*entreprise commerciale*, le rythme de croissance a été *insuffisant*.
En effet, si nous additionnons tous les chiffres d'affaires du petit nombre de comptoirs (Postos) existants, nous aboutissons à un total trop limité pour assumer la charge du service central.

Plus récemment, l'APAEB s'est engagée dans une nouvelle initiative à caractère commercial : un "camion-magasin" pour desservir les villages qui ne se sont pas encore dotés d'un "Posto" (comptoir de vente). Elle espère ainsi développer son chiffre d'affaires pour des coûts de fonctionnement relativement modestes.
Mais si l'APAEB veut réellement s'implanter dans ces "comunidades", elle devra y lancer d'autres activités que les groupements pourront gérer eux-mêmes.
Ni le personnel du MOC ni les dirigeants de l'APAEB n'avaient prévu les problèmes de nature économique et sociale qu'engendrerait un développement vertical de la structure commencé très tôt. Maintenant que cette structure existe, il faut la gérer. Un certain nombre d'initiatives, venant du sommet et sanctionnées par la direction de l'APAEB, devront être prises pour assurer la survie économique de l'organisation.

Les cas de la Thaïlande et de l'Indonésie
Les deux CDAS thaïlandais, et plus particulièrement celui de Chiengmai, ont adopté une politique tout à fait différente pour la structuration de "leur mouvement". Un ou deux groupements, d'un même village, ont démarré les activités OAD sur une tout petite échelle (se reporter au cas de Ban Nua). Les activités de ce "noyau dur" servent d'exemple pour d'autres groupements de ce village. Par la suite, le village-pionnier (ce fut le cas de Ban Nua), reçoit le label de "village-école".
Les habitants de ce village ont des parents qui vivent dans les villages envi2ronnants, ils les convient à participer à des fêtes locales. Les visiteurs sont alors mis en présence des activités productrices en cours dans le village-école et, ultérieurement, ils peuvent, en retour, demander à des représentants du village-école de venir chez eux pour expliquer les activités du groupement.

Lorsque ces représentants deviennent convaincus sur la fermeté des intentions dans le village qui les a fait venir, ils font un geste d'encouragement, en leur offrant du riz ou deux jeunes veaux à l'occasion d'une cérémonie traditionnelle. Cette offrande amorcera la constitution du capital initial pour la banque du riz ou pour la banque du buffle.

En 1984, le CDAS de Chiengmai a soutenu la création d'un groupe de travail inter-groupements/inter-villages pour les districts de Chomthong, "mais l'opération a échoué, et le groupe de travail n'a pas fonctionné" (p. 61 du Rapport thaïlandais).
Une année plus tard, quatre OAD, s'intéressant sérieusement à une activité inter-groupements, ont démarré ensemble un plan d'épargne limité. Au cours de leurs réunions mensuelles, elles échangèrent leurs expériences et débattirent de questions d'intérêt commun, dans la perspective d'une action commune.

Vers le début de 1986, leur nombre passait à onze. Une structure à deux niveaux se façonne progressivement.

La stratégie des CDAS consiste d'abord à rechercher l'enracinement en profondeur des principes et des pratiques de l'auto-développement dans les communautés villageoises. L'encouragement à une collaboration inter-groupements ne vient qu'en second lieu, lorsque les groupements eux-mêmes en ressentent la nécessité. Cette stratégie s'appuie sur la cohésion sociale des villageois pour autant qu'elle se maintient malgré agressions et dénégations infligées par l'économie capitaliste en expansion au comportement social traditionnel des populations et à leur disposition naturelle pour l'action en commun.

Le cas indonésien est tout à fait différent, lui aussi, de la situation brésilienne. D'abord, dans son contexte, les ONG ne sont pas sensées promouvoir des mouvements autonomes qui poursuivraient leurs propres objectifs de changement économique et social. Elles ne sont reconnues que pour leur rôle complémentaire dans l'implantation des programmes nationaux de développement (voir, par exemple, Ismid Hadad, in Prisma, juin 1983, p. 19).

Dans une certaine mesure, et jusqu'à un certain point, l'environnement politique semble avoir provoqué la structure indifférenciée du mouvement UB indonésien. Aussi longtemps que les UB continueront d'opérer sur la base de petits groupements isolés éparpillés sur de vastes zones géographiques, ils ne représenteront pas une véritable alternative face au système de développement institutionnel en vigueur, tel que le contrôle le gouvernement. Mais, par ailleurs, des facteurs inhérents aux UB elles-mêmes viennent compliquer encore le processus de structuration d'un mouvement.

Après avoir déployé des efforts très prudents et pris des initiatives afin de susciter un intérêt pour des réunions et activités inter-groupements, les personnels d'encadrement de la Bina Swadaya ont dû en convenir : les responsables des UB eux-mêmes préféraient suivre chacun leur chemin et ne se souciaient pas de donner suite à ces tentatives (Rapport indonésien, pp. 51-52).

A la différence du Brésil, où les dirigeants des OAD éprouvent le sentiment d'appartenir à un vaste mouvement, les responsables des UB semblent se satisfaire d'une perspective plus réduite, centrée sur le village et sur la position sociale qu'ils y occupent.

Par ailleurs, la composition du sociétariat des diverses catégories de groupements UB présente des différences importantes, de sorte que les dirigeants éprouvent de la difficulté à imaginer qu'ils puissent entretenir une synergie quelconque dans le domaine économique.

Relation entre le processus d'expansion et la structuration d'un mouvement

Admettre que le processus d'expansion est essentiellement du ressort des responsables locaux et que ces derniers sont les mieux placés pour le conduire avec efficacité, c'est par là-même admettre que ce processus d'expansion fait corps avec l'effort pour structurer un mouvement.

Il s'agit donc de deux forces presque identiques, la première établissant les fondements de la seconde. Dans la perspective d'élever la participation des leaders locaux, le MOC a encouragé la formation de "Groupos populares de Acompanhamento" dans deux districts. Ce sont en fait des comités qui, au niveau du district, ont pris l'initiative de jouer le rôle de guides vis-à-vis de plusieurs nouveaux groupements, nonobstant les fonctions de dirigeants qu'ils assument dans leur propre groupement.

On peut considérer cette pratique comme un transfert "de facto", et vers les responsables locaux, des fonctions promotionnelles assumées jusque là par le personnel du MOC.

Le dédommagement que ces responsables perçoivent en contre-partie du travail investi dans cette fonction équivaut au montant d'un salaire minimum de journalier -ce qui correspond à une rémunération très modeste pour un dirigeant (Rapport annuel du MOC 1985, p. 6).

En référence au processus d'expansion et de structuration d'un mouvement, les différentes IAAD pourraient envisager les lignes d'action suivantes :

- Dans le cas de l'APAEB, soutenue par le MOC : commencer par consolider et rationaliser la distribution actuelle des biens de consommation au plan central et dans les comptoirs de vente; cette initiative pourra entraîner la fermeture d'un ou plusieurs d'entre eux.

  En second lieu, renforcer la base du mouvement en encourageant divers petites initiatives collectives locales telles que stockage, activités de transformation, etc.. qui peuvent être gérées sur place.

  En d'autres termes : transférer du niveau régional au niveau local, et des centres urbains de districts vers les villages, le point de départ du processus d'expansion.[37]

- Dans le cas des deux CDAS, en Thaïlande : concentrer davantage les activités promotionnelles sur des zones géographiques sélectionnées plus restreintes (districts) et créer des "villages modèles" dans ces zones comme on en a fait l'essai dans le district de Chomthong (l'effectif en agents de terrain disponibles est cependant actuellement trop limité pour faire face aux objectifs de développement ambitieux des CDAS).

- Quant à l'Indonésie, si l'on en juge par la situation dans le secteur de Yogyakarta, les perspectives pour structurer les groupements UB dans un mouvement authentique n'apparaissent pas particulièrement brillantes.

  Pour les UB qui limitent leurs activités à l'épargne et au crédit, une alternative plus crédible consisterait à s'aligner sur l'organisation nationale indonésienne des Unions de Crédit (CUCO-Indonesia).

[37] La politique que nous recommandons comporte le renoncement à toute nouvelle initiative à caractère productif faisant appel à d'importants investissements financiers au niveau des "Municipio". Le magasin itinérant existant fera la liaison entre les nouveaux villages où les activités productives entreprises se révèlent viables et rentables économiquement dès le début de leur mise en oeuvre.

Mettre en oeuvre une telle politique postulerait, cependant, que des liens plus étroits s'instaurent au niveau national, entre la Bina Swadaya et le mouvement indonésien des Unions de Crédit, avant de rechercher une plus grande cohésion dans l'action à la base.

Instrument 8 : Contrôle continu (monitoring) et évaluation permanente (CCEP)

Le contrôle continu et l'évaluation permanente nous ont paru les outils les moins bien élaborés de toute l'instrumentation promotionnelle en direction des créativités solidaires (self-help) spontanées à la base. Les trois rapports par pays présentent en détail les lacunes de la situation actuelle, et ce aux trois niveaux requis pour la mise en oeuvre de cet instrument, soit :

1. le fonctionnement des OAD,
2. l'interaction OAD/IAAD,
3. les interactions du couple OAD/IAAD avec les autres institutions de soutien.

A ce dernier niveau, la structuration des formes d'interaction est encore trop aléatoire pour qu'il soit question, à ce stade, d'envisager un mode de collaboration spécifique entre agences et l'application courante d'un CCEP[38] systématiquement construit. Nous ne traiterons donc, ici, que des deux autres niveaux.

Le niveau des OAD

Dans aucun des cas étudiés, nous n'avons découvert une situation susceptible d'apporter à un sociétariat éclairé et bien informé la possibilité de participer régulièrement à un exercice de CCEP. Une seule exception, le cas de quelques très petits groupements en Thailande.

Certes, la tenue de réunions bi-hebdomadaires ou mensuelles permet de responsabiliser les dirigeants, face à leurs actes. Mais un mécanisme relativement formalisé, visant à mettre à la disposition des sociétaires l'information à laquelle ils ont droit, s'agissant, en particulier, d'utiliser des fonds et de répartir les excédents, devrait faire contrepoids à la position dominante de leurs dirigeants.

Au Brésil, l'équipe de recherche-action du MOC a considéré comme hautement important pour remédier à la situation actuelle, de doter chaque OAD d'un appui pour lui permettre d'élaborer ses propres outils pour apprécier les résultats et l'avancement des opérations en cours (Rapport MOC, p. 65). En conséquence, cet aspect du travail promotionnel du MOC devra faire l'objet d'une attention plus grande que par le passé.

Lorsque qu'il s'agit de groupements très restreints, comme c'est le cas dans le village de Ban Nua en Thaïlande, il arrive que le mécanisme de CCEP se mette en place de lui-même au sein du groupement.

[38] CCEP = Contrôle continu et évaluation permanente

Toutefois, quand le sociétariat s'élargit, les opérations deviennent plus complexes et s'observe alors une évolution inverse : les pouvoirs administratifs tendent à converger pour se retrouver aux mains de quelques personnes. La Bina Swadaya a introduit ce qu'elle désigne sous les initiales REM (recording, evaluation, monitoring = constat, évaluation, contrôle : voir le Rapport indonésien, p. 116 et suivantes).

Ce système a pour objectif d'assurer un flux régulier d'informations remontant des groupements UB vers le siège à Djakarta, via les agents de vulgarisation et les bureaux sur le terrain. En retour, un reflux sous forme d'orientations et de "feed-back", redescend du siège vers les groupements UB.

Tel qu'il se pratique actuellement, ce système pâtit de deux faiblesses :

- le manque de personnel qualifié aux différents échelons, aggravé par la longueur des voies de communication : ce qui n'autorise pas le système à fonctionner de façon satisfaisante (Rapport indonésien, p. 18);

- dans le système actuel c'est l'IAAD, et non les adhérents de l'OAD, qui demeure responsable pour l'exercice de CCEP.

L'interaction OAD/IAAD

L'un des aspects essentiels de la méthode CCEP réside dans la participation des bénéficiaires de l'appui (les OAD) à l'appréciation des résultats atteints par ceux qui leurs dispensent cet appui (les IAAD). A cette fin, la démarche classique consiste à organiser des rencontres "d'évaluation et planification" à l'occasion desquelles agents de terrain et représentants des groupements se retrouvent pour apprécier conjointement la situation d'ensemble et débattre des actions prioritaires pour l'avenir.

Les quatre IAAD, (MOC, Bina Swadaya et les deux CDAS) organisent des rencontres annuelles de ce type. Le MOC les convoque même plus fréquemment. Sans vouloir nier leur utilité ni la nécessité de les tenir, ces réunions ne permettent pas, en l'état actuel des choses, "d'aller au delà des apparences" ("ultrapassar o nivel do aparente").

Ce qui se passe réellement derrière ce rideau d'apparences, y compris avec ses conséquences sur la vie quotidienne des adhérents de l'OAD, reste assez imprécis, voire caché.

Dans son plan de développement le plus récent, le MOC plaide en faveur d'une démarche plus analytique et se refuse à prendre ces apparences pour des démonstrations.

Contrôle continu et évaluation permanente se déroulent, fondamentalement, comme des processus analytiques. Or, le plus souvent, les activités de développement étant marquées par la précipitation d'une lutte au jour le jour pour la survie de l'organisation, ce travail est facilement laissé de côté.

La pratique du CCEP exige du temps et même beaucoup de temps. Elle demande aux participants -sociétaires et responsables des OAD, personnels des IAAD ou d'autres institutions associées- de manifester un intérêt et des aptitudes pour la démarche analytique.

Pour stimuler cet intérêt et développer ces aptitudes, les IAAD pourraient envisager les actions induites ci-après, à partir des observations enregistrées pendant cette recherche-action :

• Concevoir, organiser et mettre en oeuvre un système de diffusion pour apporter aux adhérents une information à jour, concrète, facile à comprendre et suffisante pour faciliter leur participation régulière à l'exercice du CCEP au sein de leurs organisations.

Non pas échafauder un système théoriquement idéal (ni *maximiser* la participation) mais élaborer à peu de frais un mécanisme réellement opérationnel (pour *optimiser* la participation), et s'insérant logiquement dans le système d'éducation fonctionnelle et de formation mutuelle (instrument 3) déjà évoqué.

• Reconsidérer régulièrement (tous les mois) -en consultation avec les responsables des OAD- et méthodiquement, les pratiques promotionnelles de l'IAAD sur le terrain (efficience et emploi des sept autres instruments).

Envisager avec réalisme l'éventualité et l'opportunité de transférer aux "cadres locaux" (c'est à dire à des personnes issues du sociétariat des OAD) la responsabilité de certaines activités promotionnelles, sans pour autant les surcharger, mais en prévoyant une indemnité appropriée.

• Encourager et former les agents de terrain des IAAD à :

(a) consacrer une partie de leur temps à la recherche-action; plus précisément, à choisir un certain nombre de villages dans lesquels ils s'efforceront d'une part de mesurer, en termes de développement, les effets du fonctionnement OAD sur les adhérents et sur les non-adhérents, et d'autre part d'approfondir des questions aussi cruciales que celles-ci : quelles catégories de la population bénéficient davantage des activités d'auto-développement; quels sont les principaux problèmes dont souffrent les sections défavorisées de la population; lesquelles pourraient trouver une solution grâce à une activité collective à caractère coopératif, etc...;

(b) discuter avec collègues, dirigeants et membres des OAD les résultats de leur recherche-action et les conséquences à en tirer pour des activités promotionnelles.

Ces discussions entre bénéficiaires de l'aide et apporteurs d'aide peuvent revêtir un caractère tantôt plus informel et tantôt plus formel à l'occasion de réunions, tables-rondes, rencontres et palabres à la base, organisées, de préférence, dans l'un des villages-modèles ou villages-pilotes.

8 Aspects spécifiques de l'appui à l'auto-développement

Deux aspects particuliers de l'appui à l'auto-développement n'ont pas été traités à fond dans les chapitres qui précèdent. L'un et l'autre, cependant, exercent une influence considérable tant sur les méthodes d'appui que sur la pratique de l'auto-développement.

Nous aborderons successivement :

- la démarche globalisante (holistic) en matière de développement, telle qu'elle se pratique dans quelques villages thaïlandais;

- la relation entre le couple local OAD/IAAD et les institutions étrangères (privées) de co-financement (ONG "donatrices").

Le concept de "développement global" (holistic)[39] en Thaïlande

En Thaïlande, un comportement nouveau gagne rapidement du terrain dans le cercle des ONG de développement. Nous pouvons le qualifier de "globalisant" (holistic) dans la mesure où son inspiration met en lumière l'unité fondamentale et l'interaction réciproque des diverses composantes de la vie dans le village : économique, politique, sociale et culturelle.

Il trouve son origine dans le fait d'avoir identifié le développement à l'accomplissement de certaines valeurs fondamentales enchassées dans la culture thaïlandaise à dominante bouddhiste. Le CCDT, organisation catholique, ne voit pas d'opposition fondamentale, mais plutôt correspondance et complémentarité entre les valeurs d'inspiration chrétiennes et les valeurs transmises par le bouddhisme; elle a donc a adopté ce concept de "globalisation" et s'en est fait l'avocat diligent.

Valeurs et orientations dominantes auxquelles ce concept se réfère visent à faire régner justice sociale et dignité humaine. Il manifeste une particulière préoccupation pour les sections les plus défavorisées de la société; pour l'environnement; pour l'avancement de la solidarité et de l'honnêteté à tous les niveaux; pour une plus grande autonomie de décision laissée aux communautés de base pour déterminer les objectifs du développement et choisir les moyens à mettre en oeuvre pour les atteindre.

[39] En Thaïlande, l'expression utilisée se traduirait plutôt par l'expression anglaise "cultural approach" (démarche d'inspiration culturelle).

Elargissement des chances, création d'un espace pour réaliser et propager de telles valeurs sont tenus comme seuls critères pouvant légitimer toute forme d'intervention catalysatrice de la part du CCDT ou des CDAS, tant dans le domaine économique que dans les autres domaines de l'existence. "Les activités à caractère économique qui ne propagent que l'envie, ou un type de développement qui ne débouche pas sur des valeurs plus hautes, ne développent rien" (Monseigneur Mansa, Atelier CCDT, notes personnelles).

L'important, dans cette démarche, n'est pas tant le concept en lui-même que la manière dont il est mis en oeuvre au niveau du village. Les villageois sont invités à considérer leur propre histoire, en reconsidérant les changements imposés à leur style de vie depuis dix ans par les tentations et les défis inhérents à la société moderne. Ils en pèsent les aspects négatifs et positifs et ils planifient, sur cette base, les nouvelles activités productrices ou autres qu'ils souhaitent entreprendre.

Le rôle des agents de développement peut consister à participer à cette reconstitution historique, en étroite collaboration avec les "intellectuels organiques" du village (Chattip, Rapport de l'atelier CCDT, p. 4)[40]. Suite à cette analyse, les villageois se prononcent habituellement, en priorité, pour renforcer leur capacité de production de cultures vivrières et leur potentiel d'acquisition des autres denrées de première nécessité, afin d'accroître le niveau d'autosuffisance (self-sufficiency) du village.

Ban Nua, l'un des villages enquêtés est déjà bien avancé dans cette voie mais d'autres villages, tels ceux qui reçoivent l'appui d'une autre ONG[41] sont allés encore plus loin et ont entrepris la restructuration économique du village.

Cette restructuration peut comprendre : une banque du riz (pour éviter à ce riz dont les villageois auraient ultérieurement besoin pour leur propre consommation d'être vendu à des commerçants extérieurs; une banque médicale (comportant une importante section pour les plantes médicinales); la construction d'une digue favorisant la production en cultures irriguées et l'extension des zones de pêche (essentiellement pour la consommation interne, les excédents pouvant être vendus); le battage traditionnel du riz, au lieu de porter toute la récolte au moulin (afin de conserver la balle pour l'alimentation des cochons); apiculture; forages profonds pour atteindre la nappe d'eau potable, et fabrication de canaris en terre pour conserver cette eau; réhabilitation de l'artisanat familial; exploitation communautaire de petits champs collectifs dont le produit sera versé au budget du village, etc...

[40] Chattip emploie l'expression "intellectuel organique" en référence à une certaine catégorie d'habitants qui, tout à la fois, ont le sens de l'histoire et l'esprit analytique. Cela n'a rien à voir avec le niveau d'éducation formelle. Nous avons utilisé la même expression au chapître 8, p. , dans une acception plus étroite : il s'agissait de jeunes, socialement engagés, qui recevaient une formation et une orientation afin de remplir la double fonction d'intellectuels organiques et d'agents de développement.

[41] Il s'agit du "North-east Community Development Workers Group" (Collectif des agents de développement communautaire pour le nord-est)

D'un point de vue économique, la démarche globalisante cherche à optimiser l'utilisation des ressources et à diriger leur affectation dans un sens qui privilégie la consommation interne au village, au détriment d'une production prioritairement orientée vers les marchés extérieurs. La figure 13, ci-après, illustre, pour ces villages, l'évolution dans le temps de la répartition économique de leurs productions.

Figure 13 : *Evolution dans le temps du schéma de production villageoise : passage d'une économie interne à une économie équilibrée*

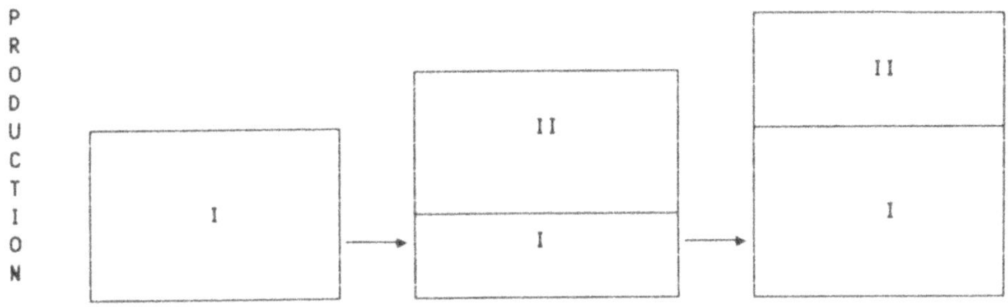

Etape 1 :

Auto-subsistance

Etape 2 :

Le développement a commencé. Intégration dans l'économie nationale et mondiale.

Les changements, dans le schéma de production, relèvent d'une conception individualiste de l'économie.

Etape 3 :

Restructuration de l'économie. Production renforcée par un meilleur usage des ressources productives disponibles.

Priorité aux besoins de consommation interne. Les change ments dans le schéma duction sont inspirés par le concept de développement "globalisant" (holistic).

I = Part de la production réservée aux échanges internes au village ou à la consommation familiale.
II = Part de la production orientée vers les marchés régionaux, nationaux et internationaux

D'un point de vue social, la démarche globalisante constitue une tentative délibérée pour s'opposer à la désintégration des communautés villageoises. En Thaïlande, les relations et les liens communautaires sont encore très forts (Chattip, Rapport de l'atelier CCDT, p. 3). Mais leur persistance est généralement sous-estimée. Les cérémonies traditionnelles jouent un rôle important pour l'entretien de la solidarité communautaire car ils offrent la meilleure occasion pour réveiller la motivation, mobiliser les ressources et stimuler les activités d'auto-développement (dons de riz pour constituer le capital initial d'une banque du riz, par exemple).

La démarche globalisante est en quête de schémas de développement mieux équilibrés; et dans cette quête, le temple et l'enseignement bouddhistes (ou chrétiens) jouent un rôle, essentiel.

En aucun cas il ne s'agit d'un retour à la société traditionnelle ni d'un enfermement autarcique du village sur lui-même : les avocats de cette démarche ne cessent de le redire. C'est plutôt une réaction contre la démarche unilatérale et sectorisée des techniciens du développement et des bureaucrates que leur spécialisation a rendu inaptes à une vision plus globale.

Parvenir à un niveau de vie satisfaisant, est certainement son objectif, mais pas au prix de l'aliénation des villageois : soit dans des forces échappant à leur contrôle, soit dans une situation de rivalités sans merci, où les individus seraient acculés pour des avantages éphémères.

La démarche globalisante manifeste aussi une dimension spirituelle. Elle vise à redresser le déséquilibre actuel entre la croissance matérielle et le développement de l'esprit et de l'âme.

Dans la discussion à propos de l'auto-développement (self-help), cette dimension introduit un élément nouveau : la religion. Dans l'optique globalisante, le divorce entre l'économique et le spirituel est une disjonction artificielle des composantes de la vie, disjonction susceptible de susciter de sérieuses distorsions (exploitation des hommes et de la nature engendrant pauvreté et catastrophes écologiques).

Dans cette perspective, école obligatoire, media modernes et système capitaliste de production sont plutôt perçus comme ayant érodé le sens moral et la discipline, et comme ayant conduit les gens, sous prétexte de parvenir à une vie meilleure, à faire confiance aux faux prophètes de la gestion moderne et de la technologie.

La restauration du temple et de l'enseignement bouddhistes à la place qui leur revient dans la définition de la société implique, par exemple, que le moine soit invité aux réunions des groupements d'auto-développement (Rapport thaïlandais, p. 65) et qu'il participe à toutes les étapes pour réexaminer et pour redéfinir la vie économique, culturelle et sociale du village.

Trois autres concepts sont au coeur de la démarche globalisante propre à la thaïlande, ils méritent une brève explication :

- *L'autonomie* (self-reliance) *intellectuelle* signifie que la communauté villageoise détermine, seule, la vision de l'avenir qu'elle souhaite atteindre comme une "société rêvée" (Apichart, entretien privé). Elle élabore une stratégie et organise les activités productrices ou autres en conséquence.

  La recherche de l'autonomie intellectuelle implique également que, si les villageois estiment insuffisant le stock de leurs ressources propres, ils s'efforcent d'acquérir connaissances ou aptitudes qui leur ouvriront accès à des ressources complémentaires.

Elle implique encore qu'ils sachent où, auprès de qui et comment, s'assurer les concours financiers ou techniques requis (concept qui évolue en parallèle avec l'instrument déjà présenté en détail au chapître 8, "le maillage des relations").

Les villageois acceptent volontiers l'appui extérieur, pourvu que celui-ci respecte l'autonomie des villageois pour penser selon leurs propres schémas et pour décider selon leurs propres choix jugés prioritaires.

- L'agent de terrain moyen est mal équipé pour stimuler ce type de processus. Il (ou elle) a reçu une éducation et une formation inadaptées, qui le (ou la) conduit à se considérer comme un "agent du changement" et non comme une personne susceptible de changer lui-même du fait des interactions vécues avec les villageois.

A moins de faire preuve d'ouverture d'esprit et de modifier sa perception de la réalité, il (ou elle) ne sera pas apte à jouer efficacement le rôle qui lui revient.

- La démarche globalisante (holistic) attache une haute valeur au travail productif individuel (self-employment) au sein du noyau familial, ou dans le contexte élargi du groupement d'auto-développement ou de la communauté villageoise. Le travail rémunéré est perçu comme dégradant.

Dans de nombreux villages thaïlandais (comme ailleurs) le recours au travail salarié revient à afficher son incapacité soit à être productif dans son propre environnement, soit à se rendre utile en entreprenant des activités profitant directement à ceux dont chacun a conscience d'être responsable.

La figure 14 propose une représentation schématisée de la démarche globalisante. Pour plus de clarté, nous avons accentué le caractère "négatif" de l'influence exercée par les "institutions contraignantes" en les opposant au caractère "positif" de l'influence qu'exercent les"institutions populaires" au niveau du villages.

La réalité est beaucoup plus complexe et comporte toujours un mixage des deux influences. Qui plus est, les effets positifs et négatifs produits par ces différentes sources constituent, simultanément, des apports favorables à la dynamique du changement.

La synthèse de toutes ces forces, apparemment contradictoires, qui s'exercent de haut en bas et de bas en haut, pourrait conduire à l'avènement d'une société meilleure, au sein de laquelle ce sont des valeurs sociales et des principes religieux qui inspireraient les institutions économiques et leur donneraient forme, et non l'inverse.

Quelle que soit l'idée que l'on se fasse de la démarche globalisante -utopie romantique ou correctif bienvenu à une vision économique et unilatérale du développement-, il est devenu évident qu'elle fait désormais partie de la réalité vécue par certains villages thaïlandais et qu'elle gagne en popularité dans les milieux ONG de la Thaïlande, non seulement comme une grande pensée mais surtout comme pratique de développement cohérente.

De toute évidence, il existe des similitudes entre la version thaïlandaise de cette démarche globalisante et l'orientation nouvellement adoptée par le MOC au Brésil (voir chapître 6), particulièrement lorsque le MOC vise à l'intégration de la "religiosidade popular" dans le processus de libération par le développement (Plan de travail du MOC, 1986). Cependant la vision du MOC comporte davantage de sous-entendus politiques, ce qui est typique de la situation latino-américaine.

Figure 14 : *Développement et contre-développement : schématisation de la "démarche globalisante" (holistic), adoptée par certains villages thaïlandais*

	Système économique	**Système de santé**	**Système politique**	**Système éducatif**
INSTITUTIONS DE CONTRAINTE	Sociétés bancaires	Hôpitaux Pharmacies	Armée Partis politiques	Ecoles Media (Radio/TV)
EFFETS NEGATIFS	Exploitation désastre écologique	soins de santé coûteux Remèdes toxiques	Politisation de la vie du village	envie consumérisme et excès d'individualisme
<u>contrebalancés par :</u>				
EFFETS POSITIFS	Coopération et solidarité, justice sociale autonomie économique	soins de santé réfléchis et peu onéreux	autorités locales responsabilisées, unité du village.	Honnêteté souci du social croissance spirituelle
INSTITUTIONS POPULAIRES VILLAGEOISES	Groupements d'autodéveloppement	médecins traditionnels, plantes médicinales	Pouvoirs publics loyaux vis-à-vis des villageois	Temple Bouddhiste

En Indonésie, dans les milieux ONG, on perçoit une sympathie latente pour une vision plus globalisante du développement rural comme correctif à une orientation "qui met l'économique aux commandes pour la définition des stratégies de développement" (Hendrata Lukas dans Prisma, 1983, p. 21).

Mais l'environnement politique actuel ne semble pas laisser le champ libre aux ONG qui voudraient promouvoir des stratégies où l'autonomie de gestion des villages (self-government) prendrait une place plus importante.

Relations entre les ONG locales et les agences de co-financement privées.

Le financement des programmes, la dévolution des pouvoirs de décision vers les niveaux les plus bas de la chaîne de financement, le concept de "partenariat", le rôle éducatif des agence de financement auprès de l'opinion publique de leurs pays respectifs, sont autant de questions dont la complexité mériterait une analyse beaucoup plus élaborée que celle amorcée dans le cadre du présent chapître.

Les orientations que nous y suggérons, devront tout d'abord être considérées comme une suite logique aux observations et réflexions sur l'appui à l'auto-développement détaillées dans les chapitres précédents et comme une contribution à verser au dossier de discussions futures plus approfondies. En outre, nous devons garder présent à l'esprit que la formulation de ces orientations tire son inspiration essentiellement du point de vue des ONG locales participantes.

"Les organismes de financement pensent en termes de processus, mais agissent en termes de projets" (Mauro Roberto da Costa Souza, entretien privé).
Nous ne devons pas mettre en doute la sincérité de nombreuses ONG donatrices lorsqu'elles expriment leur préoccupation d'appuyer un processus auto-porteur et spontané (self-sustaining) de mobilisation et d'organisation à la base.
Mais l'efficacité de l'outil principal forgé par l'aide internationale pour atteindre ce but -nous nous référons ici au "projet"- est de plus en plus mise en doute.

L'aide par projets ne semble favoriser ni l'initiative locale, ni la mobilisation des ressources locales; elle ne facilite pas non plus la participation de la base à la conception et à la planification des activités. "Responsables locaux et agents de terrain ressentent les projets comme quelque chose de décidé par avance, et de non-négociable, comme une machine autoritaire et peu subtile". (Bernard Lecomte, 1986, p. 9).

Nous l'avons dit déjà (cf Chapître 8), qu'il s'agisse des projets d'auto-développement (self-help projects), ou d'autres projets, leur préparation et leur planification doivent être conduites avec soin; les IAAD locales ayant un rôle important à jouer dans ce processus, surtout lorsqu'il s'agit de rechercher les capitaux d'investissement.
Cette démarche n'a rien de négatif en elle même. En fait, si les "milieux du développement" expriment des critiques croissantes à l'égard de l'aide par projet, celles-ci ne s'adressent pas spécifiquement au concept de projet lui-même. Elles s'élèvent contre la manière dont le projet est géré et enchâssé dans un système international dont les limites structurelles entravent plutôt qu'elles ne facilitent la participation populaire.

Les ONG ayant contribué à notre étude opèrent dans ce contexte international. Comme de nombreuses autres ONG, elles "passent d'un projet à un autre" et font le même constat :

- Les fonds arrivent trop tard, provoquant presque une crise des disponibilités financières, ou bien il faut les dépenser dans certaines limites de temps.
- Il arrive fréquemment que ces ONG n'ont pas eu le temps de discuter ces projets en détail avec la population-cible.
- Ou, inversement, lorsque les agents de terrain ont bien conduit ces entretiens participatifs à la base, les délais de mise en oeuvre ou l'attente des fonds en provenance des sources internationales provoquent frustration et complications.

Or, une procédure participative exigera l'emploi de fonds souples, assortis de la garantie que l'assistance financière requise sera disponible au moment requis et en quantité requise.

Le fait que certaines ONG aient acquis un grand savoir-faire face aux contraintes qu'impose le système international, ne saurait servir de prétexte pour ne pas le modifier là où il serait possible soit de le simplifier, soit d'améliorer son efficacité.

L'une des faiblesses les plus évidentes du système actuel se réfère au temps considérable absorbé par des pré-opérations dédiées soit à l'examen minutieux soit à l'estimation des budgets de projets. Ces pré-opérations s'effectuent au sein des ONG de financement et de leurs services administratifs qui se trouvent à des milliers de kilomètres du point d'implantation prévu; elles interrompent ou entravent un suivi rapide des processus de recherche participative et de planification évoqués plus haut.

Les ONG "donatrices" escamotent l'impossibilité où elles se trouvent d'apprécier la factibilité économique, sociale, politique et technique des microprojets à la base, à partir des seuls dossiers de projets en leur possession, si bien documentés soient-ils.

La politique des ONG locales a subi une évolution lorsqu'elles sont passées de l'apport de services à l'appui à l'auto-développement (cf chapître 6); également, pour la mise en oeuvre des projets, la responsabilité de l'ONG locale a été transférée au groupement de base (OAD). Et, nous l'avons également mentionné, ces changements appellent symétriquement l'ajustement du système international de financement.

Les ONG locales qui travaillent véritablement en faveur des pauvres méritent de recevoir un plus grand soutien institutionnel. Elles auront ainsi les moyens d'améliorer leur niveau de compétences et leur efficacité.

Il faudrait également imaginer un mécanisme permettant d'effectuer, dans les pays en voie de développement eux-mêmes, les analyses de budgets, d'y conduire les études de factibilité et d'y délivrer les approbations pour les projets productifs dans les pays en voie de développement eux-mêmes.

Un tel mécanisme autoriserait une réponse plus rapide, plus efficace et mieux ajustée aux besoins spécifiques des OAD en matière d'assistance technique (consultants locaux) ou financière.

En se montrant réticentes à effectuer cette nécessaire évolution dans le souci de sauvegarder leur pouvoir de décision, de contrôle et d'orientation, les institutions de financement portent atteinte aux principes mêmes qu'elles prétendent défendre, notamment : participation à la base, mobilisation des ressources locales et création de situations d'apprentissage par l'action.

Les IAAD qui ont pris part à notre recherche sont en rapport avec de multiples donateurs : *seize* donateurs dans le cas de PUSBINUB, le département d'intervention sur le terrain de la Bina Swadaya; *dix* donateurs pour le MOC; *six* donateurs pour le CCDT, organisation faîtière des Centres diocésains d'action sociale en Thaïlande.

Il est bien compréhensible que ces IAAD ne souhaitent pas dépendre d'une seule agence donatrice étrangère et préfèrent répartir leurs attaches entre plusieurs institutions. C'est une pratique bien connue et largement répandue dans le milieu des ONG qui cherchent ainsi à protéger leur organisation de l'emprise excessive que pourrait exercer sur elle une seule agence de financement étrangère.

"Organisation partenaire" est une expression à la mode dans le milieu des ONG donatrices pour exprimer leur prise de position égalitaire dans la coopération au développement, aussi bien que la durabilité des liens tissés avec l'interlocuteur outre-mer.

Mais, d'une certaine manière, cette expression dissimule une promiscuité de fait qui s'instaure tant au niveau du receveur, là où l'arrivée des fonds se trouve facilitée par les bonnes grâces d'une brassée de "partenaires" issus de tous les horizons qu'au niveau des donateurs dont la clientèle dispersée peut concerner des centaines d'organisations.

Toutefois, l'autonomie que procure le fait de travailler avec plusieurs organismes de financement est bien relative. Le Rapport Indonésien met explicitement en garde contre le risque de sous-estimer la pression qu'exercent les institutions donatrices sur les politiques et les méthodes de travail des ONG locales. "Les agences donatrices... se distinguent par leur philosophie, leur idéologie, leurs objectifs et leur stratégie". Il peut en résulter un bizarre amalgame de concepts, stratégies et projets.

Par exemple, un projet entendra dynamiser la vie économique du village par la création de nouvelles chances offertes aux entrepreneurs appartenant à la classe moyenne, tandis qu'un autre projet s'attaquera directement à la pauvreté rurale en favorisant des activités communautaires.

La mise en oeuvre simultanée de ces deux stratégies partiellement contradictoires perturbe les agents de terrain qui ne savent plus quel est leur groupement-cible, à qui s'adresse leur action ni comment la conduire (Rapport indonésien, p. 125).

Le même Rapport indonésien indique que les ONG donatrices semblent subir l'attraction des ONG plus importantes qui peuvent absorber une plus grande quantité d'aide. Elles auraient ainsi tendance à négliger l'apport d'ONG plus petites, au fonctionnement moins bureaucratique mais également plus proches de la population-cible.

Pour sa part, le Rapport thaïlandais critique la rigidité des donateurs, pour l'ampleur de la contrepartie exigée des organisations de base. Les chercheurs thaïlandais expriment leur adhésion sans réserves au principe de la nécessaire contribution des villageois en ressources propres, mais il existe des conjonctures où ce principe peut freiner la participation des plus pauvres (cf Rapport thaïlandais, p. 84).

Naturellement, l'ONG étrangère a une connaissance trop superficielle de la situation locale pour pouvoir décider si, comparée aux usages locaux, la contribution individuelle demandée est importante ou non.

Les animateurs de la recherche-action en Thaïlande analysent les procédures actuelles imposées par les ONG donatrices internationales comme exprimant institutionnellement la défiance de ces dernières à leur égard.

Si la collaboration doit se limiter à l'octroi de l'aide financière, sa valeur intrinsèque est nulle et il vaudrait mieux l'interrompre. Selon eux, l'essentiel est que la coopération au développement élève le niveau de conscience de tous les partenaires engagés et qu'elle élargisse les horizons , et cela concerne aussi l'opinion publique des pays donateurs.

Il est clair que le système de l'aide internationale offre une cible à toutes sortes de critiques et l'on pourrait poursuivre l'énumération de ses carences et incohérences. Nous estimons plus constructif de proposer des mesures concrètes pour améliorer son fonctionnement, car la nécessité de l'aide financière internationale va se faire sentir encore pendant de nombreuses années.

Notre recherche portait essentiellement sur l'appui qu'apportent les IAAD aux initiatives productives, mais ses conclusions n'en ont pas moins des implications au sein même du système international de l'aide au développement.

Nous suggérons, ci-après, les grandes lignes de ce qui pourrait amorcer une réforme. Il importera d'en débattre et de les mettre en harmonie avec les circonstances propres à chaque pays et à chaque IAAD :

- Pour rendre le système plus performant en particulier à la base, les ONG donatrices doivent se préparer à déléguer responsabilité de l'analyse et approbation des projets productifs à des institutions locales établies dans le pays en développement (en choisissant de préférence une autre ONG que l'IAAD concernée : voir ci-dessous).

  En d'autres termes, il s'agit de transférer la "main-mise" du pays donateur sur les projets productifs vers le pays en développement lui-même. Le mini-fonds du CERIS (appuyé par CEBEMO), et le programme KSK de la Bina Swadaya représentent, sur cette voie, des premiers pas qui mériteraient une analyse réitérée.

  Néanmoins, on observe des cas où l'institution locale, redoutant de voir sa liberté de décision soumise à des pressions ou interférences politiques, préfère voir l'institution étrangère conserver son pouvoir d'approbation en dernier recours, afin que, si nécessaire, cette dernière joue le rôle de bouc émissaire par rapport à l'ONG locale.

- En accord avec une recommandation formulée plus haut (cf chapître 8) et nonobstant la séparation entre le travail promotionnel et le financement, les agences étrangères devraient aider à édifier une structure institutionnelle appropriée dans les pays en développement, structure devenant responsable pour l'analyse et l'approbation des projets.

Seraient également à rechercher des canaux et filières de remplacement pour acheminer les finances. Et, par exemple :

(a) passer accord avec une institution financière locale, proposant aux OAD locales des modalités particulières en matière d'épargne et de crédit (une banque commerciale qui serait favorable à l'appui à l'auto-développement, aidée par un comité spécial pour l'analyse des projets, comportant une représentation ONG);

(b) créer une section spécifique au sein d'une ONG nationale de troisième degré; sans être directement engagée dans des activités d'appui à l'auto-développement, celle-ci serait chargée d'évaluer les projets des OAD auxquelles les ONG opérationnelles apportent une assistance; évaluation dans laquelle serait prévue la représentation d'une ou plusieurs institutions bancaires locales au comité d'approbation des prêts;

(c) adopter la formule de la Bina Swadaya, avec son département ad hoc à l'intérieur de l'organisation même pour traiter les demandes de financement de projets émanant des OAD, tout en différenciant clairement les fonctions de promotion et de financement à la base, c'est à dire : les agents de terrains ne sont plus responsables de l'attribution des prêts et ce sont des banques locales qui acheminent les fonds vers les groupements d'auto-développement (ce système a déjà été mis au point mais n'est pas encore entré en action).

• Les agences étrangères auraient intérêt à se montrer plus dynamiques dans les actions de nature à faire émerger, chez leurs partenaires outre-mer, des aptitudes propres à promouvoir un type d'auto-développement ouvertement ciblé vers les plus pauvres. Pratiquement, cela revient à requérir un soutien plus global à leur "programme" d'intervention.

Ce soutien ne devrait pas servir au financement direct d'activités productrices, mais être utilisé à des fins d'intervention indirecte pour faciliter, ajuster et affiner des instruments d'appui à l'auto-développement selon orientations et suggestions décrites dans les précédents chapitres.

Le soutien apporté à un tel programme devrait attribuer, sur une période assez longue, des subventions que les IAAD utiliseraient pour couvrir la rémunération de leurs agents de terrain, les charges liées à leurs déplacements, aux activités de formation et d'éducation spécifiques, aussi bien que le recours aux services préparatoires de consultants locaux pour la préparation de micro-projets et tout autre recours dont les OAD pourraient avoir besoin avant ou pendant la durée de mise en oeuvre du projet[42].

[42] C'est ce que font déjà un certain nombre d'institutions étrangères privées, mais la latitude et la liberté de choix, quant à l'affectation finale des fonds, varie dans de fortes proportions d'un cas à l'autre.

• Pour les agences de financement étrangères, affiner et diversifier leurs instruments financiers permettraient à leur assistance de s'harmoniser avec la situation locale.

Ces instruments pourraient mettre à disposition, par le truchement d'une ou plusieurs institutions financières locales, différents types de fonds spécifiques, comme par exemple :

(a) *fonds d'incitation* : utilisable pour l'attribution de subventions très limitées destinées à faciliter le lancement de micro-projets s'adressant ouvertement aux plus pauvres (seed-money = argent-semence);

(b) *fonds de roulement* pour le financement des micro-projets des OAD locales;

(c) *fonds de garantie* permettant de participer à la couverture des risques encourus par l'institution financière locale lors des opérations de prêts aux OAD;

(d) *prise de participation* des ONG donatrices au capital des banques locales dans la perspective d'un transfert ultérieur de ces participations aux OAD ou fédérations d'OAD, lorsque les circonstances s'y prêteront.

(Nous avons puisé l'inspiration de ces recommandations dans le document de travail S 24/ES 31, préparé par Osner et al. en 1984).

La figure 15 suggère un modèle prenant en compte les recommandations précédentes, et illustrant ce que pourrait devenir l'acheminement des fonds en provenance d'une institution de co-financement étrangère privée, au bénéfice d'un pays en voie de développement. Ses caractéristiques principales sont que :

(a) l'institution de financement (par exemple une ONG "donatrice") assure l'appui institutionnel à long terme à l'IAAD/ONG pour la préparation et la mise en oeuvre de programmes spécifiques (canal 1);

(b) les organisations faîtières chapeautant les IAAD/ONG locales (comme le CCDT, en Thaïlande, ou le CERIS, au Brésil) facilitent les contacts entre l'institution étrangère et les ONG/IAAD opérationnelles de portée régionale (comme les CDAS en Thaïlande).

Elles reçoivent elles-mêmes un soutien institutionnel pour accomplir cette fonction et d'autres activités d'appui (canal 2);

(c) une commission locale des projets, dans le pays en développement, assume la responsabilité d'analyser et de se prononcer sur leur recevabilité.

Composition et attache institutionnelle de la commission dépendront du degré d'engagement des banques locales et du niveau auquel se développe le mouvement des groupements de base;

(d) pour les projets productifs importants, les fonds sont acheminés via les institutions financières locales (canal 3). Si le canal 3 ne peut opérer, par manque de compétence ou défaut de volonté de collaboration de la part des banques locales, les canaux 2 et 3 peuvent se fondre en un seul canal.

Figure 15 : *Essai de représentation d'un nouveau mode de transfert des fonds d'une institution financière privée étrangère à un pays en développement*

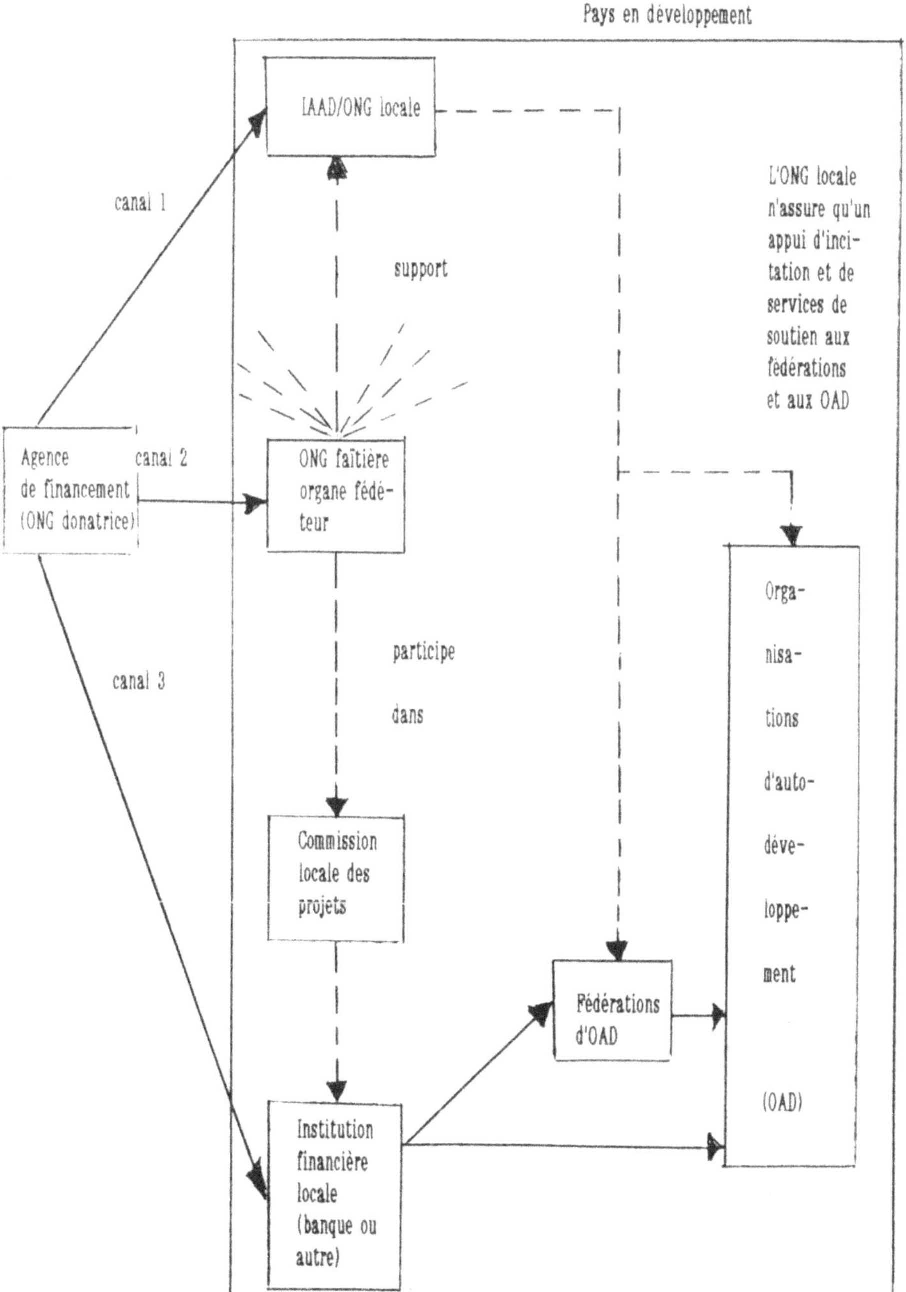

———— acheminement des financements

--------- relations fonctionnelles

Lorsque la structuration financière institutionnelle du pays en voie de développement n'en est encore qu'à ses tout débuts, la fusion des trois canaux s'impose.

Les propositions ainsi énoncées sont susceptibles de nombreuses variantes, à la fois réalistes et souhaitables. Mais il faudra beaucoup de temps avant que ne se traduise dans les faits le principe selon lequel "analyse et approbation des projets seraient effectuées dans les pays en développement".

Nombreuses sont les contraintes techniques à surmonter; mais l'obstacle majeur se situe sans doute au niveau des mentalités.

9 Résumé et principales conclusions

Organisation

Cette étude, conduite sous la responsabilité de CEBEMO, a porté sur quatre zones d'intervention dans trois pays : une au Brésil, une en Indonésie et deux, plus limitées, en Thaïlande. Des *ONG locales*, partenaires de CEBEMO dans ces pays, l'ont menée à bien. Dans ce document, nous les avons désignées d'un terme générique *Institutions d'Appui à l'Auto-Développement (IAAD)*.

Appui aux créativités solidaires (self-help promotion)

La notion "d'appui" fait référence à la tâche que ces IAAD se sont assignée et qui consiste soit à favoriser l'émergence soit à faciliter le fonctionnement d'organisations à caractère coopératif, désignées sous le nom d'organisations d'auto-développement (OAD = self-help organizations).

Une OAD est une structure autonome qui subsiste grâce aux contributions de ses adhérents en terme : d'esprit d'entreprise, d'apport de mains d'oeuvre et de capitaux, ou de terre exploitable.

Les OAD sont considérées comme un moyen pour atteindre à l'autosuffisance (self-reliance), définie comme la condition qui conduira la majorité pauvre à ne plus dépendre du bon vouloir, des initiatives et des savoir-faire de tiers (agents extérieurs) pour la sauvegarde de leurs intérêts, car ils auront appris comment se défendre eux-mêmes dans leurs interactions avec leur environnement économique, politique et social.

Ces OAD sont conçues comme étant les éléments constitutifs d'une économie associative en gestation.

Des ONG locales s'auto-évaluent

La présente étude fut organisée comme un exercice de recherche-action pour faire auto-évaluer, par les ONG participantes elles-mêmes, l'efficacité de leurs méthodes de travail. Cette procédure a tenté simultanément d'éviter la dichotomie habituelle entre chercheurs et praticiens et de corroborer le bien fondé de leurs constats croisés.

Les *recherches* escomptaient également que s'en suivraient des *actions* efficaces.

Cette démarche trouve sa justification dans l'objectif primordial de notre recherche : il s'agissait, nous l'avons vu, d'identifier tous moyens d'accroître la capacité d'ONG locales à promouvoir le relèvement économique des pauvres (cf chapître 2). Ce choix a montré ses limites concernant validité et représentativité des constats (cf chapître 3), mais ces limites ont trouvé une ample compensation dans les avantages significatifs que nous en avons retirés et en termes de contribution théorique et en termes de prestation méthodologique pour les ONG locales concernées.

Au moment de revenir sur ces résultats, il importe de bien établir la distinction entre :

(a) ce qui ressort du processus de recherche et devient instrument en vue d'un changement organisationnel interne aux ONG, et

(b) les conclusions, objectivées et objectives, de l'analyse.

La suite de ce chapître de conclusions est consacrée aux résultats, sauf en ce qui concerne le paragraphe immédiatement subséquent, lequel résume les effets que cette méthode aura produits.

Effets de la méthode de recherche

- *Dans le cas du MOC, au Brésil*, la recherche a entraîné le fait qu'est devenue notoirement plus consciente, à tous niveaux, la vulnérabilité du Mouvement des petits paysans (APAEB); sous sa bannière, une série d'activités à la rentabilité économique contestable avaient été entreprises.

La recherche a provoqué un changement de politique par rapport au choix et à l'implantation d'activités nouvelles; elle est à l'origine de nouvelles initiatives visant à consolider les activités existantes.

- *Dans le cas de la Bina Swadaya, en Indonésie*, la recherche a permis de mieux comprendre la nécessité, pour l'IAAD, d'adopter une démarche davantage ciblée sur le groupe identifié (c'est à dire sur les intérêts de la majorité pauvre), si elle voulait réellement atteindre ses objectifs déclarés.

Elle a donc élaboré un nouveau programme destiné à tester les potentialités ouvertes par cette démarche.

- *Dans le cas thaïlandais*, la recherche a permis de conceptualiser et formuler une méthodologie de l'auto-développement.

Les matériels et l'expérience accumulés à cette occasion alimentent le débat permanent qui s'est instauré, depuis lors, entre les organisations de développement affiliées à l'organisation nationale CCDT.

- *Au niveau de CEBEMO*, la recherche a suscité une discussion, qui se prolonge encore, sur la politique qu'il faudrait adopter pour introduire les changements souhaitables dans le schéma d'interaction entre les ONG étrangères de financement et les ONG locales en général, et plus particulièrement par rapport aux modalités de financement.

De ce point de vue, et suite à l'étude, les conditions et les procédures de financement ont été mieux perçues comme pouvant être lourdes de conséquences sur l'orientation et la nature du travail promotionnel à la base.

CEBEMO a pris des initiatives pour étendre le débat portant sur l'appui à l'auto-développement, tant au plan national qu'au plan international. (Voir : "Experts' Consultation on Autonomous Development", novembre 1988, Papers and proceedings -Oegstgeest, CEBEMO, HIVOS, ICCO, NOVIB, DGIS).

Une démarche systémique

Au premier chef, notre recherche a mis l'accent sur le rôle des ONG locales dans la suscitation et l'entretien d'un environnement favorable aux entreprises d'auto-développement. L'ensemble des connaissances techniques se rapportant à cette fonction spécifique peut être subdivisé en huit catégories que nous avons appelées "instruments d'appui à l'auto-développement" (cf figure 3, p. 35).

Considérés comme un tout, ces instruments constituent une somme d'activités complexes qui se verrouillent et s'influencent mutuellement. Ils se situent au centre du cadre conceptuel sur lequel notre recherche s'est appuyée.

Outre ces instruments, les diverses composantes du "Système d'appui à l'auto-développement sont les IAAD (ONG locales), les autres institutions d'aide et les OAD.

Ce système,élaboré au tout début de la recherche, a été ensuite discuté et modifié au fur et à mesure que notre recherche progressait. Il s'est révélé être un outil à la fois utile et maniable pour l'analyse de situations concrètes.

Sa formulation peut requérir encore certaines améliorations. Par exemple, l'expression "population-cible" n'est pas l'appellation appropriée à une situation dans laquelle les populations rurales pauvres sont les principaux acteurs. Dans ce processus, le rôle des ONG locales serait mieux décrit par le qualificatif "accompagnatrices" (qui avance avec), plutôt que par celui de "promotrices".

Appliquée à un contexte culturel, l'expression "auto-développement" (self-help) ne manque pas d'ambiguïté (cf chapître 4). Malgré tout, et pris dans leur ensemble, nous pouvons dire du cadre d'analyse et des concepts qui leurs sont associés, qu'ils ont bien soutenu le test et qu'ils se sont révélés utiles et appropriés à l'analyse des faits.

Les huit instruments, en bref

La simple proclamation de nobles objectifs ne saurait suffire à garantir leur mise en application. Les agences de développement ne font pas exception à cette règle et, parmi elles, ces ONG qui se sont donné pour tâche de travailler à l'avènement d'une société plus juste, plus égalitaire, par la promotion de diverses activités productrices, via des organisations d'auto-développement.

L'une des conclusions majeures de notre recherche-action est que les ONG jouant le rôle d'IAAD semblent fonctionner sous la contrainte d'un certain nombre de servitudes qui peuvent avoir une origine externe, ou qu'elles s'imposent à elles-mêmes. Celles-ci, faute d'un temps suffisant pour élaborer une stratégie d'intervention claire et globale d'appui à l'auto-développement, compliquent sérieusement la transformation des intentions (fussent-elles nobles), en résultats (fussent-ils prosaïques).

C'est dans ce contexte général que se replacent les observations réunies par les équipes de recherche-action sur les aspects positifs, comme sur les lacunes ou les faiblesses des "outils" utilisés par les IAAD.

Nous le verrons plus loin, il serait possible d'éliminer certaines contraintes en modifiant attitudes et comportements, au niveau des IAAD ou au niveau international.

Dans cette perspective, parmi les enseignements les plus importants retirés de cette étude, peuvent être sélectionnés ceux qui suivent.

Instrument 1 : Identification de la "population-cible" et des groupements-cibles.

En matière d'appui à l'auto-promotion, dans une population donnée, le risque est grand de "rater" les catégories les plus pauvres, surtout si les activités entreprises ont un caractère productif. Faute de pouvoir identifier cette population-cible dans les villages retenus, les agents de terrain peuvent très bien négliger le fait que la majorité pauvre n'est que peu ou pas représentée parmi les adhérents de l'OAD (c'est le cas en particulier de l'Indonésie).

L'emploi d'indicateurs appropriés est de nature à grandement faciliter une telle identification. Fréquemment employés, les critères liés à la propriété foncière sont en eux-mêmes insuffisants. Pour être réalistes, d'autres critères doivent être étroitement liés au contexte local (habitat, habitudes alimentaires) mais il n'existe aucune règle pré-établie pour fonder leur définition.

Dans le cadre de l'expérience thaïlandaise, les villageois membres du groupement-pilote se sont révélés des intervenants compétents pour identifier les couches les plus pauvres de la communauté villageoise.

Instrument 2 : Recherche et planification participatives

On s'en est également rendu compte, le personnel des IAAD méconnaissait manifestement les conditions socio-économiques des catégories et groupes qui, en milieu rural, constituent la majorité pauvre de la population. A moins d'en acquérir une conscience avertie, ce personnel risque de s'avérer inefficace pour mettre en place des activités productrices ayant justement pour objet d'améliorer ces conditions. Divers procédés permettent de maîtriser l'analyse socio-économique d'un village.

Dans tous les cas où la présente étude a suscité cette analyse -par exemple en procédant à une enquête détaillée auprès de quelques ménages-la conclusion a été unanime : ce type d'investissement valait largement le temps qu'il coûtait.

Au Brésil et en Indonésie, les études de cas ont montré comme cruciale, pour le succès d'une activité productrice donnée, l'étude de faisabilité, dans ses diverses dimensions : économique, technique, sociale, politique, aussi bien qu'opérationnelle.

En négligeant cet aspect, on risque de se retrouver dans une situation où les activités encouragées et soutenues débordent la capacité des responsables de l'OAD à s'administrer et se gérer eux-mêmes (voir le cas du Brésil en particulier).

Il semble qu'une politique plus judicieuse consisterait à adapter l'ampleur des opérations à la capacité de gestion existante, plutôt qu'à compenser la carence d'aptitudes gestionnaires moyennant une assistance massive par des agents extérieurs qualifiés. Transférer des responsabilités administratives et gestionnaires, de l'ONG locale (qui a pris en main la mise en route d'une activité productrice) aux dirigeants ou au personnel de l'OAD, est une opération généralement douloureuse et, le plus souvent, elle se solde par un échec.

Enfin, ne pas se faire illusion sur des difficultés incontournables dès lors qu'il s'agira d'intégrer, dans un processus participatif, les sections les plus pauvres de la population rurale, c'est-à-dire des paysans qui n'ont pour ainsi dire pas de terre à exploiter; qui disposent de moins de temps libre pour les réunions du groupement, et qui s'y expriment habituellement assez peu. Il arrive aussi qu'ils se sentent gênés de devoir admettre leur condition de pauvreté comme une réalité (Indonésie).

Instrument 3 : Education et formation mutuelles

Surtout si elles sont conduites dans un environnement totalement étranger à la réalité quotidienne du village (dans des centres de formation), les activités d'éducation et de formation sont perçues comme globalement inefficaces et sont parfois qualifiées de contre-productives (Thaïlande et Indonésie).

Les réunions de formation organisées au niveau du village et à l'initiative des villageois eux-mêmes offrent des conditions plus favorables au va-et-vient des connaissances partagées qui débouchent sur un nouveau savoir et de nouveaux savoir-faire.

Mieux adaptées au milieu, elles sont en outre beaucoup moins onéreuses.

Instrument 4 : Appel aux ressources endogènes et exogènes

L'apport de ressources extérieures (exogènes), en particulier l'accès facile à des crédits et subventions, est de nature à dévitaliser le mouvement par lequel les populations prennent en charge leurs propres affaires (self-help); il peut même avoir des conséquences négatives sur la mobilisation de leurs ressources propres (endogènes).

Les chercheurs thaïlandais attirent l'attention sur l'exploitation exercées sur les paysans par le biais du crédit bancaire et sur l'agressivité des politiques de démarchage que leur infligent les banques de développement.

Ainsi poussés à recourir au crédit au delà de leurs besoins, les paysans perdent bientôt leur autonomie et doivent finalement se plier aux exigences économiques des politiques bancaires.

Le cas du village de Ban Nua (Thaïlande) l'a démontré, il est possible, à un mouvement d'auto-développement au niveau d'un village, de prendre son essor sans appui financier extérieur. Les IAAD devraient considérer plus attentivement les moyens de mobiliser les ressources locales dont les villageois (y compris les plus pauvres) disposent et qu'ils seraient prêts à investir dans leur propre développement.

Pousser à la dépense comme s'y emploient les grandes organisations internationales d'assistance, relayées par les institutions locales gouvernementales ou non-gouvernementales s'avère, finalement et primordialement, l'un des facteurs externes susceptibles d'enrayer une politique cohérente d'auto-développement par la mobilisation des ressources locales en régions rurales.

Instrument 5 : Services consultatifs en gestion

Une fois lancées les activités productrices (autrement dit lorsque le "projet est en cours d'implantation") le contrôle continu tel qu'il est requis pour et par la situation financière ne peut s'obtenir en l'absence d'un système comptable bien adapté (Indonésie et Brésil).

En omettant d'enregistrer l'amortissement des actifs financés par les donateurs ainsi que divers autres "subsides inapparents", l'on occulte la dépendance à l'égard de l'argent exogène, ce qui conduit l'adhérent moyen de l'OAD à vivre dans l'illusion que ses activités génèrent un surplus (Brésil).

Les bons résultats enregistrés par les UB indonésiennes en matière d'épargne et de crédit contrastent avec la faiblesse de ceux qu'elles génèrent dans les autres domaines d'activités productrices (petite transformation, commercialisation). Il semble que les transactions d'épargne et prêts soient plus faciles à gérer et l'on ferait bien de se pencher sérieusement sur la possibilité d'introduire ce type de coopératives, là où elles ne fonctionnent pas encore (Brésil).

Instrument 6 : Création d'un mouvement et processus d'expansion

L'éparpillement des OAD sur de nombreux villages, surtout lorsque ceux-ci sont situés fort loin les uns des autres, complique les efforts pour structurer un mouvement d'auto-développement, c'est-à-dire un réseau d'OAD de différents villages se soutenant et pouvant éventuellement s'engager dans des opérations communes.

La "stratégie du papillon" préférée par certaines ONG n'est pas compatible avec cet objectif.

L'appui à l'auto-développement devrait conduire ce processus à devenir un mouvement, parce qu'il aura su déborder les limites étroites du village.

Pour ce faire,les IAAD seraient mieux inspirées de concentrer leurs actions d'appui sur des secteurs plus restreints et sur des "villages-pilotes" ou "villages leaders" à partir desquels le processus d'auto-développement pourra "contagionner" les localités avoisinantes. Certaines ONG thaïlandaises ont délibérément choisi de suivre cette politique de densification géographique.

Instrument 7 : Maillage en réseaux des relations avec les tiers

Devant des OAD qu'elles ont aidées à se développer, les IAAD tendent à les considérer comme des groupements leur appartenant "en propre".

Symétriquement, les OAD s'efforcent de déléguer aux institutions de promotion un rôle de "grand parrainage" (au sens de cette appellation dans la maffia), toutes attitudes qui sont en complète contradiction avec une philosophie de l'auto-développement (self-help).

De là, l'importance d'établir des passerelles, facilitant aux OAD, organisations autonomes, l'accès *libre* et *direct* auprès des institutions gouvernementales et non-gouvernementales qui leur semblent les mieux placées pour servir leurs intérêts dans certains domaines.

Les IAAD (Brésil et Thaïlande), ont beaucoup investi pour aider leurs OAD: d'une part à développer leur pouvoir de contestation auprès des autorités gouvernementales, et d'autre part à accéder enfin à la mesure de leurs droits, au bénéfice des avantages offerts par les services publics et para-publics. Ce soutien illustre un changement important des politiques d'aide.

Instrument 8 : Contrôle continu (monitoring) et auto-évaluation permanente (CCAEP)

Les rapports des trois pays insistent, à maintes reprises, sur la nécessité d'examiner plus souvent et plus méthodiquement la stratégie, les méthodes de travail et leurs résultats.

Ils réclament en outre la mise en place d'un mécanisme dûment intégré, pour assurer le ré-examen des informations (feed-back) et la réinsertion des conclusions de cet examen. Ce mécanisme fait actuellement défaut, ou, lorsqu'il existe, il n'est pas assez opérationnel.

Pour les IAAD qui ont participé à notre recherche, cet instrument de contrôle et d'auto-évaluation permanente est jugé à ce point essentiel qu'elles placent l'introduction d'un tel mécanisme au sein de leur propre organisation au premier rang de leurs priorités à venir, et qu'elles en font l'élément central des actions de suivi.

La dynamique majeure des lignes d'action ainsi recommandées aurait à s'exercer dans deux directions :

- relever le taux de participation directe de la population à la gestion des instruments d'appui, pour que les efforts de promotion tendent davantage vers l'auto-développement;

- élaborer une méthodologie d'intervention dont le rythme n'aurait à pâtir ni de la "course aux projets" nouveaux ni de l'exigence de produire des résultats rapides à seule fin de satisfaire les organismes de financement.

  Les brésiliens qualifient de "tarefismo" cette sorte frénésie pour un développement précipité. C'est un comportement fréquemment rencontré dans les milieux ONG comme ailleurs.

  Il facilite sans doute l'absorption rapide des financements étrangers, mais il n'autorise pas la mise en oeuvre d'une stratégie cohérente.

Les IAAD/ONG locales, jouissant d'une bonne réputation au plan international, éprouvent moins de difficultés à se procurer des financements complémentaires pour mettre en oeuvre de nouveaux projets que pour dégager le temps suffisant et trouver les moyens nécessaires pour conduire une auto-analyse en profondeur et mettre au point une instrumentation appropriée à une stratégie d'appui à l'auto-développement et à sa stratégie d'appui.

Les relations IAAD/OAD : briser le mythe du "père omniscient"

Au cours de ces dix dernières années, ces quatre IAAD ont vu évoluer les perspectives ouvertes à leur rôle dans le développement. Mais la pression qu'exercent, jour après jour, les tâches quotidiennes leur interdit de faire passer la totalité de ces évolutions dans la pratique promotionnelle.

Du moins, deviennent-elles de plus en plus conscientes que ce sont, avant toutes autres, les populations rurales elles-mêmes qui détiennent le savoir du "que faire" et du "comment le faire" dans le domaine des activités productrices.

Il apparaît dès lors évident que le rôle des agents extérieurs doit se restreindre, dès le démarrage des opérations, à une fonction d'appui. Pour tout ce personnel, élevé et formé dans la tradition "du père omniscient", une telle prise de conscience n'advient pas sans peine, ni longueur de temps.

Il serait toutefois également erroné de tomber dans l'excès inverse et d'en venir à statufier savoir local et sagesse populaire, au point de reléguer l'intervenant extérieur dans le rôle de simple pourvoyeur de fonds occasionnel.

Ce qui importe réellement, ici, c'est la qualité de l'interaction IAAD/OAD.

Les OAD ont besoin d'être aidées pour l' estimation des besoins financiers, et pour conduire l'étude faisabilité économique des micro-projets. De leur côté, les IAAD ont besoin de l'apport des OAD pour porter un jugement équilibré sur la factibilité d'un projet, en général, mais plus spécialement sur sa factibilité sociale et opérationnelle.

Relations des IAAD avec les autres agence d'aide

Une seule IAAD ne saurait détenir tous les savoirs et tous les savoir-faire requis pour prétendre apporter -et cela toujours au moment opportun- le soutien adéquat à des OAD locales dynamiques qui peuvent s'engager dans des activités, productives ou autres, dont la variété s'élargit. D'où l'intérêt de mettre en place, comme déjà évoqué, un réseau de relations, non seulement entre les OAD et autres institutions d'aide, mais également entre ces "autres" institutions, tant au plan de la région qu'au plan du district.

Sinon, les organisations non-gouvernementales et gouvernementales -toutes également soucieuses d'étendre leur zone d'influence et de renforcer leur position- poursuivent des politiques et pratiquent des méthodes dont les divergences créent la confusion au niveau des villages.

Une véritable stratégie de développement exige, de la part des IAAD, un sérieux effort pour harmoniser comportements et interventions. Dans une perspective idéale ou idéalisée un tel effort devrait pouvoir déboucher sur une véritable répartition des fonctions d'appui entre les diverses institutions.

Savoir s'il convient d'encourager les ONG des pays en voie de développement à rechercher un certain niveau de collaboration avec les administrations locales est une question débattue en permanence au sein des agences étrangères, tant non-gouvernementales que gouvernementales.

Pour s'en tenir à nos études de cas, les IAAD comme les OAD semblent être parvenues à une solution, chacune à sa façon. La tendance générale va plutôt dans le sens d'une collaboration croissante entre le secteur ONG et les services gouvernementaux. Ces derniers ont entre les mains le pouvoir politique mais ils se sentent impuissants devant la marée de la pauvreté rurale qui ne cesse de déferler.

Séparation des fonctions d'appui à l'auto-développement et de financement

Dans la situation actuellement dominante, les IAAD doivent consacrer une part considérable de leur temps et de leur énergie à une tâche qui n'est sans doute pas de leur ressort : celle d'agence de financement placée en position d'intermédiaire dans l'acheminement des fonds entre l'institution donatrice extérieure et les OAD locales.

Cette tâche et cette fonction ne sont pas compatibles avec leur politique de mobilisation des ressources locales -y compris l'épargne populaire; et cette incompatibilité est encore plus évidente lorsqu'il leur est demandé d'assurer le transfert de subventions. Cette fonction d'intermédiaire détourne leur attention et leur énergie des tâches promotionnelles qui, par définition, sont celles des IAAP et pour lesquelles elles disposent encore et déjà d'un temps insuffisant.

Nous recommandons, par conséquent, de séparer, et nettement, fonctions promotionnelles et fonctions de financement. Ces dernières devraient plutôt incomber à des institutions locales financières spécialisées : banques ou autres.

Traits caractéristiques d'une IAAD efficace

Sous prétexte de conclusions définitives, il n'est guère plausible d'avancer et d'aligner les caractéristiques structurelles ou fonctionnelles d'une IAAD "efficace". Toutefois, quelques indices balisent cette voie.

Pour avoir une chance optimale de se révéler efficace en matière d'appui à l'auto-développement :

- l'IAAD sera vraisemblablement de dimensions modestes;
- son personnel (de 10 à 20 personnes) travaillera comme une seule équipe soudée au coude-à-coude, dans une optique régionale (ou sous-régionale);
- elle jouira d'un haut degré d'autonomie dans ses choix politiques, mais dans le même temps elle fera partie d'un réseau d'organisations de soutien, susceptibles d'apporter -au besoin sur une base consultative- services et savoir-faire qu'une IAAD aux dimensions restreintes n'est pas en mesure d'offrir.

Inversement, une ONG plus hiérarchisée, qui serait portée à traiter ses agents de terrain comme les "derniers des sous-fifres", ne saurait être considérée comme une IAAD efficace.

En bref, on pourrait dire que, pour une IAAD/ONG locale "small is beautiful" (ce qui est petit convient), mais pas trop petit tout de même.

Auto-suffisance financière : une nécessité pour les IAAD ?

Les ONG locales, jouant le rôle d'IAAD, se trouvent confrontées à un dilemme lorsque les agences de financement les pressent de s'auto-suffire financièrement, et ce faisant, les convient à inventer leurs propres sources de revenus de manière à réduire ou même à rompre leur dépendance à l'égard des financeurs.

En Indonésie, la Bina Swadaya représente un cas typique de cette situation. Comme il n'est pas question de prélever l'argent de sa subsistance sur les pauvres, il lui faut entreprendre et faire vivre des projets qui génèrent des revenus grâce à des transactions avec une clientèle plus aisée appartenant aux classes moyennes.

Devenue entrepreneur et par conséquent gestionnaire d'entreprises de distribution, de transformation ou autre, l'IAAD/ONG locale se trouve rapidement détournée de sa fonction première : l'appui à l'auto-développement.

Inversement, toutefois, si elle se limite aux activités d'auto-développement et se détourne des activités qui alimenteraient son propre budget, elle n'évite pas de perpétuer sa dépendance à l'égard des organisations étrangères et des donateurs locaux.

On se trouve dès lors fondé à se poser la question de savoir s'il existe une issue acceptable pour les IAAD entre les deux options : celle d'appuyer l'auto-développement (self help); celle de se suffire à soi-même (self-reliance). Notre étude ne répond pas à cette question, mais elle discerne le dilemme auquel sont affrontées les ONG locales.

La plupart des financeurs étrangers ne semblent pas préparés à en admettre toutes les dimensions.

Aspects positifs des résultats produits par les OAD

Si l'on tient compte de l'environnement contraignant dans lequel évolue le couple IAAD/OAD, on ne peut qu'admirer les performances enregistrées par les OAD dans le domaine du développement.

S'agissant de leurs "réussites", les critères d'appréciation utilisés par les adhérents des OAD sont, il faut le savoir, très différents de ceux appliqués et valorisés par les institutions d'aide au développement.

Comme l'a souligné le *rapport indonésien*, les enveloppes financières, désignées par les documents de projets sous le nom de "prêts à la production", sont généralement affectées à des fins bien différentes, et à cela, il y a de bonnes raisons. Très logiquement, les emprunteurs emploient ces liquidités additionnelles à l'acquisition de biens et services dont ils estiment qu'ils ont le plus urgent besoin.

Défiant la logique de la pensée conventionnelle, ce type de déviation par rapport aux accords passés n'entraîne aucun retard dans les remboursements.
Les OAD, dites UB, soutenues par la Bina Swadaya sont dans ce cas, et paradoxalement elles font preuve d'une discipline remarquable pour leur remboursements et d'un haut degré d'autonomie organisationnelle. Leurs adhérents déposent même une épargne régulière et substantielle (cf chapître 7).

Dans les villages thaïlandais, les adhérents des OAD "accompagnées" font preuve d'une capacité de réflexion telle qu'elle les conduit à se soucier non seulement de leur propre avenir mais également de celui de leurs enfants et du processus de développement dans son ensemble. Selon leur estimation, l'orientation prise à ce jour par les politiques de "développement" a généré de grands dommages pour la société villageoise.
Leur avis est que le remède serait d'y substituer un processus de changement plus équilibré et c'est dans cette perspective qu'ils appuient l'auto-développement.

La démarche "globalisante" (holistic), devenue un thème à la mode dans les débats internationaux depuis quelques années, se pratique déjà dans certains *villages thaïlandais* avec l'appui d'ONG locales (voir fig 14, p. 160). Les activités productrices n'y ont aucune valeur en elles-mêmes. Elles ne comptent que dans la mesure où elles contribuent à mettre en oeuvre un système de valeurs d'inspiration religieuse.
Là où cette démarche est confirmée, les villageois mènent une politique d'autonomie (self-reliance) économique et intellectuelle accrue; celle-ci les rend moins dépendants des "biberons" que leur tendent les agences de développement.

Le fonds de réserves que les groupements les plus anciens ont accumulé, année après année, est l'un des signes tangibles de cette autonomie économique (cf chapître 7).

Bien que limitée dans son ampleur, l'étude thaïlandaise semble apporter une perspective d'espoir : structurer progressivement une économie associative au niveau du village serait de nature à ralentir le processus continu de paupérisation qui frappe de larges sections de la population rurale.

Toutes les études de cas le montrent : les pauvres, les femmes surtout, sont surchargés par toute une série d'activités qui combinent les tâches ménagères et la recherche de revenus.
Ces activités absorbent beaucoup et trop de temps.

Il n'est pas surprenant que les paysans thaïlandais sans terre aient cité, comme amélioration principale résultant de la création d'une banque du riz, le fait qu'ils consacrent désormais moins de temps à la recherche de crédits à des taux acceptables.

Les activités productrices de l'organisation brésilienne APAEB secondent une lutte à caractère politique. Jusqu'à présent, cette organisation est parvenue à se maintenir dans un environnement capitaliste, en s'appuyant sur le "facteur humain", nommément sur le militantisme de ses leaders. Sur le plan financier, il faut le reconnaître, elle a recours à une assistance substantielle des donateurs. En cas de réussite, elle constituera un exemple pour les nombreuses autres "organisations populaires" brésiliennes, qui tendent à mettre l'accent sur le seul aspect politique de "l'éducation populaire" (educaçao popular).

On ne saurait surestimer la signification économique d'un comptoir coopératif villageois pour un ménage d'ouvrier agricole sans terre, lorsqu'il abaisse de près du tiers le niveau des prix, tout en lui évitant de nombreux déplacements vers la ville (cf chapître 7).

Nous devons l'admettre, les "évaluations de résultats" (impact) entreprises dans la présente étude n'ont pas véritablement dépassé le stade d'une première exploration. Elles n'en ont pas moins le mérite d'ouvrir des perspectives inattendues sur ce qui importe le plus aux pauvres en termes de changements économiques et sociaux.

Pour la plupart, les analyses et documents de projets décrivent l'auto-développement comme un moyen permettant plus particulièrement aux pauvres d'accroître leur production agricole. Sans nier l'intérêt de cet aspect, les OAD qui ont participé à notre étude ont exprimé une profonde conviction : les principaux avantages de l'auto-développement relèvent d'une autre préoccupation.

C'est que par une action concertée en groupe, les pauvres se sont trouvés en mesure de payer moins cher crédit, biens de consommation (y compris l'alimentation), semences, intrants agricoles et d'avoir accès aux unités de petite transformation. Cette action leur a également permis d'épargner du temps et de l'énergie.

Aider les pauvres à réduire leurs coûts de production, à consacrer moins d'argent à la satisfaction de leurs besoins de consommation de base et à gagner du temps sont autant d'activités, exerçant vraisemblablement une influence indirecte et positive sur les niveaux de production, *par la création progressive d'une économie associative*. Toutefois, les limites de la présente étude ne nous ont pas permis de confirmer ou infirmer cet effet.

La dimension culturelle

En mettant l'accent sur les valeurs et la morale, l'étude thaïlandaise a introduit dans le débat relatif à l'auto-développement une dimension nouvelle, celle de la religion.

Dans les textes qui traitent de la participation populaire et de l'auto-développement, la place de la religion comme élément culturel, reste insuffisamment étudiée. En toute objectivité, il faut bien admettre que le cloisonnement entre le développement économique et la religion, ainsi que la relégation de cette dernière à la seule sphère culturelle de la vie ne peuvent pas générer un processus de "participation populaire".

Cette attitude reflète plutôt la dimension cachée de l'idéologie du développement, à la fois laïque et technocratique, telle que la véhiculent les agences de développement.

La culture, y compris dans ses spécificités religieuses, paraît détenir la clef de ce qui peut combler l'écart entre : d'une part la vision de la réalité que proposent les *technocrates*, et, d'autre part, l'aspiration *populaire* au progrès.
Les agents de terrain devraient d'abord s'intéresser aux sources de la sagesse qui sont naturellement sous-jacentes à toute culture locale, au lieu de s'imaginer que leur propre qualification technique suscitera la bonne réponse en toutes circonstances.

Extension verticale et expansion horizontale des activités productrices ?

Les membres des équipes de recherche-action se sont penchés sur une autre question, celle de savoir dans quelle direction il importait de renforcer les organisations d'auto-développement : horizontalement ou verticalement ? Dans les pays occidentaux, la dernière décennie a été témoin d'une rapide évolution du secteur coopératif, dans le sens d'une intégration verticale. Cette même tendance s'observe dans certains pays en développement, avec pour résultat global que les coopératives n'ont pas réussi à se mettre au service des pauvres.

Notre étude n'est pas la seule à en faire la démonstration : les micro-projets auto-gérés au niveau des villages sont susceptibles d'apporter des bénéfices substantiels (groupements d'épargne et crédit, entreposage des céréales alimentaires, potagers collectifs, petites unités villageoises de transformation, etc..). Des projets de cette nature ont l'avantage de mettre en place une base pour l'économie de subsistance des pauvres, et d'améliorer leur pouvoir de négociation lorsqu'ils produisent pour les marchés extérieurs. En outre, les projets de ce type ne requièrent que des investissements extrêmement modestes.

La majorité pauvre d'une population rurale a tout à gagner à voir se multiplier ce genre d'activités d'ampleur limitée, plutôt que ces entreprises très complexes dont le fonctionnement échappe à leur contrôle.
Cela ne modifie en rien le fait que de petites unités d'auto-développement peuvent constituer les éléments de structures verticales, mais ces formes d'entreprises inter-groupements et inter-villageoises doivent se mettre en place d'elles-mêmes lorsque le besoin s'en fait sentir et selon des modalités naturelles.

Il ne faudrait pas les implanter de force soit par injection de capitaux en provenance d'agences de développement saisies de la fièvre d'investir, soit à l'initiative d'ONG locales soucieuses de se constituer un empire. De petites sommes, en monnaie locale, suffisent, le plus souvent, à satisfaire les besoins financiers des OAD.

Faiblesses du système international actuel de financement

L'analyse des interactions entre les organisations, aux différents niveaux, fait apparaître que le système actuel, caractérisé par "l'aide par projet", n'offre en lui-même aucune évidence que la majorité pauvre de la population en devienne véritablement bénéficiaire.

Quand par hasard cette portion de la population en bénéficie effectivement, c'est grâce, surtout, à l'engagement, au discernement et à l'intuition des agents de terrain locaux sur place, combinés avec une certaine dose de chance. Le système actuel permet aux ONG locales de survivre et de subsister grâce aux financements "d'un projet à un autre". Ce système les conduit à accumuler une quantité d'expériences, mais elles ne disposent pas du temps qui leur serait nécessaire pour gerber et exploiter ces expériences afin de mettre au point une stratégie cohérente et une méthodologie d'intervention.

En règle générale, les ONG, et pas seulement celles qui ont pris part à notre étude, sont mal équipées pour promouvoir des activités productrices. Le temps leur manque pour : entreprendre des analyses socio-économiques; mener un dialogue poussé avec les responsables; procéder à un contrôle croisé des informations par un contact direct avec les adhérents à la base, c'est à dire avec ceux qui "suivent le mouvement".
Un personnel insuffisant en nombre et en qualification ne leur permet pas d'épauler correctement les OAD en leur assurant les services nécessaires pour l'estimation financière, l'étude de faisabilité des projets, la comptabilité ou/et la gestion financière.

Aussi longtemps que l'activité productrice menée par les groupements de base n'aura qu'une faible ampleur et se maintiendra à un niveau élémentaire, la demande pour ce type d'assistance restera faible; mais elle n'en existe pas moins et demeure le plus souvent insatisfaite.

La multitude des institutions de financement, toutes également soucieuses de financer des réalisations tangibles et concrètes (moulins, magasins coopératifs, pompes, etc..) crée une situation dominante où les ONG locales ne trouvent aucun encouragement à élaborer une instrumentation appropriée pour stimuler et entretenir la dynamique de l'auto-développement (self-help). En l'absence de tels outils, les ONG locales sont incapables de jouer pleinement leur rôle d'IAAD.
Par ailleurs, si l'on entend développer les aptitudes des IAAD dans ce sens, les modalités du financement devront subir une transformation profonde. Car, et c'est bien évident, si l'appui à l'auto-développement se révèle fructueux, les OAD pourront satisfaire la plupart de leurs besoins financiers en faisant appel à l'épargne collective, ou, si celle-ci est insuffisante, en s'adressant directement aux institutions financières locales spécialisées (par exemple auprès des banques).

Notre intention n'est pas de plaider pour que les ONG locales qui jouent le rôle d'IAAD aient "carte-blanche" en matière de stratégie du développement. Nous plaidons plutôt en faveur d'un financement plus souple pour les programmes de développement, tout en maintenant la responsabilisation de l'IAAD lorsqu'il s'agit de rendre compte de l'utilisation effective des fonds.

Le système actuel comporte une autre anomalie : l'analyse détaillée (contrôle de factibilité) et le contrôle des budgets de projets continuent de s'effectuer à des milliers de kilomètres de leur implantation, c'est à dire dans les bureaux des institutions de financement étrangères. Ne conviendrait-il pas de déléguer cette tâche à une ou plusieurs institutions établies dans le pays en voie de développement concerné ? Elles y jouissent d'un accès immédiat à des informations mises à jour et précises sur l'environnement spécifique, et d'une possibilité de consulter directement les véritables "avocats du projet" : s'agissant d'auto-développement, les OAD sont les "avocats" des projets, et non pas les IAAD/ONG locales dont le rôle doit se limiter à favoriser le processus.

Les fonctions qu'assure aujourd'hui un organisme comme le CERIS, au Brésil, s'orientent déjà sensiblement dans cette direction.

Les responsabilités des IAAD

Les ONG locales qui remplissent les fonctions d'IAAD ont des responsabilités qui leurs sont propres. Elles ne doivent pas seulement se contenter d'apporter une réponse aux requêtes, besoins, et réclamations des groupements d'auto-développement, elles doivent en outre, et de leur propre initiative, prendre des dispositions pour *s'assurer que la majorité pauvre de la population bénéficie équitablement des activités du groupements et qu'elle s'implique effectivement dans le processus constitutif des groupements.*

La position dominante des leaders villageois dans le processus de prise de décision est un facteur culturel fondamental, ainsi que l'ont mentionné les trois rapports, car il affecte gravement la participation des membres et les résultats qu'atteignent les OAD, en matière de développement.

L'appui des leaders locaux est nécessaire, mais il établit en même temps une barrière entre le personnel de l'IAAD et la majorité pauvre que cette IAAD entend servir en priorité.

Les IAAD ont une double responsabilité : rappeler constamment aux leaders locaux leurs responsabilités à l'égard soit de la participation soit du bien-être des sections les plus défavorisées de la population, d'une part; et mettre en place, d'autre part, un mécanisme permettant occasionnellement au personnel IAAD de franchir cette barrière pour venir vérifier au service de quels intérêts l'OAD travaille véritablement.

Selon la conception thaïlandaise, les agents de terrain auraient avantage à suivre la ligne de pensée de ceux des villageois qui abordent les questions de développement de la manière la plus "globalisante" (holistic).

En l'absence d'une vision éthique et morale de cet ordre, le travail de développement court le risque de se trouver marginalisé et, avec lui, la signification du développement restera occultée.

Les responsabilités des institutions de financement étrangères

Un raisonnement similaire s'applique aux organisation étrangères de financement non-gouvernementales ("ONG donatrices") : pour contribuer effectivement à l'émancipation socio-économique de la majorité pauvre dans les pays en voie de développement, celles-ci ne devraient pas se contenter de répondre aux demandes de financement de leurs partenaires outre-mer.

Par des études conjointes et par le dialogue, elles devraient poursuivre une politique plus vigoureuse tendant à susciter, au sein de l'organisation partenaire, les aptitudes requises pour appuyer un auto-développement qui centrerait plus explicitement son action sur l'allégement de la pauvreté, dans ses dimensions à la fois éthiques et techniques.

Le jour où cette capacité existera, il n'y a pas de raison pour que les institutions d'appui étrangères continuent de conserver leur position dominante dans les procédures d'appréciation et d'approbation des projets. De plus, une plus grande dévolution des pouvoirs aux pays en développement affranchirait - substantiellement de son ambiguïté actuelle la relation de "partenariat" entre l'ONG locale et l'ONG étrangère.

Annexes

Annexe 1 : Liste des abréviations

AID (USA)	Agency for International Development (Agence gouvernementale de développement international)
APAEB (Brésil)	Associação dos Pequeños Agricultores do Estado da Bahia (Association des petits exploitants de l'Etat de Bahia).
BAAC (Thaïlande)	Bank for Agriculture and Agricultural Cooperatives (Banque pour l'Agriculture et les Coopératives agricoles).
BIT (Genève)	Bureau International du Travail
BS (Indonésie)	Bina Swadaya (Agence pour un développement communautaire responsable).
CCAEP	Contrôle continu (monitoring) et auto-évaluation
CCTD (Thaïlande)	Conseil Catholique de Thaïlande pour le Développement.
CEBEMO (Pays-Bas)	Katholieke Organisatie voor medefinanciering van ontwillelings programma's (Organisation catholique pour le co-financement de programmes de développement).
CERIS (Brésil)	Centro de Estatisca Religiosa e Investigações Sociais (Centre de statistiques religieuses et de recherches sociales)
COPAC (FAO, Rome)	Comité pour la Promotion de l'Appui aux Coopératives
CUCO (Indonésie)	Coordination pour les Unions de Crédit
CDAS (Thaïlande)	Centre Diocésain pour l'Action Sociale
DDA (Suisse)	Département ministériel suisse pour l'aide au développement
DSE (R F A)	Deutsche Stiftung für internationale Entwicklung (Fondation allemande pour le développement international)
FAO (Rome)	Organisation des Nations-Unies pour l'Alimentation et l'Agriculture.
HKTI (Indonésie)	Himpunan Keruukunan Tani Indonesia (Association pan-indonésienne des agriculteurs)

IAAD	Institution d'Appui à l'Auto-Développement
IPP **(Indonésie)**	Ikatan Petani Pancasila (Union Pancasila des paysans)
KAS **(R F A)**	Konrad Adenauer Stiftung (Fondation Konrad Adenauer)
KSK **(Indonésie)**	Kredit Setia Kawan = Programme de crédits solidaires (géré par la Bina Swadaya)
KUD **(Indonésie)**	Koperasi Unit Desa = Unité coopérative villageoise (programme sous contrôle gouvernemental)
LPSM **(Indonésie)**	Lembaga Pengembangan Swadaya Masyarakat (ONG) Agence pour l'appui à l'auto-promotion et l'autonomisation)
MOC **(Brésil)**	Movimento de Organização Comunitaria (mouvement d'appui aux organisations communautaires)
MOF **(Thaïlande)**	Office de Commercialisation pour les paysans (sous contrôle gouvernemental)
NESDB **(Thaïlande)**	National Economic and Social Development Board (Conseil national pour le développement économique et social)
OAD	Organisation d'auto-développement
OCDE **(Paris)**	Organisation de Coopération et de Développement Economiques
ONG	Organisation non-gouvernementale
PKK **(Indonésie)**	Pembinaan Kesejahteraan Keluarga = Groupements féminins de bien-être familial (sous tutelle du Ministre de l'Intérieur).
PUSBINUB **(Indonésie)**	Pusat Pembinaan Usaha Bersama = Centre pour le Développement des pré-coopératives (sous contrôle de la Bina Swadaya)
TVA	Taxe sur la valeur ajoutée
UB **(Indonésie)**	Usaha Bersama = action collective (pré-coopératives d'épargne-crédit soutenues par la BS)
UCI **(Genève-Paris)**	Université Coopérative Internationale
YSTM **(Indonésie)**	Yayasan Sosial Tani Membangun = Fondation pour le développement économique et social.

Annexe 2 : Bibliographie

Anizur Rahman Kahn & Lee (Ed.) - *Poverty in Rural Asia* (Bangkok : ILO/ARTEP) 1984

Bina Desa - *Study on socio-economic grassroot organization Bina Swadaya - Usaha Bersama Case* (Jakarta : Secretariat Bina Desa) 1985

BIT/ILO - *Group based savings and credit for the rural poor.* Rapports et compte-rendu d'un Séminaire, Bogra, Bangladesh, 6-10 novembre 1983 (Genève : Bureau International du Travail)

CENDHRRA - *The Cooperative Experience in Asian Cultures.* Workshop Report. Los Banos, Philippines, Juin 1982 (Manille : Centre pour le Développement des Ressources Humaines pour les Zones rurales en Asie) 1982

CENDHRRA - Cendhrra Network Newsletter, n° 43, 4ème trimestre 1985

COPAC (voir Deane 1984)

Crombrugge G., Howes M. & Nieuwerk M.- *Evaluation de Petits Projets de Développement de la CEE* (Bruxelles, CEE, miméogr.) 1985

Deane S. - *Cooperative Development* (Rome, COPAC) 1984

Desroche H. - La "zone grise". Nouvelles associations coopératives dans les pays en voie de développement. In *Revue des Etudes Coopératives*, n° 16, 4ème trimestre 1985

Van Dijk M. P.- *Collaboration between government and non-government organisations in rural development in Sub-Sahara, Africa* (Amsterdam : Royal Tropical Institute, miméogr.) 1986

DSE - *Fighting Rural Poverty through Self-Help.* Compte-rendu d'une conférence internationale, préparé par F. van Thun et G. H. Ullrich (Feldafing, RFA : DZE/ZEL) 1985

El Ghomeny R. - *The Dynamics of rural poverty : An annotated outline.* FAO/DSE Consultation d'Experts internationaux, Berlin, Novembre 1985

Emil Salim - Community Self-Help. How political is it ? In : *Prisma*, n° 28, Juin 1983, pp 71-73 (Jakarta : LP3ES)

ES 31 - (voir Osner (1986a) ; Osner & ál. (1986b) ; Osner & al. (1984)

Esman, M. J. & Uphoff N. T. - *Local Organizations. Intermediaries in Rural Development.* (Ithaca, N. Y. Cornell University Press) 1984

FAO Consultation - Documentation d'appui à la Consultation d'experts sur la *Participation* pupulaire au Développement Rural, tenue par la FAO à Rome en décembre 1982

Galjart B. & Buijs (Rédact.) - *Participation of the Poor in Development*. Contribution pour un Séminaire. Leiden Development Studies n° 2 (Leiden, Pays-Bas : Université de Leiden) 1982

Guéneau M. C. - *Analyse Economique d'un Echantillon de Petits Projets de Développement. Evaluation ex-post de 30 Projets situés au Sénégal et en Haute-Volta* (Paris: Centre d'Etude du Développement, Université de Paris)

Heijden v.d. H. - *Development Impact and Effectiveness of Non-governmental Organizations : The Record of Progress in Rural Development Co-operation*, Paris, OCDE, Rapport présenté au symposium sur l'Efficacité du Développement Rural, septembre 1985 (Amsterdam, Royal Tropical Institute)

Ismid Hadad - Development and Community Self-Help in Indonesia. In *Prisma*, n°28, juin 1983, pp 3-20 (Jakarta : LP3ES)

Kilby P. & D'Zmura D. - *Searching for benefits* AID Evaluation Special Study N°28, juin 1985 (Washington D.C. : US Agency for International Development)

Lecomte Bernard - *L'aide par* projet : Limites et alternatives.
Paris, OCDE, 1986

Lukas H. - Bureaucracy, Participation and Distribution in Indonesian Development. In *Prisma*, n° 28, juin 1983, pp 21-32. (Jakarta : LP3ES)

Nighat Said Kahn & Kamla Bhasin - Sharing on earth. Responding to the challenge of rural poverty in Asia. Role of people's organizations (2ème partie). In *IFDA Dossier* 54, juil-Août 1986, pp 9-20 (Nyon, Suisse)

Oakley P. & Dillon P.- *Strengthening people's participation in rural development* (R-U : University de Reading) 1985

OCDE - *The Role of Non-Governmental Organizations (NGOs) in Agricultural and Rural Development in Sub-Sahara Africa*. Rôle des Organisations non-gouvernementales (ONG) dans le développement agricole et rural en Afrique sub-saharienne. Compte rendu sommaire de la 509ème session, 3-4 juin 1986 (Paris, OCDE)

Osner K. - Rapport final de l'Unité spéciale de réflexion sur le theme *"Fighting Rural Poverty through Self-Help"* (ES 31), pour la deuxième phase de son travail. Section A. Compte-rendu des conclusions (Bonn : Ministère Fédéral pour la Coopération économique) 1986a

Osner K., Harder M., Rojahn D., Schmitt-Burr M., Schöck K. - Rapport final de l'Unité ES 31, Section B (Bonn : Ministère Fédéral pour la Coopération économique) 1986b

Osner K., Muser A., Schöck K., Harms B., Schneider-Barthold W. - *Approaches to overcoming poverty through self-help and target-group-oriented financing instruments*. Rapport final de l'Unité spéciale de réflexion (S 24). (Bonn : Ministère Fédéral pour la Coopération Economique) 1984

Poitevin G. Vers une sociologie de la pauvreté. In ASSCOD 48, 1979, p. 21

Porter D. & Clark K. - *Questioning practice : Non-government aid agencies and project evaluation*. Dossier Développement n° 16 (Canberra : Australian Council for overseas Aid) 1985

Rõling N. & de Zeeuw H. - *Inproving the Quality of Rural Poverty Alleviation*. Rapport final du Groupe de travail sur les Petits Agriculteurs dans la Coopération au Développement (Wageningen, Pays-Bas, Centre international Agricole) 1983

Rouillé d'Orfeuil H. - *Coopérer autrement. L'engagement des organisations non-gouvernementales aujourd'hui* (Paris : l'Harmattan) 1984

Schrijvers J. - *Mothers for life. Motherhood and marginalization in the North Central Province of Sri Lanka* (Delft : Pays-Bas, Eburon) 1985

Tongsawate M. & Tips W.E.J. - *Coordination between governmental and non-governmental organizations in Thaïland's rural development* (Bangkok : Asian Institute of Technology) 1985

UN/ESCAP) -*TDC Workshop on Strengthening institutional credit services to low-income groups*. Résumé et conclusions. Nanjing, Chine, 26-30 mai 1986 (Bangkok : UN/ESCAP

Verhagen K. - *Cooperation for Survival. Analysis of an experiment in participatory research and planning with small farmers in Sri Lanka and Thaïland* (Genève, Alliance Coopérative Internationale ; Amsterdam : Institut Royal des Tropiques) 2ème édition, 1986

Verhagen K. - *A comment on the S 24 study of the German Federal Ministry*, Document de travail n° 1 (Oegstgeest, Pays-Bas : CEBEMO, miméogr.) 1985

World Bank - *The design of organizations for rural development projects*. Rapport intermédiaire par W.E.Smith, F.J. Lethem & B.A. Thoolen (Banque Mondiale) Version provisoire, 1980

Annexe 3 : Autres publications liées à l'étude

Bina Swadaya - Promotion of economic activities through self-help organizations. In *Bina Swadaya Newsletter* N° 3, août 1986

Bongartz H. - *The promotion of economic activities through self-help organizations. An evaluation study of self-help groups in the Special Province of Yogyakarta, Indonésia.* (Jakarta : Bina Swadaya) avril 1986

CCTD - *The promotion of economic activities in rual areas through self-help organization.* Commentaires sur le travail de recherche, par Banthorn Ondam & Dr Chattip Nortsupha, à l'occasion de la table- ronde du CCTD, en mars 1986. In CCTD Newsletter n° 182, hanvier-avril 1986

CEBEMO - *Promotion of Economic activities through self-help organizations (a).* Compte-rendu d'une table-ronde interne, 1-6 septembre 1986 (diffusion restreinte)

CEBEMO - *Promotion of Economic activities through self-help organizations (b).* Conmte-rendu de la consultation CEBEMO, 8, 10 et 11 septembre 1986 (diffusion restreinte)

Kaewthep Dr Kanjana & Dr Kanonsak Kaewthep - *Research report on the promotion of economic activities in rural areas through self-help organizations* (Bangkok : CCDT) avril 1986

MOC - *MOC Plan of work 1986* (Feira de Santana : MOC, miméogr.) 1985

Oliveira F. de, Souza Alves J.C. de, Santana J.C.B., Quintella Baptista N. de - *Projetos Economicos Comunitarios : Estudo de una experiença rural de Feira de Santana.* Colaboraçao A.M.T. de Oliveira. Assessoria especial M.R. da Costa Souza, Julho - 1986 (Feira de Santana, Brazil : MOC)

Verhagen K. - *Comment on the S 24 study : "Approaches to overcoming poverty through self-help and target-group-oriented financial instruments". Some reflections on the appropriateness of the financial instrument.* (Tentatives pour remédier à la pauvreté par la mise en oeuvre d'instruments financiers s'adressant à des groupes-cibles en situation d'auto-développement) Oegstgeest, Pays-Bas : CEBEMO (mimeogr.)

Annexe 4 : Index des noms cités

LE POUVOIR DES EXCLUS

Noël CANNAT

Jetés sur les marges de la société par le raz-de-marée technocratique, des centaines de millions d'exclus cherchent à reconquérir l'espace dont les puissances du temps-argent les ont chassés. Les marginaux, aussi divers soient-ils, possèdent un pouvoir insoupçonné face à l'ordre des choses de cette "civilisation moderne" : unir par la parole et par le geste, par l'analyse et par l'action, des contraires dissociés par la pensée critique et la production en série. Leur atout majeur : le savoir de la mesure et le savoir de la vie.

204 pages — **98 F**

ÉDUQUER OU PÉRIR

Joseph KI-ZERBO

Cet ouvrage est un véritable plaidoyer en faveur de l'éducation, fonction de reproduction et de dépassement social indispensable au progrès de tout pays. L'école africaine peut-elle offrir des diplômes adaptés au marché de l'emploi quand ce dernier est inélastique ou inexistant ? "L'Éducation pour tous" est-elle une solution possible ou un slogan sans lendemain ? C'est à ces questions épineuses que l'auteur, membre du Conseil de l'Université des Nations unies, tente de répondre.

UNICEF — 126 pages — **60 F**

INVESTIR DANS L'AVENIR — Définir les priorités de l'éducation dans le monde en développement.

Jacques HALLAK

Malgré les progrès accomplis par l'éducation dans le monde entier depuis trois décennies, il reste encore beaucoup à faire, tant sur le plan de la qualité que de la quantité. Ce livre, qui s'adresse avant tout aux décideurs nationaux, montre comment les politiques de l'éducation peuvent être formulées, les priorités de son développement fixées et les stratégies correspondantes élaborées.

345 pages — **120 F**

PAUVRETÉ, PROGRÈS ET DÉVELOPPEMENT

Sous la direction de Paul-Marc HENRY

Aujourd'hui, compte tenu de l'impact de la crise économique et du progrès scientifique et technologique, les techniques de production peuvent faire espérer une ère nouvelle dans l'existence de l'Homme.

Cet ouvrage tente d'approfondir l'analyse des processus contradictoires de développement dans différents contextes socio-politiques, économiques et culturels, et peut servir la stratégie internationale, répondant ainsi aux exigences de paix et de bien-être des pays et des hommes.

En coédition avec l'UNESCO — **328 pages — 180 F**

L'ÉNERGIE ET LA CULTURE

F. HOUTART et G. LEMERCINIER

Cent quarante spécialistes des questions énergétiques, scientifiques, philosophes, sociologues, etc. abordent tour à tour les conceptions opposées entre une culture occidentale désireuse de maîtriser la nature et la culture orientale plus respectueuse de la vie, l'histoire des rapports entre hommes et énergie, mais également le problème fondamental du développement du Tiers-Monde.

Un ouvrage qui souligne l'importance de la question énergétique dans les enjeux contemporains.

277 pages — **140 F**

COMMERCE ET DÉVELOPPEMENT : LE CAS DES CÉRÉALES

Stéphane MADAULE

Une approche nouvelle de la problématique agricole et alimentaire mondiale.

Le marché des céréales, lieu d'expression d'enjeux stratégiques vitaux étant donné son importance, est ici analysé conjointement dans ses implications commerciales et de développement.

Collection "Bibliothèque du Développement" — 176 pages — **95 F**

www.ingramcontent.com/pod-product-compliance
Lightning Source LLC
LaVergne TN
LVHW010927051026
849532LV00003B/871
* 9 7 8 2 7 3 8 4 0 9 1 3 3 *